Turbulenzen

Widerstand gegen den Ausbau des Rhein-Main-Flughafens:
Geschichten, Fakten, Facetten

Inhalt

1. **Vorwort** 5

2. **Gestern – Heute – Morgen**
   Widerstand gegen den Ausbau des Rhein-Main-Flughafens – von Michael Wilk 8

3. **„Natürlich soll alles immer den Frauen angehängt werden ..."**
   Käte Raiss und ihr ausdauerndes Engagement zum Flughafenausbau
   – Ein Porträt von Gitta Düperthal 21

4. **Übersichtskarte der Ausbauvarianten** 24

5. **Die Zukunft des Waldes im Rhein-Main-Gebiet ist akut gefährdet!**
   Die vielfältigen Funktionen des Waldes rund um den Rhein-Main-Flughafen
   und die Gefahr der Waldzerstörung durch den geplanten Ausbau – von Judith Dähne 25

6. **Mit dem Strom oder Gegenstrom?**
   Wie die Bürgerinitiativen im Raumordnungsverfahren mitmischen – von Roger Treuting 33

7. **Humor ist Notwehr**
   Mit Phantasie und Schalk gegen den Flughafenausbau – von Volker Goll 37

8. **„Das Ziel sollte sein, Protest in Diskussion zu verwandeln ..."**
   Wie das Mediationsverfahren gescheitert ist – von Michael Wilk 42

9. **„Immer, wenn ein persönliches Gespräch zustande kommt,
   dann ist es auch möglich, die Leute zu motivieren"**
   Engagement und Überzeugungsarbeit in einem Frankfurter Stadtviertel
   – Fragen an Martina Barth von Michael Klein 47

10. **Zehntausende neue Traumjobs am Rhein-Main-Airport!**
    Arbeitsbedingungen der als „gering Qualifizierte"
    und im Niedriglohnbereich beschäftigten Menschen – von Regina Bickert 52

11. **Es liegt Krach in der Luft**
    Belästigung und Beeinträchtigung der Gesundheit durch Fluglärm – von Evelin Pfister 57

12. **„No Border, No Nation – Stop Deportation!"**
    Widerstand gegen Internierung und Abschiebungen am Frankfurter Flughafen
    – von AG3F, Hanau 59
    Was können Sie als Fluggast gegen Abschiebungen tun 69

13. **Nix wie weg ...**
    Facetten und Folgen des Flugtourismus – von Wolfgang Faller 70

14. **Ein neues Flugobjekt am südhessischen Himmel**
    Das Kabarett-Ensemble „Die Überflieger" unterstützt mit seinem Programm
    „Flug&Trug" die Bürgerinitiativen der Flughafenausbau-GegnerInnen 76

15. **Was soll das?** – Charles Graeber 77

16. **Prima Klima!**
    Klimabelastung und ökologische Auswirkungen durch den
    geplanten Ausbau des Frankfurter Flughafens – von Hans-Ulrich Hill 78

17. **„Ich hätte mit einem Molli niemals diesen Zorn**
    auf mich ziehen können, so wie mit meinem Fotoapparat"
    Warum politische Fotografie staatliche Verfolgung nach sich ziehen kann
    – Fragen an Klaus Malorny von Thomas Klein 84

18. **„Und ich hab' gedacht, ich steh' in unserem Wald"**
    Wackersdorf: eine etwas andere Kaffeefahrt – von Regine Balkmann 94

19. **Schneller   höher – stärker:**
    Olympia 2012, Eintracht Fraport und der Flughafenausbau
    Metropolenkonzepte für die Rhein-Main-Region – von Rolf Engelke 97

20. **Chronisches Wuchern**
    Ausbau ohne Halt? – Eine Chronik zum Rhein-Main-Flughafen 1988-2001
    – von Petra Schmidt 107

21. **Adressen**
    Bürgerinitiativen, Naturschutzverbände, Initiativen, Behörden, Kommunen 136

22. **AutorInnenverzeichnis** 140

Vorwort

Die Errichtung der Startbahn 18 West lag noch nicht allzu weit zurück, da erreichte die Öffentlichkeit im Herbst 1997 die Nachricht, dass Forderungen nach einer erneuten Flughafenerweiterung erhoben werden. Ein Karussell von Stellungnahmen, Erwiderungen, Dementis, an Verdrehungen und Lügen setzte sich wieder in Gang.

Wenige Monate später schlossen sich schon seit langem aktive, aber auch aus dem aktuellen Anlass ins Leben gerufene Gruppen zum Bürgerinitiativen-Bündnis „Kein Flughafenausbau – Nachtflugverbot von 22 bis 6 Uhr" zusammen. Damit begann im Rhein-Main-Gebiet eine neue Runde des Streitens gegen die Beeinträchtigung von Leben und Gesundheit durch den Flugverkehr.

In den 80er Jahren war die Erweiterung des Flughafens um die zusätzliche Startbahn 18 West heiß umstritten und hatte zu einer der größten Protestbewegungen in der Geschichte der Bundesrepublik geführt. Sehr schnell entwickelte sich seinerzeit ein sozialer Protest, der auch gesellschaftliche Machtstrukturen und Herrschaftsverhältnisse in Frage stellte.

Das vorliegende Buch bietet umfangreiche Hintergrundinformationen über Kontinuität und Gegenwart der Expansionsbestrebungen des Flughafens. Es zeigt die Vielfalt des andauernden Widerstands gegen die Verschlechterung der Lebensbedingungen im Rhein-Main-Gebiet und verweist auf globale Zusammenhänge.

Während der Auseinandersetzung um die Startbahn 18 West waren Versuche, den Protest in Partei-Interessen einzubinden und dann unterzuordnen, im Kern gescheitert. Nachdem die aktuellen Ausbaupläne veröffentlicht wurden, installierte die hessische Landesregierung (damals SPD/Grüne) flugs das sogenannte Mediationsverfahren. Der Protest sollte so auf eine institutionelle Ebene gehoben und steuerbar gemacht werden. Die Einbindung von BIs und Naturschutzverbänden misslang und das Mediationsverfahren wurde damit ad absurdum geführt. Rasch war nämlich deutlich geworden, dass die Flughafenerweiterung bei der Mediationsrunde nicht in Frage stand, sondern lediglich das „Wie?" eines Ausbaus. Diese Erfahrung belegte von neuem, dass die Eigenständigkeit der Bürgerinitiativen gegenüber Parteien und öffentlichen InteressensvertreterInnen notwendige Voraussetzung bleibt, um im Interesse des Anliegens frei denken und agieren zu können.

Das Engagement der Bürgerinitiativen zum Raumordnungs- und künftig dem Planfeststellungsverfahren ist eine ebenso wichtige Komponente des Protests wie die Klagen, die zur Überprüfung der juristisch fragwürdigen Grundlagen des laufenden Flughafenbetriebs führen sollen. Doch „Rechtsprechung" findet nicht im luftleeren Raum statt. Das geschriebene „Recht" und dessen Interpretation sind historisch gewachsen und Ausdruck sozialer Auseinandersetzungen und Machtverhältnisse, die sich beständig neu herstellen – auf Basis eben des aktuellen gesell-

Foto: ©Klaus Malorny/Baumhäuser gegen die Fällung der Bäume, Räumung des 'Sieben-Hektar-Geländes' (8.10.1981)

schaftlichen Streitens. Nicht zuletzt deshalb ist es für die Protestbewegung überlebensnotwendig, sich nicht auf den Gerichtssaal allein zu verlassen, sondern auch auf der Strasse, im Wald, am Flughafen und an anderen öffentlichen Orten verstärkt dem Vorgehen der Flughafenbetreiber Widerstand entgegen zu setzen.

Beispiele kreativer Aktionen meist aus der Vergangenheit des Widerstands dokumentiert unser Beitrag „Humor ist Notwehr". Ganz gegenwärtig ist eine ursprünglich in Offenbach erprobte Idee, mit Hunderten von Bettlaken die Worte „Fluglärm macht krank" auf Freiflächen auszulegen – gut lesbar für Passagiere und Besatzung überfliegender Jets. Ebenso weisen die Errichtung eines symbolischen Limes um das Flughafengelände aus individuell gestalteten hölzernen Begrenzungspfählen und die Baumbemalungen „Auch Bäume haben Augen" oder die Aktion „Nachts muss der Kranich schlafen" auf Phantasie und Entschlusskraft der Aktiven hin.

Das häufig bemühte Argument von der angeblichen „Jobmaschine Flughafen" wurde von großen Teilen der Bevölkerung nicht widerspruchslos geschluckt. Mittlerweile sind die Arbeitsplatzprognosen von den AusbaubefürworterInnen selbst drastisch nach unten korrigiert worden. Der Themenkomplex „Arbeit" birgt noch weitere Aspekte, die in den Blick zu rücken sind. So geht es nicht alleine um Zahlen und Prognosen, sondern um die Art der Arbeit und die Arbeitsbedingungen, die selten den Traumjob beschreiben.

Manchmal sitzen wir selbst in Flugzeugen: auf der Flucht vor dem Druck des immer stressiger werdenden Arbeitsalltags, reisen aus der dichtbesiedelten und verlärmten Region in den Urlaub, mitunter in Länder, deren BewohnerInnen selbst ein Touristenvisum für Deutschland verweigert wird. Wir suchen Natur, deren Zerstörung wir hier zulassen; saubere Luft, die wir mit unserem Flug verpesten; klares Wasser, das wir mit unserer Sonnencreme verölen; auch Ruhe, die wir mit unserem Urlauberjet vertreiben. Und hoffentlich denken wir zukünftig häufiger darüber nach, warum wir Urlaub brauchen, warum wir bisweilen physisch und psychisch ausgelaugt sind und wie das vielleicht durch ein anderes Leben gemeinsam zu verhindern wäre.

Wenn die für den Luftverkehr, die Luftfracht wirklich anfallenden ökologischen Folgekosten bezahlt werden müssten, wäre nicht mehr zu übersehen, dass per Flugzeug angebrachte Güter teurer als hier produzierte sind – und Wintererdbeeren aus Ecuador verzichtbar. Die besondere „Wirtschaftlichkeit" der Luftfahrt beruht im wesentlichen auf öffentlicher Subventionierung etwa des Baus von Flugzeugen (u.a. mittels militärischer Aufträge), der Errichtung von Flughäfen und steuerrechtlichen Privilegien (keine Kerosinsteuer, keine Mehrwertsteuer auf Flugtickets, geringe Gewerbesteuer an Flughäfen). Vollends tritt die Perversität der durch den Flugverkehr ausgelösten Schäden an unserer Gesundheit, unserem Wald und dem Klima zu Tage, wenn man feststellen muss, dass eine Zugfahrt durch die Rhein-Main-Region mitunter teurer wird als ein „Kurztrip" vom Billigflughafen Hahn über Hunderte von Kilometer ins Ausland.

Neben Themen wie Lärm, Luftverschmutzung, Arbeitsbedingungen und Ökologie ist es uns auch wichtig, über Internierung und Abschiebung von Flüchtlingen am Frankfurter Flughafen zu informieren. Während für den Transfer von Geld und Waren ohne Rücksicht auf regionale Verhältnisse alle Grenzen fallen, werden Menschen, die ihre Heimat verlassen, um anderswo ein besseres Leben oder das pure Überleben zu suchen, neue Grenzen in Form von Gesetzen und Wachzäunen in den Weg gestellt.

Menschen, die dafür eintreten, dass die Natur in ihrer Umgebung zu schützen ist, ihre Rechte auf Ruhe und Gesundheit zu wahren sind, werden spürbar Aufmerksamkeit finden, weil sie diese Rechte als allen Menschen zugehörig erachten. Gelegentlich geäußerte Forderungen, Überflugrouten hin zu einem anderen Stadtteil oder Nachbardorf zu verschieben, entziehen dem eigenen Anliegen den Boden. Nur mittels einer konsequent humanistischen Haltung, dem Aufgreifen auch anderer menschen- und umweltfreundlicher Anliegen erwächst dem Bündnis der Bürgerinitiativen vermehrt Glaubwürdigkeit, aus der heraus sich weitere gesellschaftliche Unterstützung formen kann.

Redaktionsgruppe Schwarzspecht (April 2002)

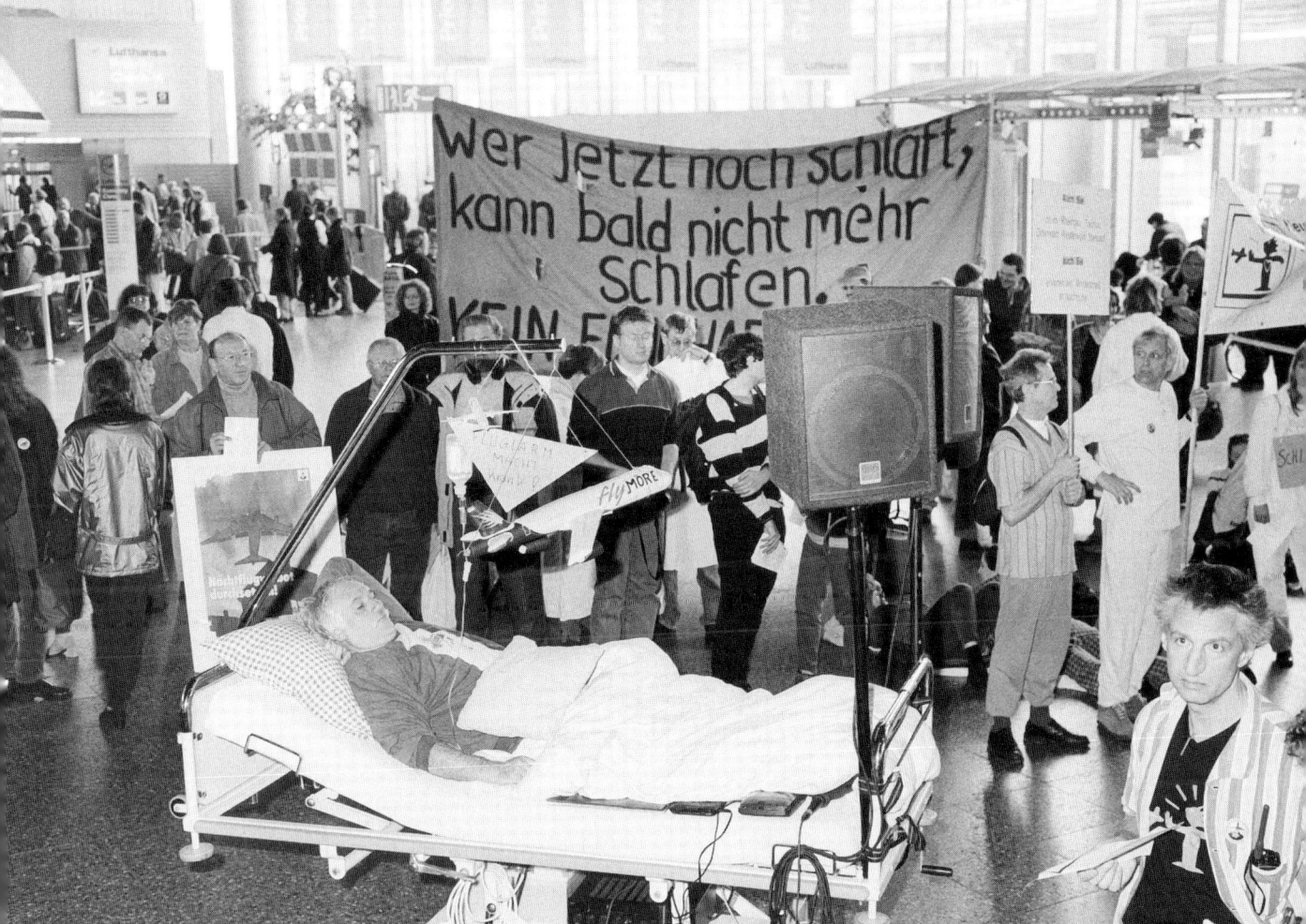

Foto: ©Klaus Malorny/Schlafanzugaktion/Demo gegen den Ausbau des Flughafens, im Terminal 1 (24.3.2001)

Redaktionelle Anmerkung

Natürlich konnten in dem vorliegenden Werk auch nicht annähernd alle wichtigen Aspekte und Fakten berücksichtigt werden. Viele der erwähnten Momente haben durchaus eingehendere Betrachtung verdient. Gänzlich aktuelle Darlegungen einzelner Sachthemen durch BIs, Naturschutzverbände und Umwelt-Institute lassen sich jedoch zuhauf im Internet finden oder in gedruckter Form direkt beziehen.

Die Redaktionsgruppe dankt herzlich allen, die uns mit Rat und Tat, Geduld und Nachsicht zur Seite gestanden haben. Insbesondere möchten wir allen AutorInnen (Wort und Bild!), wie auch den InterviewpartnerInnen Dank sagen. Ohne den Einsatz, Widerspruch und Ideenreichtum unseres Grafikers Jürgen Ehlers und die freundliche Aufmerksamkeit von Elke und Klaus Malorny wäre dieses Buch so nicht möglich gewesen.

Evelin Pfister, Gabi Seitenfuß, Karin Koch,
Michael Klein, Michael Wilk, Rolf Engelke, Uli Steinheimer
(Redaktionsgruppe Schwarzspecht)

Gestern - Heute - Morgen

Widerstand gegen den Ausbau des Rhein-Main-Flughafens

Michael Wilk

Einige Daten zur Flughafengeschichte

1934 Verlegung des Frankfurter Flughafens vom Rebstockgelände zum geplanten Autobahnknoten 'Frankfurter Kreuz'.

1936 Der ‚Flug- und Luftschiffhafen Rhein-Main' wird in Betrieb genommen.

1939 Das Militär treibt den weiteren Ausbau voran. Der Flughafen untersteht der Luftwaffe.

1943 Die erste befestigte Bahn wird angelegt. Ab dem 2.11.43 werden 95 Strafgefangene aus dem Straflager Rodgau-Dieburg im ehemaligen Reichsarbeitsdienstlager Walldorf untergebracht und für die Ausbaumaßnahmen herangezogen.

1944 Vom 22.8. bis 24.11.43 werden 1.700 ungarische Jüdinnen im Walldorfer Lager – jetzt Außenlager des KZ Natzweiler-Struthof – zu Arbeiten am Flughafen eingesetzt. Bis zum Kriegsende zwingt man auch russische Kriegsgefangene, Arbeiten am Flughafen durchzuführen.

1945 Amerikanische Truppen benutzen den Flughafen und betonieren die Südbahn (1.800 Meter).

1949 Die ‚Verkehrs-Aktiengesellschaft Rhein-Main' (ab 1953 ‚Flughafen Aktiengesellschaft Frankfurt/Main', abgek. FAG) erhält mehr Rechte von den US-Amerikanern und lässt die nördliche Parallelbahn (2.150 Meter) bauen.

1957 Die Startbahn Nord wird auf 3.000 Meter verlängert.

1959 Die nördliche Bahn wird auf 3.600 Meter ausgebaut, um den Erfordernissen der Düsenflugzeuge zu genügen. Beide Bahnen werden wechselnd in Anspruch genommen. Der südliche Teil des Flughafens wird von der US-Air-Base genutzt, der nördliche zivil.

Schon in den sechziger Jahren regt sich Protest gegen die drohende Ausweitung des Flugbetriebs auf Rhein-Main. Die Zerstörung der Waldbestände, eine stetig wachsende Luftverschmutzung, Lärm durch startende und landende Flugzeuge und nicht zuletzt der gestörte Schlaf durch Nachtflüge tragen dazu bei, das Problembewusstsein auf lokaler und regionaler Ebene zu schärfen. Nachdem im Jahre 1961 die FAG mittels eines Generalausbauplans die Verlängerung des Parallelbahnsystems sowie den Bau einer neuen Bahn angekündigt hat, gründet sich zwei Jahre später die Schutzgemeinschaft gegen Fluglärm, in der sich eine Vielzahl von Umliegergemeinden organisiert (nicht Frankfurt). In der außerparteilichen Interessengemeinschaft gegen

Fluglärm (IGF, gegr. 1965) finden sich sensibilisierte BürgerInnen aus dem Flughafenumland zusammen. 1968 erheben ca. 4.000 Menschen Einwendungen gegen das erste Planfeststellungsverfahren, 45 Klagen werden eingereicht, die zur gerichtlichen Aufhebung des Verfahrens führen. Zwischen 1971 und 1978 kommt es zum zweiten Planfeststellungsverfahren. Der Widerstand auf juristischer Ebene wächst, noch ist das Vertrauen in die Gerichte groß: 8.000 Personen erheben dieses Mal Einwendungen, 109 Klagen gegen den Planfeststellungsbeschluss sind festzuhalten, unter anderem von 13 Kommunen und einem Landkreis. Trotz des massiven juristischen Drucks entscheidet das Bundesverwaltungsgericht zugunsten der Flughafenerweiterung.

Die juristische Niederlage führt wider Erwarten nicht zur Resignation der Betroffenen. Ende 1978 wird die Bürgerinitiative gegen die Flughafenerweiterung gegründet. Eine Organisierung in Form von Bürgerinitiativen hatte drei Jahre zuvor, während der Auseinandersetzung um das geplante Atomkraftwerk in Wyhl, zum Erfolg geführt und gab den Anstoß zu einer solchen – damals noch relativ jungen – Form politisch/sozialen Engagements. Zeitgleich entsteht eine Parteienaktionsgemeinschaft in Mörfelden-Walldorf, in der sich alle im Stadtparlament vertretenen Parteien (CDU, SPD, FDP, DKP) wiederfinden. Ab 1979 werden Demonstrationen zum zukünftigen Baugelände organisiert. 4.000 Menschen kommen zur ersten Großdemonstration am Süd-Westrand des Flughafens. Während die FAG mittels großer Werbekampagnen für die Erweiterung des Flughafens trommelt, werden auf unserer Seite Unterschriften gesammelt. Im Februar 1980 können Listen mit ca. 30.000 Unterschriften in Wiesbaden abgegeben werden.

Erst eine Hütte, dann zwei, dann drei...

Bald darauf bauen Aktive der Bürgerinitiative die erste BI-Hütte im Flörsheimer Wald. Polizei und FAG unterschätzen offensichtlich die Auswirkung dieser Aktion und wider Erwarten wird die Existenz eines Anlaufpunkts und Unterstands im Wald von der Gegenseite toleriert. Zwei Monate später ordnet Heinz Herbert Karry, der hessische Minister für Wirtschaft und Verkehr, den sofortigen Vollzug des Baus der Startbahn 18 West an. Die Errichtung der BI-Hütte im Mai 1980 und der spätere Bau des Hüttendorfs im Startbahnwald werden als bewusster Akt des Ungehorsams von den Bürgerinitiativen gegen die weitere Forcierung der Flughafenerweiterung verstanden: Als ‚direkte Aktionen' üben sie eine enorme Anziehungskraft auf viele Menschen aus. Zu diesem Zeitpunkt schließen sich viele Großstädter aus den Zentren des Rhein-Main-Gebiets, vor allem Jugendliche und Angehörige der starken Friedens- und ‚Alternativbewegung', die vorher in den BIs oft nur um ihren Wohlstand besorgte ‚Kleinbürger' aus Mörfelden-Walldorf gesehen hatten, der sich verbreiternden Protestbewegung an. Auf der Basis vielfaltigster gemeinsamer Aktivitäten, Demonstrationen und Malaktionen an der Flughafenmauer, Baumpatenschaften und unzähliger Treffen im Wald entstehen Kontakte zwischen den Menschen, wird die Auseinandersetzung um den Bau der Startbahn West zur sinnlichen Erfahrung von Widerstand. Die andauernde Präsenz im Wald und die intensive Beschäftigung mit der bedrohten Natur, verändern spürbar die Wahrnehmung der Vielen, die im Laufe dieser Monate den Flörsheimer Wald kennen lernen. Insbesondere die von Abholzung bedrohten Bäume werden zu Symbolen des Kampfes gegen den Flughafenausbau.

Im September 1980 fällt der Verwaltungsgerichtshof in Kassel sein Urteil: Die Startbahn West ist notwendig, der Ausbau wird juristisch abgesegnet. Die Bürgerinitiative reagiert mit einer Fahrradtour zum Flughafen, für eine Stunde wird das Terminal blockiert. Mitglieder der Parteienaktionsgemeinschaft beginnen im Mörfelder Rathaus mit einer Hungerstreikkette, die Lokalpolitiker werden von BürgerInnen abgelöst. Diese Aktion dauert drei Wochen und findet bundesweit in der Presse ihren Niederschlag. Tausende protestieren im Wald und in Walldorf gegen die Rodung der ersten 7 Hektar unweit des Hüttendorfs. Selbst innerhalb der regierenden SPD wachsen die Bedenken gegen den Bau der Startbahn West – viele der betroffenen Gemeinden sind traditionelle Hochburgen der Sozialdemokratie. Am Ende des Jahres sprechen sich 80% der Delegierten eines Sonderparteitags der SPD Hessen Süd gegen den Bau der Startbahn West aus.

Das Hüttendorf: Neue Erfahrungen mit staatlicher Gewalt und Ansätze eines gemeinsamen Lernens

Im Winter '80/81 wächst das Hüttendorf weiter an. Eine Kapelle der evangelischen Kirchengemeinden aus dem Flughafenumland wird errichtet, Gottesdienste, ja selbst Taufen finden im Wald statt. Viele politische Gruppen aus dem ganzen Rhein-Main-Gebiet, vor allem Schüler und Studenten, ganze Fachschaften der Frankfurter Hochschulen unterstützen das Hüttendorf, bauen selbst Hütten und Baumhäuser und bringen Lebensmittel für die Gruppe der DauerbesetzerInnen mit, die im Dorf wohnen.

Die Gruppe der DauerbesetzerInnen ist in sich nicht geschlossen, unterschiedlichste Motivationen und Lebensweisen der BewohnerInnen lassen nicht nur Lagerfeuer- und Politromantik aufkommen, sondern erfordern neben Toleranz auch viel Energie zum konstruktiven Gespräch unter den ‚Dörflern' und im Kontakt nach außen. Konflikte zwischen den ‚Alternativen' im Dorf und den Mörfelden-Walldorfer UnterstützerInnen, die sich vordergründig am doch erheblich unterschiedlichen Lebensstil entzünden („... die Mörfeldener waren da und wollten wieder mal den Wald fegen – weil es hier so unordentlich ist ..."), führen einerseits zu einer Dauerauseinandersetzung, andererseits zu Annäherungen unter den Menschen unterschiedlichster sozialer Herkunft. Die ‚Küchenbrigade' aus Mörfelden-Walldorf, eine der aktivsten Gruppen in der Unterstützung des Widerstands, beeindruckt nicht nur mit Kochkunst, sondern auch mit Durchhaltekraft. Für viele der jüngeren Menschen ist die Begegnung mit den älteren der Küchenbrigade, die auch im weiteren Verlauf des Konflikts nicht zögern, ihr Essen (und ihre Anteilnahme) buchstäblich im Tränengasnebel bereitzustellen, eine neue, eindrückliche und anregende Generationenbegegnung.

Die Anziehungskraft der BI-Hütte und des entstandenen Hüttendorfs, sowie die zunehmenden Proteste gegen die ersten Waldrodungen Ende Oktober 1980, führen zu einer Solidarisierungswelle, die über das Rhein-Main-Gebiet hinaus reicht. Mehr und unterschiedlichste Menschen finden, wenn auch in teilweise schwierigen Annäherungsprozessen und über heftige interne Konflikte, im Protest zu einander: Die legendäre ‚Koalition aus Grau- und Langhaarigen' entsteht. Zugleich stoßen Unterschiede im Hinblick auf Alter, soziale Herkunft, persönliche Erwartungen, ursprüngliche politische Heimat und vor allem Unterschiede im Lebensstil aufeinander und können nur bedingt unter einen Hut gebracht werden. Vielen Menschen aus gutbürgerlichem Milieu bleiben die Bedürfnisse der in sich ebenfalls uneinheitlichen DorfbewohnerInnen fremd.

Auch für die Organisation der Bürgerinitiativen ist das Verhältnis zum Hüttendorf ambivalent. Einerseits ist das hochsymbolische ‚Widerstandsdorf' eigener Anlaufpunkt im Wald und wird auch als solcher gegen die Staatsmacht in Schutz genommen, andererseits ist das Zusammenwirken mit dem ‚Eigenleben' der auch gegenüber der BI auf Unabhängigkeit bedachten DorfbewohnerInnen anstrengend und konfliktgeladen: ein Spannungsverhältnis, das sich bis zur Räumung durch die Polizei nicht auflösen lies, jedoch immer auch durch den Druck von außen relativiert wurde. Die im Laufe der Zeit zunehmende Toleranz und das Verständnis gegenüber anderen, fremd anmutenden politisch/sozialen Vorgehensweisen, wächst in zahllosen Gesprächen und Diskussionsrunden. Die Vielfalt der Aktivitäten und die damit verbundene Möglichkeit in unterschiedlichster Weise, aber gleichberechtigt präsent sein zu können, erleichtert die Annäherung der verschiedenen Beteiligten. Der beidseitige Abbau von Vorurteilen erfolgt dort am schnellsten, wo gemeinsam größere Projekte umgesetzt werden und damit die Ebene des menschlichen Miteinanders und die Erfahrung praktischer Solidarität zu einer anderen Wahrnehmung des Gegenübers führen. Gerade das Hüttendorf wird zum Zentrum eines beeindruckenden Widerstands, weil die sinnliche Erfahrung dort etwas von der Möglichkeit eines über den ‚normalen' Alltag hinausweisenden, menschlicheren Umgangs miteinander spürbar werden lässt. Die Bedeutung des Hüttendorfs und die anschließende Verteidigung des Waldes reichte damit für viele weit über die blanke Auseinandersetzung mit der FAG und Polizei hinaus – sie war auch unter emanzipativen Aspekten ungeheuer wertvoll. Die Fähigkeiten vieler verschiedener Menschen flossen in die Bewegung ein und bildeten die Basis einer Bewegungsvielfalt, die vor allem durch die zuvor kaum gekannte Bereitschaft faszinierte, Menschen an-

derer sozialer Herkunft als Bündnispartner zu tolerieren. Auch wenn diese Lernprozesse immer wieder durch große Schwierigkeiten belastet waren, führten sie bei vielen zu einer gemeinsamen Ebene gegenseitiger Achtung und Handlungsbereitschaft, die (in dieser Phase des Widerstands) mit wachsendem Druck von außen nicht nur über lange Zeit starken Belastungen standhalten konnte, sondern eher noch anwuchs. Die Menge der Menschen und die kreative Wut dieser bunten Mischung brachten die regierenden Sozialdemokraten in arge Bedrängnis.

Das Volk begehrt ... und wird geräumt

Im Februar 1981 findet im hessischen Landtag eine Anhörung statt, deren politischer Sinn vor allem darin besteht, eine erneute Handlungslegitimation für die Landesregierung zu schaffen. Nach dem Hearing folgte – erwartungsgemäß – das Bekenntnis der SPD/FDP-Regierung zum Flughafenausbau. Die Kommunalwahlen im März bringen den Grünen, deren hessischer Landesverband sich am 15.12.1979 gegründet hatte, in traditionellen SPD-Hochburgen bis zu 25% der Stimmen. Die Grünen sind damit als Ausbau-Protest-Partei etabliert.

Am 11. Mai 1981 wird Wirtschaftsminister Karry in seiner Wohnung erschossen. Die verordnete Staatstrauer und die Spekulationen über die Hintergründe seines Todes führen ebenso wenig zu einer Irritation der BI-Arbeit, wie die später von einer Revolutionären Zelle abgegebene Erklärung, für den Tod von Karry verantwortlich zu sein. Die RZ erläutert, der ursprüngliche Plan sei gewesen, den

Foto: ©Klaus Malorny/Sitzblockade gegen die Startbahn West an der Okrifteler Straße (17.8.1982)

entschiedenen Befürworter des Baus der Startbahn West und anderer Großprojekte lediglich in die Beine zu schießen, sein Tod sei ein ‚Unfall'.

Die BI und die Umweltverbände initiieren Ende Mai durch die ‚Arbeitsgemeinschaft Volksbegehren und Volksentscheid – Keine Startbahn West' einen Gesetzesentwurf, mit dem der Ausbau gestoppt werden soll. Dieses Instrument soll gleichberechtigt neben den Protesten vor Ort eingesetzt werden. Die Landesregierung versucht mit diversen Mitteln, das Volksbegehren zu be- und verhindern. Trotzdem oder gerade deshalb erfährt diese Form plebiszitären Protests eine große Popularität - viele setzen auf die Möglichkeit ‚mit ihrer Stimme' den Bau der Startbahn verhindern zu können. Bis November 1981 werden ca. 300.000 Unterschriften gesammelt (118.000 sind nötig, um das Volksbegehren auf den Weg zu bringen).

Im Juni findet der Sonderparteitag der hessischen SPD in Wiesbaden statt, Ministerpräsident Holger Börner setzt das Ausbau-Ziel durch. Bürgerinitiativen und HüttendorfbewohnerInnen rechnen jetzt mit einer baldigen Räumung. Alarmlisten und Telefonketten sollen für den Tag X der Räumung sicherstellen, dass im Alarmfall rechtzeitig Tausende von AusbaugegnerInnen vor der Polizei im Wald sind. Zugleich erreichen Spannungen zwischen Hüttendorf und BI, die sich auch an Kontroversen um die Strategie und den Umgang mit der Staatsmacht entzünden, angesichts der drohenden Räumung einen erneuten Höhepunkt. Neben der Vollversammlung der BI und der Delegiertenversammlung wird ein weiteres Gremium geschaffen, das zwischen den regulären Treffen die Handlungsfähigkeit sicherstellen soll. Dieser Koordinationsausschuss (KO) ist befugt, Entscheidungen kurzfristig und auch ohne Rücksprache mit den BIs zu treffen.

Am 4. Oktober 1981 alarmieren die BIs die Telefonketten: Die Polizei hat mehr als 10.000 Beamte auf dem Flughafen zusammengezogen; die Bürgerinitiativen rufen zur Besetzung des 7-ha-Geländes auf – 500 Meter vom Hüttendorf entfernt. Am 5. und 6.10. verteidigen zwischen 10.000 und 15.000 Menschen mit einer Strategie des passiven Widerstands, verschanzt hinter Lehmwällen und auf zwei Holztürmen, das Gelände. Bei der Räumung des Geländes kommt es zu ersten Knüppeleinsätzen durch die Polizei.

Einige Tage später findet ein Gottesdienst an der von der FAG errichteten Mauer statt, es kommt ohne jeden Anlass zu einem heftigen Wasserwerfereinsatz mit Tränengas und zu einer heftigen Knüppelei gegen die anwesenden Menschen. Viele, vor allem auch ältere Menschen, werden verletzt, der Tag bleibt als ‚Blutiger Sonntag' in Erinnerung. Am 23. Oktober demonstrieren 10.000 Menschen zum Hessischen Rundfunk und zur Buchmesse. Im Wald wird die ‚Mauer', der Betonzaun, an zahlreichen Stellen geknackt. Es kommt zu Auseinandersetzungen mit der Polizei. Angesichts der Polizeigewalt werden die Diskussionen über Art und Weise des Widerstands heftiger. Menschen, die zuvor auf gewaltlosen Widerstand eingeschworen waren, beginnen jetzt selbst, Lehmklumpen und Stöcke auf Polizisten zu schleudern, als diese auf DemonstrantInnen einschlagen. Das ‚Knacken' der Streben der Startbahnmauer findet breiten Beifall: „Was die in den Wald stellen, darf von uns entfernt werden ...", wird zur Devise. Ebenso wird nach längeren Diskussionen auch das Werfen von Farbbeuteln auf die Scheiben der Wasserwerfer gebilligt, um den mit Tränengas um sich spritzenden Maschinen die Sicht zu nehmen.

Am Morgen des 2.11.81 dringt die Polizei mit einem Großeinsatz in den Wald ein, sie schleift dabei mit Planierraupen die zum Teil meterhohen Barrikaden auf den Zufahrtswegen und besetzt schließlich das von Wällen und Gräben umgebene Hüttendorf. Der Plan, im Falle einer drohenden Räumung das Hüttendorf mit Tausenden von Menschen zu verteidigen, wird durch die Überraschungsaktion der Polizei vereitelt. Gerüchte, einzelne BI-Mitglieder hätten von dem Vorhaben der Polizei Kenntnis gehabt, aber aus Angst vor großen Auseinandersetzungen Informationen nicht weiter gegeben, kommen auf. Erst nachdem bekannt wird, dass die Polizei das Dorf besetzt hat, werden die Alarmlisten ausgelöst, in manchen Gemeinden läuten die Kirchenglocken, Tausende verlassen den Arbeitsplatz, die Schulen und die Universität, um sich in den Wald zu begeben. Trotz der Abriegelung durch die Polizei gelingt es über 10.000 Menschen in den Wald zu kommen. Dort werden zur gleichen Zeit die Hütten von den Einsatzkräften unter Ausnahme der Hüttenkirche dem Erdboden gleichgemacht, Bäume samt Baumhäusern gefällt, die Infrastruktur des Dorfes zerstört. Wir müssen hilflos mit ansehen, wie Bagger all das auseinanderreißen, was von uns in den letzten anderthalb Jahren geschaffen wurde. Die Polizei geht massiv mit Knüppeln und Gas auf die DemonstrantInnen los. Es kommt zu vielen Verletzten, darunter auch Journalisten. SanitäterInnen der BI haben alle Hände voll zu tun, um diejenigen zu versorgen, die unter den Schlägen der Polizei zusammenbrechen oder im Tränengas nach Luft ringen. Die Medien berichten von Bürgerkriegsszenen im Startbahnwald. Der brutale Einsatz der Polizei und die verletzten Reporter bescheren der Staatsgewalt eine miserable Presse, in der weitgehend die Beamten als Täter und die Bürger als Opfer der Staatsgewalt erscheinen. Nicht nur im Wald kommt es zu Demonstrationen. 2.500 Menschen blockieren den Frankfurter Hauptbahnhof, weitere Demonstrationen finden spontan u.a. in Berlin, Freiburg, Bremen, Hamburg, Tübingen, Marburg, München statt. Tags darauf werden demonstrierende Menschen in der Frankfurter Rohrbachstraße von der Polizei durch eine von ihr gebildete Knüppelgasse geprügelt und misshandelt. Über Tage protestieren in vielen Städten Tausende gegen die Startbahn West und das brutale Vorgehen der Polizei.

Weitere Proteste im Wald, auf der Straße und Widerstand am Flughafen

7.11.1981, der sogenannte ‚Nackten-Samstag': Die BI hat zu einer Großdemonstration am Baugelände im Wald aufgerufen und 30.000 Menschen versammeln sich. Nach Absprache mit dem Kern der OrganisatorInnen und zum Zeichen der Gewaltlosigkeit sind die Oberkörper derjenigen nackt, die sich über auf die Stacheldrahtverhaue der Polizei gelegte Teppiche auf das umzäunte Gelände begeben. Innenminister Grieß empfängt einige ‚Nackte' und macht inhaltsleere Versprechungen, während ein BI-Sprecher – mit nacktem Oberkörper auf einem Wasserwerfer der Polizei stehend – die unruhigen Menschenmengen zu beschwichtigen sucht. Ein paar tausend DemonstrantInnen, gut mit wasserfester Kleidung und Helm ausgerüstet und gewillt, den Platz zu besetzen, bleiben passiv, um nicht gegen das von der BI favorisierte Konzept zu verstoßen. Es kommt zu schweren Konflikten innerhalb der BI über Sinn und Zweck dieser speziellen ‚gewaltfreien' Aktion, die die Startbahngegner einmal mehr hochsymbolisch in der Rolle ‚nackter Bittsteller' zeigte, während die Gegenseite mit billigen Vertröstungen (man wolle über einen Baustopp nachdenken) davonkommt. Mangelnde Schlüssigkeit der Konzepte der BI für die Zeit nach der Hüttendorfräumung treten zu Tage und unterschiedlichste Meinungen über die nun zu verfolgende Strategie lassen die Bedingungen der BI-Arbeit schwieriger werden.

Eine Woche später demonstrieren in der Landeshauptstadt Wiesbaden 150.000 Menschen gegen die Politik und das Vorgehen der Landesregierung; 220.000 Unterschriften für das Volksbegehren werden übergeben. Auf der zentralen Kundgebung gibt Alexander Schubart, einer der Initiatoren des Volksbegehrens, den von der BI gefassten Beschluss bekannt, am darauffolgenden Tag den Flughafen per Begehung zu besichtigen. Alexander Schubart muss sich später vor der Staatsschutzkammer in Frankfurt für diesen Aufruf verantworten.

Am 15.11. demonstrieren dann Tausende rund um den Flughafen und im Wald. Der Flughafen ist über Stunden blockiert, nicht nur durch ankommende DemonstrantInnen, sondern ebenso durch ein riesiges Aufgebot an Polizei und Bundesgrenzschutz (BGS), das vergeblich versucht, die Lage unter Kontrolle zu bekommen. Hubschrauber dröhnen über dem Gelände, Tränengasschwaden nehmen die Luft zum Atmen, Blendschockgranaten kommen gegen die protestierenden Menschen zum Einsatz. Brennende Barrikaden auf der Autobahn, zum Schutz vor den BGS-Sondereinheiten errichtet, werden von Seiten der FAG zur ‚Schlacht am Flughafen' propagandistisch umgemünzt. Ganz in diesem Sinne wird in einem Teil der Medien nicht das gewaltsame Vorgehen der Polizei, sondern der Aufruf der BIs, den Flughafen zu besuchen, als ‚militant' verurteilt. Die Beurteilung dieses Tages von Seiten der BI ist unterschiedlich, sie reicht von der Angst, Sympathien bei der Presse einzubüßen, über die Verwunderung, mittels einer Aktion des massenhaften

Ungehorsams einen Apparat wie den Flughafen viele Stunden völlig lahmlegen zu können, bis hin zu großer Begeisterung, endlich einmal aus der Rolle passiver Duldung herausgekommen zu sein. Fest steht nun, dass allein die bloße Anwesenheit vieler tausend Menschen auf Zu- und Abfahrtswegen einen Moloch wie den Großflughafen Rhein-Main zum Erliegen bringen kann. Es ist in diesem Zusammenhang kein Zufall, dass gerade auf eine Aktion wie diese, die in ihrem Kern auf breitem zivilen Ungehorsam basierte, dazu führte, dass FAG und Polizei, aber auch Teile der Presse besonders negativ darauf reagierten. Die BI und die ihrem Aufruf zustimmenden Menschen waren durch ihre Präsenz am Flughafen offensiv geworden, sie hatten es gewagt, aus der Rolle des Reagierens und des ‚Verhauenwerdens' herauszutreten und den eigentlichen Verursacher aktiv an der reibungslosen Abwicklung seiner Geschäfte zu hindern.

Die Einführung der Dachlatte in die Politik

In der Folge werden im Wald weitere Hüttendörfer errichtet, die wiederum alle von der Polizei zerstört werden, ebenso wie die Sanitätsstation der BI. Der Einsatz von Tränengas und Knüppeln wird genauso zur Regel, wie das stundenlange Festhalten von StartbahngegnerInnen unter teilweise fadenscheinigsten Gründen. Steine werden auf beiden Seiten geworfen, der Betonzaun wird weitflächig zerstört und muss im Laufe der Zeit mehrfach auf großer Länge erneuert werden. Die ‚Freie Volksuniversität Mörfelden-Walldorf' (Wald-Uni) wird gegründet und man versucht, auch theoretische Auseinandersetzungen um die Hintergründe des Konflikts auf eine breitere Basis zu stellen. Zu Weihnachten und Neujahr ruhen kurzfristig die Bauarbeiten bis zur Entscheidung des Staatsgerichtshofs über die Zulässigkeit des Volksbegehrens. Am 20. Januar 1982 erklärt der Staatsgerichtshof schließlich den Antrag auf das Volksbegehren als verfassungswidrig. Der Versuch über eine plebiszitäre, juristische Ebene den Bau der Startbahn West zu verhindern, ist damit gescheitert. All jene, die ihre Hoffnung hauptsächlich auf die in der hessischen Verfassung beschriebene Möglichkeit eines Volksentscheids gesetzt hatten, sehen sich nunmehr tief enttäuscht. In der Folgezeit sind Gerichte für viele keine Orte der Hoffnung mehr, sondern sie werden zunehmend zum Austragungsort zahlloser Strafverfahren gegen StartbahngegnerInnen.

Am 30.1. versuchen ca. 10.000 Menschen den Bauplatz des zweiten Bauabschnitts (Baulos II) der Startbahn West zu besetzen. Die Polizei hat zahlreiche Zugangswege mit tonnenschweren Sandcontainern gesperrt, die von den DemonstrantInnen mittels Schiffstauen unter Einsatz ihrer Körperkraft zur Seite geschafft werden. Die Besetzung scheitert trotzdem an dem massiven Polizeiaufgebot, an Natostacheldrahtverhau und Tränengas. Die GegnerInnen des Ausbaus beginnen mit den regelmäßigen Sonntagsspaziergängen. Der Widerstand verselbständigt sich. Es kommt gehäuft zu nächtlichen Sabotageaktionen gegen den Zaun und gegen Wach-Gangways. In Wiesbaden findet mit „LALÜ" ein alternativer Fastnachtsumzug statt, auch in Walldorf und Mörfelden gehen die Fasenachter der BI auf die Straße.

Im Laufe des Jahres 1982 organisiert die BI weitere Demonstrationen im Wald. Die Entscheidungen fallen jedoch nicht ohne heftige interne Konflikte: Die Angst, in ‚Fallen der Polizei' zu laufen und die Angst vor Kriminalisierung wachsen. Die Polizei beginnt mit Tränengasgranaten, die eine harte Umhüllung besitzen, auf DemonstrantInnen zu schießen. Ein Mann erleidet einen Nasenbeinbruch, als ihn eine Granate ins Gesicht trifft. Ministerpräsident Börner gibt kund, dass ihn nur sein hohes Amt daran hindere, den Konflikt (mit den Startbahngegnern) wie früher als Betonfacharbeiter auf der Baustelle mit der Dachlatte in der Hand durchzufechten. Ein erstes Pfingstcamp wird organisiert. Während hier ein Teil der Bewegung über neue Strategien und Perspektiven nachdenkt, zeichnet sich der Rückzug anderer aus der Protestbewegung ab. Die Gründe sind vielschichtig: Enttäuschung, Kriminalisierungsangst, viele Menschen sind ermüdet oder der internen Auseinandersetzungen überdrüssig. Der Rückzug ins Private kommt bei vielen nicht schlagartig, sondern schrittweise.

Die Bunte Hilfe koordiniert Reaktionen auf eine erste Welle von Strafverfahren, die gegen StartbahngegnerInnen eingeleitet werden, und ein Rechtshilfefond muss von mehr und mehr Men-

schen in Anspruch genommen werden. Trotzdem kommen immer noch Tausende von Menschen auch ohne größere Aufforderung zu Festen und Protestaktionen der BI. Und es gelingt auch, die Betonierungsarbeiten der Piste durch Blockaden zu behindern. Der Versuch, die laufenden Landtagswahlen propagandistisch für das eigene Anliegen zu nutzen, wird unternommen. Die SPD erleidet Verluste, die FDP fliegt aus dem Landtag. 2.11.82: Der erste Jahrestag der Hüttendorfräumung wird mit einer Demonstration begangen. Bei harten Auseinandersetzungen kommt es zu zahlreichen Verletzten und Verhafteten. Der Versuch, über eine massive Prozesswelle gegen StartbahngegnerInnen vorzugehen, geht verstärkt weiter und wird noch über Jahre anhalten.

Kein Frieden mit der Startbahn

In der Folge problematisieren die Bürgerinitiativen vermehrt die militärische Bedeutung des Rhein-Main-Flughafens. Eine Arbeitsgruppe der BI (AG Frieden) recherchiert und leistet Aufklärungsarbeit. Die Mobilisierungskraft und Mitgliederstärke der Bürgerinitiative geht zwar zurück, inhaltlich reicht diese Arbeit jedoch inzwischen weit über das ursprüngliche Anliegen hinaus, die Startbahn West verhindern zu wollen. Demonstrationen an der US-Air-Base und am Truppenübungsplatz Wildflecken finden 1983 statt, die Startbahn West-Leute zeigen vermehrte Präsenz in der Friedensbewegung. Bei einer Militärschau auf der US-Air-Base werden von AktivistInnen Innereien und Gedärme im Eingangsbereich der Basis verteilt. Hunderte von Besu-

Foto: ©Klaus Malorny/'Macht kaputt, was euch kaputt macht', Jahrestag der Hüttendorfräumung an der Startbahn West (2.11.1982)

cherInnen müssen durch den blutigen Matsch staksen, um zur Militärschau zu gelangen. Während einer der Flugshows stürzt ein Starfighter ab. Sechs Menschen, die Frankfurter Familie Jürges, sterben im Bereich der Aufschlagsstelle am Waldstadion.

Die Sonntagsspaziergänge am Baugelände der Startbahn West gehen weiter. Für die TeilnehmerInnen drückt sich darin sowohl ihr demonstratives Nichteinverständnis gegenüber den fortgesetzten Baumassnahmen aus, sie sind aber gleichfalls Austauschstelle von Informationen und wichtiger Ort sozialer Kommunikation. Die Polizei ist gezwungen, sonntäglich mit einer großen Anzahl Beamter an und hinter der Mauer präsent zu sein. Auch anlässlich der Jahrestagsdemonstration zur Räumung des Hüttendorfs am 2.11.83 kommt es im Wald erneut zu schweren Auseinandersetzungen zwischen Polizei und DemonstrantInnen.

Die Stromtrasse an der Startbahn West liegt der Piste zu nahe. Sie muss in einem aufwendigen Verfahren verlegt werden. Es kommt zu zahlreichen Sabotageaktionen, die unter großer Anteilnahme, teilweise am helllichten Tag, durchgeführt werden. So gelingt es, neu gebohrte Löcher, die zur Aufnahme der Strommastenpfeiler dienen sollen, mit Beton und Eisenteilen zu verfüllen. Zum 100. Sonntagsspaziergang am 1.1.1984 ziehen SpaziergängerInnen mittels eines Taus einen fast fertig montierten neuen Mast um.

Anlässlich der anstehenden ‚feierlichen' Eröffnung der Startbahn 18 West kommt es BI-intern zu heftigen Diskussionen über den adäquaten Ort der Proteste an diesem Tag. Eine Einigung kann letztlich nicht hergestellt werden. Ein Aufruf zur Demonstration in den Wald setzt sich durch: Am 14.4.1984 demonstrieren wieder Tausende gegen die Inbetriebnahme der Startbahn, begleitet erneut von heftigen Gas- und Wasserwerfereinsätzen. Mit der faktischen Inbetriebnahme der Startbahn West kehren nochmals viele resigniert der Protestbewegung den Rücken – mit der Eröffnung der Piste ist für sie der Sinngehalt weiterer Proteste in Frage gestellt. Während der Großteil der Menschen, die sich aus den BI-Strukturen zurückziehen, sich in den scheinbar sicheren Schutz des ‚rein Privaten' begeben, suchen andere verstärkt ihr Heil in parteipolitischen Aktivitäten.

Eine eher bizarre Attraktivität hat für einige ehemalige Aktivisten die Mitarbeit in der Partei der Grünen, die sich gerade anschickt, mit den Gegnern von eben an der ersten rot-grünen Koalition auf einer Landesebene zu basteln. Die Integrationsfähigkeit des bürgerlich-parlamentarischen Staates und das konkrete, von der Mehrheit der Grünen begierig aufgenommene Angebot der Beteiligung an der Staatsmacht zeigen ihre komplementäre Wirkung in der Schwächung der Protestbewegung. Die Koalition der Grünen mit der SPD, die folgende Verabschiedung des hessischen Haushalts mit den Stimmen der Grünen im Jahre 1985 verhelfen nicht nur Joschka Fischer als ehemaligem Exponenten staatskritischer Protestbewegungen ins Ministeramt, sondern das rot-grüne Bündnis segnet ganz ‚realpolitisch' auch die Anschaffung neuer Wasserwerfer für die Polizei ab. Das ‚parlamentarische Bein der Bewegung', eine Rolle, die die Grünen dieser Zeit noch gerne für sich in Anspruch nehmen, hickelt alsbald, getrieben von Karrieredenken und Machtgeilheit, davon.

Diejenigen, die weiter sonntäglich oder zumindest anlässlich des Jahrestags der Hüttendorfräumung protestieren, argumentieren damit, dass gerade durch die Inbetriebnahme der Startbahn West verstärkt Grund zum Protest gegeben sei. Für viele ist die Bewegung gegen die Flughafenerweiterung auch ein Teil ihres Alltags geworden, bei der Kommunikation und sozialer Kontakt über die Ebene blanken politischen Protests hinausreichen. Trotzdem nimmt auch bei den Noch-Aktiven intern die Diskussion über den Sinn und auch das Risiko bestimmter Aktionsformen zu. Etliche Stimmen, nicht allein aus den Reihen der AnhängerInnen prinzipiell gewaltfreier Aktionen, kritisieren eine zunehmende Form von Militanz, die für viele FlughafengegnerInnen nicht mehr nachvollziehbar ist oder unter hohem Risiko für die AkteurInnen praktiziert wird. Einigkeit besteht jedoch darin, Menschenleben nicht zu gefährden. Die nach wie vor stattfindenden sonntäglichen Protestspaziergänge werden weiterhin von den verschiedensten Gruppen frequentiert. Vor allem BürgerInnen aus Mörfelden-Walldorf, bzw. dem Kreis Groß-Gerau, treffen regelmäßig mit städtischen Gruppen und Einzelpersonen zusammen. Die Protestgemeinde hat sich zu einer scheinbar „eingeschworenen Gemeinschaft" verdichtet. Das Knacken von Streben ist sonntägliches Ritual geworden, ebenso wie der Einsatz von Tränengas und Wasserwerfern auf Seiten der Polizei, die regelmäßig Hundertschaften aus jüngeren BeamtInnen „zum Üben" an die Startbahn entsendet.

Im Jahre 1985 gibt die FAG ihren neuen Generalausbauplan bekannt, eine massive Ausweitung der Infrastruktur des Flughafens steht auf dem Programm: ein Airportcenter, ein zweiter Tower im Süden, das Terminal II usw. Eine Vielzahl von Menschen, die regelmäßig an der Startbahn demonstrieren, ist aber auch an anderen Protesten vor allem der Ökologie- und der Friedensbewegung aktiv beteiligt. Die GegnerInnen der Startbahn West sind eine feste Größe in der politischen Kultur, auch über das Rhein-Main-Gebiet hinaus.

Im September 1985 demonstrieren am Haus Gallus in Frankfurt Hunderte von AntifaschistInnen gegen die NPD. Gemeinsam versuchen sie, die AnhängerInnen der NPD am Betreten des Gebäudes zu hindern. Die Polizei geht massiv gegen die Demonstranten vor. Wasserwerfer werden eingesetzt und verfolgen auch einzelne Demonstranten. Zu diesen Menschen gehört auch Günter Sare. Der 36-jährige wird von einem Wasserwerfer überrollt und dadurch getötet. Es kommt zu tagelangen Protesten und Auseinandersetzungen mit der Polizei in Frankfurt und in anderen Großstädten. Bis feststeht, dass Sare tatsächlich durch den Wasserwerfer zu Tode kam, versuchen Polizei und Staatsanwaltschaft, die Verantwortung auf die DemonstrantInnen abzuschieben. Von einem mysteriösen Steinwurf ist die Rede, die verantwortlichen Beamten bleiben „selbstverständlich" im Dienst. Die BI unterstützt, ebenso wie die Bunte Hilfe den Versuch, die juristische Aufklärung der Vorfälle voranzutreiben, auch ist sie an der Organisation der Proteste beteiligt. Nicht zuletzt durch die Umstände des Todes von Günter Sare haben sich die Fronten zwischen Polizei und StartbahngegnerInnen massiv verhärtet.

Es bestehen intensive Kontakte zur Widerstandsbewegung gegen die geplante Wiederaufbereitungsanlage (WAA) in Wackersdorf. Gegenseitige Besuche finden statt, Austausch und Unterstützung der OberpfälzerInnen in ihrem Kampf gegen die Atomfabrik, die letztlich nicht gebaut werden sollte. Die Katastrophe von Tschernobyl im Jahre 1986 führt zu einer bundesweiten Wiederbelebung der Proteste gegen Atomanlagen. Es kommt zum Beginn einer Anschlagsserie gegen Strommasten. Bundesweit, so auch im Rhein-Main-Gebiet, werden Strommasten aus Protest gegen die Politik der Energieunternehmen umgesägt.

Bei einer solchen Sabotageaktion wird eine Frau aus Kreisen des Startbahn-Widerstands schwer verletzt. Die Umstände des Unfalls führen erneut zu einer heftigen internen Auseinandersetzung: ritualisierte Politikformen, machohaftes Auftreten, abgehobene und verselbständigte Militanz werden kritisiert.
2. November 1987: wieder formiert sich eine Demonstration anlässlich des Jahrestags der Hüttendorfräumung. Ein Einzeltäter schießt mit einer Polizeipistole, die auf einer Anti-Atomkraft-Demonstration entwendet wurde, aus großer Entfernung in Richtung Polizei, zwei Beamte sterben. Dies nimmt die Staatsmacht zum Anlass, die gesamte Bewegung gegen den Flughafenausbau zu kriminalisieren. Es folgen Hausdurchsuchungen und Festnahmen, es kommt zu weiteren Prozessen gegen StartbahngegnerInnen. Die Reste der Bürgerinitiativen bemühen sich um den Versuch einer kritischen Aufarbeitung der Ereignisse. Die Strukturen der Startbahn West-Bewegung sind nach den in jeder Beziehung fatalen Schüssen weitgehend zerschlagen und kaum mehr aktionsfähig.

Ende und ...

Die Startbahn-West-Bewegung darf nicht nur an dem letztlich gescheiterten Versuch gemessen werden, den Startbahnbau zu verhindern; die Wirkung einer solchen sozialen Bewegung muss auch über ihren ursprünglichen Anlass hinaus beurteilt werden. So müssen nicht nur die ‚materiellen' Erfolge, etwa die Verhinderung weiterer hessischer Großprojekte, wie eines geplanten dritten Blocks des AKWs in Biblis sowie einer Wiederaufbereitungsanlage für Atommüll in Nordhessen, in die Rechnung eingehen, sondern wesentliches Erfolgskriterium ist das entstandene politisch-soziale Klima, das von einer solchen Bewegung maßgeblich beeinflusst wird. Tausende von Menschen sagten

"Nein!" zu einem Großprojekt, sie klagten nicht nur, sondern sie setzten ihren Protest aktiv fort – unabhängig von Gerichtsentscheiden und den Lobbys im Parlament. Wichtig war ihnen hierbei, Gesundheit und Natur gegen Profitinteresse zu verteidigen. Damit begannen sie, ihre eigene politische Kraft und Stärke zu spüren, das Erleben sozial bereichernder Lernprozesse – auch über das eigene soziale Milieu hinaus – wurde zur eindrücklichsten (Alltags-)Erfahrung.

Die Bewegung gegen den Bau der Startbahn 18 West trug emanzipative Züge gerade dort, wo sie Menschen dazu brachte, selbst außerhalb des Vorgegebenen zu denken und sich unabhängig von traditionellen Regularien zu organisieren und zu handeln. In kleinen Schritten wurden Erfahrungen eigener Stärke unabhängig von den üblichen Organisierungsformen gesammelt. Parteien, Gewerkschaften und Kirche wurden in bestimmten Phasen der Auseinandersetzung zwar zu wichtigen Bündnispartnern – die eigene Organisierung erfolgte jedoch (wenn überhaupt) in Form der basisdemokratischeren Bürgerinitiativen. Landesregierung und FAG bissen sich an einer Bewegung, die anfing, sich eigenständig Gedanken über gesellschaftliche Werte zu machen, (fast) die Zähne aus. Formen eigener, selbstbestimmter Organisierung, massenhafter Proteste und direkter Aktionen machten den Startbahnbau nicht nur politisch und materiell teuer. Was Regierende und Vorstandsetagen hinsichtlich ‚ihrer' Bevölkerung damals am meisten beunruhigte, das sorgt sie auch heute: die noch immer vorhandene Fähigkeit zu eigenständigem Denken, selbstbestimmtem Handeln und sozial verantwortlichem Empfinden, das sich notwendigerweise mit Misstrauen und Akzeptanzminderung gegenüber Wirtschaft und offizieller Politik paart. Das Misstrauen in der Rhein-Main-Region gegenüber Regierungen und Parteien ist gerade wegen des gewaltsam durchgesetzten Startbahnbaus bei recht vielen Menschen wach geblieben, ebenso wie das Bewusstsein über die Möglichkeit selbstorganisierten und selbstbestimmten Widerstands.

... notwendiger Neubeginn

Als Ende 1997 bekannt wurde, dass die Flughafenbetreiber eine neue Offensive zur Durchsetzung einer oder mehrerer Start-/Landebahnen planen, schlossen sich am 5. März 1998 unter dem Namen ‚Bündnis der Bürgerinitiativen gegen die Flughafenerweiterung – für ein Nachtflugverbot' vierzehn Initiativen zusammen, um mit vereinten Kräften an der Koordination von Protest und Widerstand zu arbeiten. Das Spektrum reichte von BUND-Ortsgruppen über Stadtteilinitiativen bis zum außerparlamentarisch definierten libertären Flügel. Das Bündnis ist inzwischen auf über 60 Gruppen angewachsen. Die Initiativen bereiten sich erneut auf einen langwierigen Klageweg vor, ebenso werden erste direkte Formen des Protests und zivilen Ungehorsams in öffentlichen Aktionen umgesetzt.

Die wenigen, noch in der Kontinuität des Widerstands gegen den Bau der Startbahn 18 West existierenden und die Vielzahl der neu entstandenen Gruppierungen der gegenwärtigen BI beziehen sich – in welcher Form auch immer – durchaus auf die frühere Bewegung; so wird neben einem neuen auch das alte Startbahn West-Logo der damaligen Bürgerinitiative benutzt. Die meisten Initiativen entwickelten sich nach 1999 auf der Ebene einer direkten persönlichen Betroffenheit, die sich vor allem am zunehmenden Lärm des vom Frankfurter Flughafen ausgehenden Flugbetriebs festmacht. Daneben ist in der Argumentation der AusbaugegnerInnen der Verlust von Wald als Naherholungsfaktor von Relevanz; klimaökologische Fragen, Luftverschmutzung, Flächenversiegelung, ökologisch schädlicher Infrastrukturausbau u.v.m. sind bislang für die Motivation zum Engagement eher von untergeordneter Bedeutung. Es geht insgesamt um den Verlust an Lebensqualität gerade unter dem Aspekt des Ballungsraums Rhein-Main, in dem 100 ha Wald eine besondere Bedeutung haben. Hier treffen brüllend laute Lärmschleppen von Flugzeugen auf Hochhaussiedlungen, Altenwohnanlagen, Eigenheimviertel und auch auf die Villen bessergestellter BürgerInnen gleichermaßen. Es sind daher durchaus unterschiedliche Menschen, die sich gegen eine Verschlechterung von Lebensbedingungen zu wehren beginnen, die ja auch in anderen Bereichen festzustellen

Foto: ©Klaus Malorny/Blockade der Rhein-Main Air Base am ‚Tag der offenen Tür' (27.5.1983)

ist. Es handelt sich zum gegenwärtigen Zeitpunkt um die ‚Auferstehung' einer klassischen, sozialen und ökologischen ‚Ein-Punkt-Bewegung'. Im Unterschied zur Bewegung gegen den Bau der Startbahn 18 West, die sich ebenfalls auf ‚gut-bürgerlicher' Basis entwickelte, aber 1980/81 auf ein breites Spektrum verschiedenartiger, sozial bewegter Menschen (Anti-AKW-Engagierte, AnarchistInnen, HausbesetzerInnen, Rest-K-GrüpplerInnen, Rest-Spontis usw.) traf und besonders mit dem Bau des Hüttendorfs beeindruckend anwuchs, sind die gegenwärtigen AusbaugegnerInnen weitaus weniger sozialkritisch orientiert.

Auch wenn auf solcher Grundlage nicht mit einer schnellen Radikalisierung der Auseinandersetzung zu rechnen ist, ist die Entschlossenheit und die Vielfalt des früheren Widerstands ebenso wie auch die Schärfe der Auseinandersetzung, Politikern und Flughafenbetreibern gut in Erinnerung geblieben.

Ausblick:
Für soziale und ökologische Verantwortlichkeit!

Die erste große Demonstration der Bürgerinitiativen fand schließlich in Wiesbaden am 16.9.2000 mit ca. 12.000 TeilnehmerInnen unter dem Motto statt. ‚Für eine lebenswerte Region. Keine Flughafen-Erweiterung. Nachtflugverbot von 22.00 bis 6.00 Uhr!' Auf den Einladungsplakaten grafisch viel größer herausgestellt als der Rest der Parole war die ‚lebenswerte Region'. Damit wurde das Wirken des Bündnisses verdeutlicht, das sich als ‚positiv' denkend und konstruktiv begreift. Vermieden werden sollte so freilich ebenfalls, dass die BIs lediglich als Neinsager und Modernisierungsverweigerer bei den ‚lieben MitbürgerInnen' und in der Öffentlichkeit erscheinen.

Die Angst hiervor ist bei nicht wenigen MitstreiterInnen deutlich spürbar. Die Gründe liegen dann wohl weniger im propagandistischen Trommelfeuer der Fraport, die nicht müde wird, die alte Devise ‚Wachstum ist Fortschritt, Fortschritt bedeutet Arbeitsplätze', mit großem finanziellem Aufwand in die Hirne der Menschen zu pressen und den Flughafen als Jobmaschine des Rhein-Main-Gebiets zu glorifizieren, – sondern viel mehr an der in diesen Menschen möglicherweise tiefsitzenden Übereinstimmung und Identifizierung mit dem allgemeinen Ist-Zustand der Lebensumstände, die eben nur am Punkt Flughafen mit sich selbst in Konflikt geraten und zu Unruhe führen. Das Sinnbild, dass schlafende BürgerInnen buchstäblich in ihrer Ruhe gestört werden, bedeutet nichts weniger, als dass sie plötzlich persönlich unangenehm mit einer Entwicklung konfrontiert werden, mit der sie sich über die meiste Zeit konform fühlten.

Dass der Widerspruch ausgerechnet am Thema Flughafen aufbricht, hat nichts damit zu tun, dass ansonsten alles im Sinne der hier lebenden Menschen funktioniert. Im Gegenteil: Der Ballungsraum Rhein-Main bietet das klassisch-bizarre Bild der Metropolengesellschaft. Entlassungen, Marginalisierung, Ausbeutung und zerstörende Gewalt sind Prozesse, die allgegenwärtig und spürbar sind und meist deutliche Narben in der Biographie vieler Betroffener hinterlassen. Verdichtung des Raums, Beton-Glas-Stahl mit Dekogrün und Abgasschwaden; zeitgegliedert ‚just-in-time' wird nicht nur die Produktion und Distribution der Waren, sondern auch der Mensch. Andererseits zeigt sich ein am Konsum teurer Luxusgüter gemessener, hoher Lebensstandard, der das Bild, vor allem der Frankfurter Innenstadt prägt. Es besteht kein Zweifel daran, dass die Masse der Menschen dem Moloch Metropole, je nach Stand und Stellung des Einzelnen, wenig entgegenzusetzen hat bzw. will. Sei es, weil die Konsummöglichkeit und die Teilnahme an der Glitzerwelt die Menschen besticht, das Gehirn umnebelt und sich hemmend auswirkt oder weil der einzelne Mensch, ohnmächtig und isoliert, die Schuld für sein Scheitern nur bei sich sucht, wenn er aus dem Mainstream heraus an den Rand der Gesellschaft gedrängt wird.

Angesichts einer gesellschaftlichen Situation, in der Vereinzelung die meisten Menschen unfähig zu solidarischem Handeln macht, und infolgedessen soziale Bewegungen aktuell ein Schattendasein führen, ist das Entstehen einer breiten ökologisch orientierten Ein-Punkt-Bewegung also um so bemerkenswerter. Am Punkt ‚Flughafenerweiterung' funktioniert der Mechanismus einer Zuschreibung des ‚persönlichen Pechs' nämlich nicht - zu viele Menschen sind gleichzeitig von einer erheblichen Verschlechterung der Lebensbedingungen bedroht. Dazu kommt, dass die Gegner in diesem Fall anscheinend klarer zu identifizieren sind – Fraport und Luftfahrtunternehmen verdienen viel Geld, während für das Flughafenumland vor allem die ökologischen Belastungen bleiben. Und auch die Erfahrung des Streits um die Startbahn West trägt jetzt dazu bei, dass soziale und ökologische Verantwortlichkeit wieder verstärkt ins Blickfeld geraten, dass sich Widerstand regt. Selbst wenn der Gigant Flughafen damals nicht in die Knie gezwungen werden konnte, so zeigte er sich stark angeschlagen und ist als omnipotenter Wirtschaftsapparat ein Stück weit entmystifiziert worden.

Und doch ist das Eis dünn: Aufbegehren und die Organisierung von Widerstand sind für die meisten Menschen, die eine flughafenkritische Position einnehmen, nicht gerade eingeübter Alltag. Es nimmt nicht Wunder, wenn die Sammlung von Unterschriften, der juristische Klageweg (beides wichtige und notwendige Schritte), wie auch persönliche Appelle an PolitikerInnen mitunter mehr Raum in den Strategiedebatten der BI einnehmen als die Planung weiterer lautstarker Proteste und direkter Aktionen zivilen Ungehorsams. In den internen Diskussionen stellt sich immer klarer heraus, dass der propagierte und hoffnungsvoll beschrittene juristische Einspruchs- und Klageweg nur insofern sinnvoll ist, als er die Gegenseite bremsen kann, aber darüber hinaus kaum Aussicht auf weiteren Erfolg hat, wenn er nicht von breitem vernehmbaren Protest auf der Strasse und im Wald getragen wird. Auch von daher werden die BIs vermehrt Aktivitäten zu entwickeln haben, die Mut und Lust auf mehr Engagement bei Beteiligten und vor allem auch bei noch zögernden Menschen machen.

„Natürlich soll alles immer den Frauen angehängt werden..."

Käte Raiss und ihr ausdauerndes Engagement zum Flughafenausbau – Ein Porträt

Gitta Düperthal

Sie ist eine Lady. Schlichte Eleganz, klare Gedanken, expressive Sprache. Sie hat immer schon gewusst, welche Ziele in ihrem Leben maßgeblich sein würden. Geradezu beneidenswert ist sie in ihrer politischen Identität verwurzelt. Und das, ohne sich jemals auch nur ansatzweise in ideologische Grabenkämpfe verstrickt zu haben. „Die politische Bildung habe ich von meiner Mama", sagt Käte Raiss. „Soziales Denken war für sie eine Herzensangelegenheit." Umweltpolitisch habe man sich in ihrer Familie schon traditionell engagiert. Ihre Mutter empfand es als Wasserverschwendung, wenn Trinkwasser zur Toilettenspülung oder zum Putzen verwendet wurde. Eine Familiengeschichte, die jene Mischung aus Lebenskultur und Widerstandsgeist beinhaltet, die eine besondere Form der Nestwärme bedeutet: Opa war SPD-Mitbegründer in Walldorf, die Eltern auch mal bei den „unabhängigen Sozialdemokraten" von der USPD, Tochter und Sohn ebenso weiter links engagiert. Und Käte Raiss und ihr Mann Walter Mitbegründer der BI gegen die Startbahn West – wen wundert da, dass in dem Drei-Generationen-Haushalt Nächte durchdiskutiert wurden.

Jetzt steht Käte Raiss im Wohnzimmer, lächelt amüsiert. Gatte Walter erläutert indes, dass die Frauen es „wohl eher langweilig" gefunden hätten, über Grundsatzprogramme oder das Selbstverständnis der Bürgerinitiative zu diskutieren. Als es allerdings schließlich ganz konkret darum gegangen sei, den Bau der Startbahn West zu verhindern, habe sich die Stärke der Frauen gezeigt. „1980 beim Bau des Hüttendorfs und der Waldbesetzung waren es die Frauen, die Knochenarbeit geleistet haben", sagt er anerkennend. Walter Raiss ist mitten im Redefluss, kramt Fotos aus der Schublade. Und schwupps, landet er unversehens mitten in der ausführlichen Darstellung damaliger Polizeistrategien: „Da, hier sind sie noch bei der Hundertschaft am Mannschaftswagen und sehen Sie, dort, da haben sich die selben Polizisten in Zivilkleidung unter die Demonstranten am Stacheldraht gemischt." Käte Raiss' Lächeln wandelt sich in ein Grinsen: „Nun lass doch die alten Bilder weg!".

Mit ihrem Gatten kommuniziert sie spröde, doch mit zärtlich-vertrautem Unterton. Dann fällt sie ihm lebhaft ins Wort, berichtet über die Frauen, die Kinder hatten, zuhause den Telefondienst organisierten, Obst und Gemüse spendeten. Bei der Familie Raiss ist die Welt noch in Ordnung, es geht zu wie in einer intakten Arbeiterfamilie der 70er Jahre – oder sagen wir mal, wie sie nach intellektuellem Mythos hätte sein sollen. Sie ist 71, er 74. Das Motto des Ehepaares scheint zu sein: Wer schon in den fünfziger Jahren die Wiederbewaffnung mit Skepsis registriert hat, der hält später erst recht zusammen, lässt sich nicht ins Boxhorn jagen. In diesem Jahr sind sie 50 Jahre miteinander verheiratet. Gemeinsame Ideale, kleine Meinungsverschiedenheiten, sachlich aber streitbar wird alles ausdiskutiert. Über 20 Jahre gemeinsame Aktionen gegen den Bau der Startbahn West, das schweißt zusammen. Und doch gibt es einen kleinen Unterschied.

Während ihr Ehemann gern mal die Negativ-Brille aufsetzt und seine Widerstandsphilosophie lautet: „Man hat uns hier zwanzig Jahre unseres Lebens geklaut", schätzt Käte Raiss die positiven Seiten. Sie lacht: „Ach komm, wir haben schon auch gelebt und Spaß gehabt." Denn – so weiß die Grande Dame der Mörfelden-Walldorfer Anti-Startbahn-Bewegung: „In Notzeiten kommt wieder Solidarität auf." Und nicht nur in der Familie. In Raissens Keller traf sich alles, dort wurde 1981 das Volksbegehren gegen die Startbahn West organisiert. Rund 240.000 beglaubigte Unterschriften kamen zusammen. Mit ihrem Lastwagen und einem Ford Transit transportierten sie die Unterschriften nach Wiesbaden zur offiziellen Übergabe an die Landesregierung.

Raiss stand immer für den gewaltfreien Widerstand: „Ich wollte nicht, dass mit der Zwille auf Polizisten geschossen wurde." Zu diesem Thema habe es viele Auseinandersetzungen gegeben, erinnert sich Raiss an vergangene Diskussionen. Sicher, man habe sich gestritten, aber auch wieder versöhnt.

Für viele Bewohner von Mörfelden-Walldorf sei es oft nicht einfach gewesen, sich zu beteiligen. Besonders die Männer seien von ihren Arbeitgebern bisweilen unter Druck gesetzt worden. Und beugten sich bisweilen der Angst vor Entlassungen. Für Käte und Walter Raiss kein Problem: „Wir waren als Steinmetze selbstständig, uns konnte niemand rausschmeißen." Doch auch die Selbstständigkeit hatte ihren Preis. Während der Platzbesetzung war man auch in der problematischen Zeit von nachts um drei bis morgens um neun aktiv für die Startbahn, ab neun ging dann der Alltag weiter, wurde das Büro wieder geöffnet. In einem Punkt waren die Raissens nie zimperlich. Kamen größere Kunden und mäkelten über ihr politisches Engagement – ein Kunde weniger, dann ging eben ein Riesenauftrag mal flöten. „Na und?", sagt Käte Raiss. So ein bisschen Rückgrat müsse man eben schon haben. Auch Familienkrach habe es gegeben. Ehen seien wegen solcher Meinungsverschiedenheiten auseinander gebrochen: „Sie, Flughafengegnerin – er ein Befürworter!" Manche Frauen hätten ihrem Mann gegenüber ihre Aktivitäten verschwiegen, seien heimlich zum Hüttendorf gekommen, erinnert sie sich. Doch Käte Raiss wäre nicht Käte Raiss, würde sie nicht unmittelbar das Ruder wieder optimistisch herumreißen: „Manche Frauen stellten sich auch, wenn die Polizei knüppelte, beherzt vor ihren Gatten: ‚Du schlägst meinen Mann nicht!'"

Typisch Raiss, sie wird ganz lebendig und strahlt: „Trotz allem Kummer und aller Aufgeregtheit, eine schöne Zeit. Es sind auch neue Freundschaften entstanden." Und mit einem leisen Nostalgieschimmer im Augenwinkel seufzt sie: „So ein Zusammengehörigkeitsgefühl gibt es heutzutage nicht mehr". Da heiße es zwar immer: „Klar, wenn es soweit ist, sind wir wieder da." Raiss zeigt wieder kreative Ungeduld: „Dann ist es zu spät, jetzt müssten sie auf die Füße kommen. Im Moment haben wir eine träge Masse. Hoffentlich merken das die Politiker nicht."

Sicherlich, vielleicht würden jetzt neue Widerstandsformen sichtbar, gesteht sie ein. Aber keine, die Raiss sehr schätzen würde: Zu anonym, zu unverbindlich. Leute schrieben an die FAG wegen Lärmbelästigung, stellten Schadensersatzforderungen. Man merkt ihr deutlich an, dass dies mit ihrem Widerstandskonzept wenig zu tun hat: Leben und Umwelt engagiert mitgestalten und gleichzeitig liebevolle, intensive Beziehungsnetze knüpfen, ist für sie eins. Wichtig findet Raiss etwa auch die gemeinsame Aufarbeitung von Erlebtem. Begeistert berichtet sie über das Erzählseminar, von Walter Raitz (Universität Frankfurt) ins Leben gerufen. Dort hat sie mit ihrem wachen Blick einen geschlechtsspezifischen Unterschied ausgemacht: „Hauptsächlich Frauen profitierten davon, Männer können nicht von innen heraus erzählen, was sie bedrückt."

Eine wie Raiss weiß ganz selbstverständlich, wie Engagement mit Lebensfreude zu vereinbaren ist. Sie ruht in ihren Wurzeln: „Meine Mutter hat immer gesagt, Energie geht nicht verlo-

Foto: Privat/Käte Raiss, Sonntagsspaziergang (Nov. 1982)

ren." Nur ganz leise nagt ein Zweifel: „Doch mittlerweile frage ich mich, ob die Energie sich irgendwo niedergeschlagen hat." Begründet sie ihren Widerstand, geht es stets auch um globale Lebensqualität: „Mir geht es nicht nur um Lärmbelästigung im eigenen Vorgarten, sondern auch um die Gesundheitsbelastung, um die Zerstörung der Ozonschicht." Und dann hat die Lady jede Menge Frauenpower besonderer Art aufzubieten: „Jaja, da hieß es immer der Kühlschrank und das Haarspray. Natürlich soll alles immer den Frauen angehängt werden, dabei sind es die hochfliegenden Flugzeuge." Aber natürlich sei sie nicht weltfremd – junge Leute sollten ruhig in der Welt herumfliegen. Aber lieber einmal im Jahr und lieber länger – nicht dieses ständige Herumjetten.

Es ist ein generelles Unwohlsein, das Raiss bisweilen beschleicht: „Börsengang, Gewinnmaximierung – was dabei kaputt geht, interessiert nicht." Okay, manchmal habe sie eine Phase, wo sie sich am Boden zerstört fühle, gibt sie zu. Wenn das Klima bei der politischen Arbeit etwa nicht stimmt, die Art und Weise, wie miteinander umgegangen werde, das mache sie müde. Depression à la Raiss: Sie habe gedacht „Jetzt werde ich alt, du wirst nicht mehr gebraucht, bist eine Null" - „Aber nur einen Tag lang!" Doch dann hat sie nachgedacht und den wieder erreichten Platz im Stadtparlament lieber einer jungen Grünen überlassen. „Jetzt soll die Gabi Schubert ran", sagt sie entschieden. Auch Alterspräsidentin habe sie nicht mehr werden wollen. Unkritisch war Raiss noch nie. Da nimmt die ehemalige Spitzenkandidatin kein Blatt vor den Mund. Wenn es sein muss, teilt sie eben energisch und unerbittlich aus: „Zu despotisch geht es in den Sitzungen zu, da hab' ich ‚nee' gesagt."

Doch Parteiarbeit und ehrenamtliches Engagement sind zwei paar Schuhe. Und bei letzterem wird Raiss stets mit von der Partie sein. Es wird wieder Versammlungen geben, der Keller steht noch: „Ich hab' immer gesagt: das ist wie beim Fußballverein, wenn er verliert. Macht nichts, wir trainieren weiter." Und fügt einen ihrer Standardsätze an: „Nur die jungen Leute müssen in die Puschen kommen."

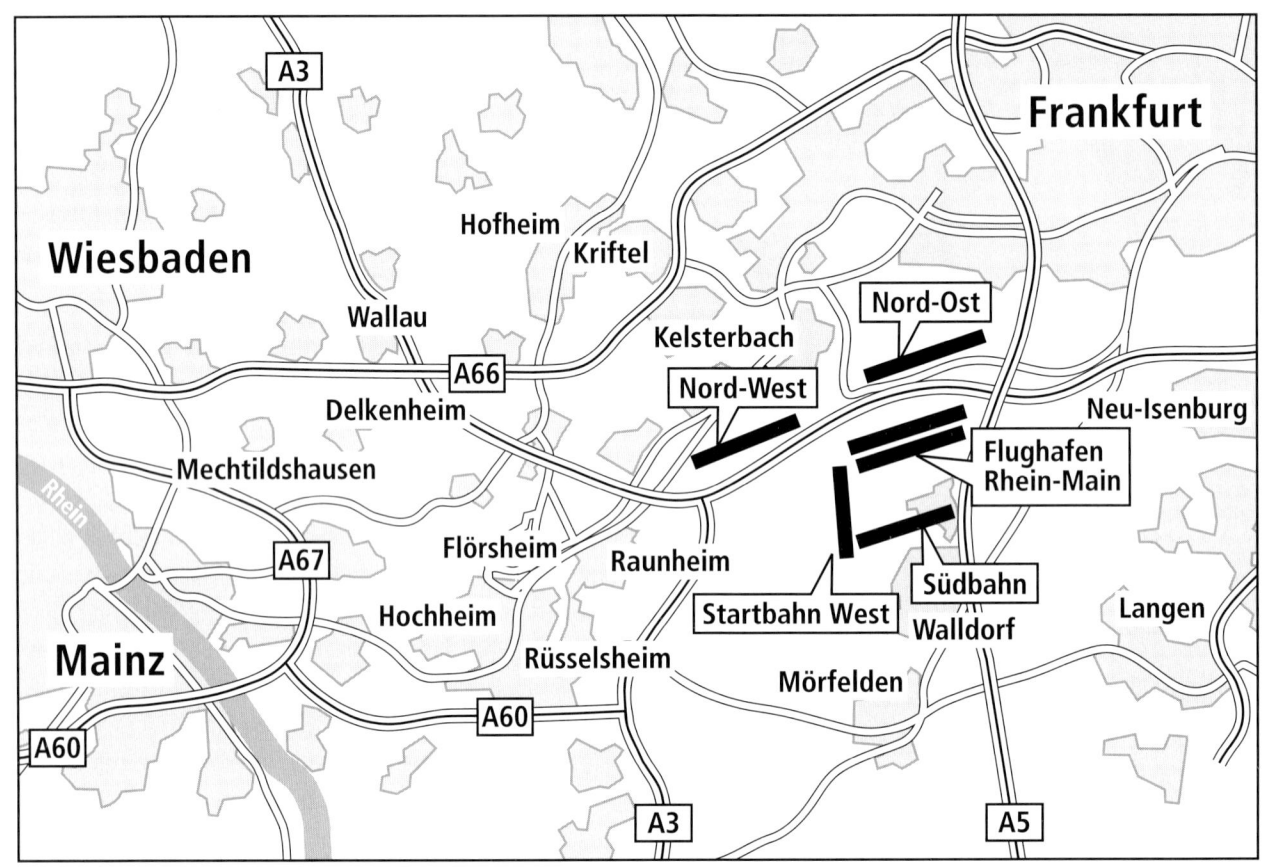

Landebahn Nord-West bei Kelsterbach; Flächenbedarf 313 ha

Landebahn Nord-Ost bei Schwanheim; Flächenbedarf 378 ha Wald

Landebahn Süd; Flächenbedarf 389 ha, Anschnitt eines großen zusammenhängenden Waldgebietes, in dem sich besonders geschützte Lebensräume befinden – dies entspricht etwa der Größe von 400 - 500 Fußballfeldern.

Die Zukunft des Waldes im Rhein-Main-Gebiet ist akut gefährdet!

Die vielfältigen Funktionen des Waldes rund um den Rhein-Main-Flughafen und die Gefahr der Waldzerstörung durch den geplanten Ausbau

Judith Dähne

Dieser Buchbeitrag fußt im wesentlichen auf zwei Texten von Thomas Norgall (aus dem Jahr 2001), Naturschutzreferent des BUND Hessen, und Judith Dähne (2000) vom Bündnis der Bürgerinitiativen gegen den Flughafenausbau. Inzwischen hat das Raumordnungsverfahren begonnen und mit den Antragsunterlagen haben sich einige Zahlen für den Flächenbedarf geändert, die aufgezeigten Probleme sind dagegen aktuell geblieben. Der reale Verbrauch an Waldflächen bei einem Ausbau ist auch den Antragsunterlagen von Fraport nicht zu entnehmen und die schlimmsten Folgen für das Ökosystem „Wald" werden im Genehmigungsverfahren weiterhin einfach ausgeklammert.

Die Auseinandersetzung um den Bau der Startbahn 18 West legte den politischen Grundstein dafür, dass die Waldflächen rund um den Frankfurter Flughafen als Bannwald ausgewiesen wurden.

In der Bannwalderklärung vom 6.7.1993[1], die auf dem Hessischen Forstgesetz basiert, heißt es „Die Waldflächen ... werden ... als Bannwald ausgewiesen, weil sie wegen ihrer besonderen Bedeutung für das Gemeinwohl unersetzlich sind". Bannwald darf nach dem Hessischen Forstgesetz nicht gerodet oder in eine andere Nutzungsart umgewandelt werden. Die Waldflächenerhaltung im Verdichtungsraum Rhein-Main sollte mit der Bannwaldausweisung Vorrang vor der Nutzung des Waldes als preiswerte und leicht verfügbare Flächenreserve für Infrastrukturaufgaben von der Mülldeponie bis zur Hochspannungsleitung haben. „Ansatzpunkt für die Auswahl der zukünftigen Schutzgebiete war die Überlagerungsdichte bestimmter Waldfunktionen aus der Flächenschutzkarte Hessen", so die zuständige Abteilung des RP Darmstadt.

Die Öffentlichkeit hat nach dem Beginn der neuerlichen Diskussion zur Erweiterung des Frankfurter Flughafens im Herbst 1997 gelernt, dass die Mehrheit des Hessischen Landtags die Sachlage heute anders beurteilt. Obwohl die ökologische Situation des Waldes im Rhein-Main-Gebiet sich in den letzten Jahren weiter verschlechtert hat und obwohl gleichzeitig die Be-

---
1) Veröffentlicht im Staatsanzeiger für das Land Hessen, 19. Juli 1993

deutung des Waldes zugenommen hat, soll die Bannwalderklärung für den Ausbau des Flughafens aufgehoben werden.[2]

Allein die unmittelbare Rodung für die neue Bahn soll nach Angaben der Flughafen AG zwischen 313 ha und 389 ha betragen. Andere Quellen nennen einen Flächenbedarf bis zu ca. 650 ha. Die Verwirklichung der Atlanta-Variante würde sogar über 700 ha Wald kosten. Zur Rodungsfläche selbst müssen die zum Absterben verurteilten angrenzenden Waldbereiche von derzeit unbekannter Größe addiert werden. Außerdem sind umfangreiche weitere Eingriffe durch zusätzlich notwendige Verkehrswege zu erwarten, deren Fläche durchaus der Rodungsfläche entsprechen kann.

Bereits jetzt ist der Waldzustand in der Rhein-Main-Region bedingt durch besondere klimatische Bedingungen und die hohe Luftschadstoffbelastung im Vergleich zu anderen Regionen Hessens schlecht. Die bei der Waldschadenserhebung ermittelten durchschnittlichen Blattverluste der in Südhessen häufigen Eiche liegen beispielsweise mit 39% deutlich höher als der Landesschnitt von 28% (HMULF 1999). Hohe Stickstoffeinträge - die vom Flughafen zu einem großen Prozentsatz mitverantwortet werden - destabilisieren das Waldökosystem. Sie führen u.a. zu übermäßigem Graswachstum und verhindern das Aufwachsen der jungen Baumgeneration. Die gleichzeitig eingetragene Säure belastet Bäume, Boden und Wasser gleichermaßen.

Durch eine Erweiterung des Flughafens würde erneut nach Startbahn West, Cargo City Süd, Lufthansatrainingscenter etc. auf weiten Flächen die Erfüllung der vielfältigen Waldfunktionen unmöglich gemacht. Darüber hinaus würde auch der verbliebene Wald in Mitleidenschaft gezogen. Die Zerstörung gewachsener Waldränder erhöht die Gefahr von Austrocknung, Windbruch und den Einfluss von Luftschadstoffen für die verbliebenen Bestände, ihr Zustand verschlechtert sich weiter.

1. Der Wald in Flughafennähe erfüllt vielfältige Funktionen:

Lebensraum für Tiere und Pflanzen

Nach Angaben des Forstamtes Frankfurt würden für den Bau einer Landebahn im Nordosten 500.000 Bäume fallen, darunter viele alte Eichen. Ein Viertel der Bäume des Bereiches ist älter als 160 Jahre und bietet Lebensraum für viele Tierarten, z.B. den Eichenheldbock. Die Population des bis zu 5 cm großen Käfers im Stadtwald gilt als eine der wenigen in Westeuropa. Mitarbeiter des Senckenbergmuseums haben in diesem Waldgebiet weitere seltene Käferarten nachgewiesen, die nur in „alten urständigen Wäldern" vorkommen (Flechtner 2000).

Im Bereich der Südbahn würde bei Baumaßnahmen durch Grundwasserabsenkung das nahegelegene Mönchbruchgebiet gefährdet. Das durch die „Flora-Fauna-Habitat-Richtlinie" der EU geschützte Gebiet beherbergt zahlreiche seltene Pflanzen- und Tierarten, 60 bzw. 69 Arten stehen auf der Roten Liste (Ebert 1996). Das Dammwild, das als kulturhistorisches Erbe fürstlicher Jagdleidenschaft heimisch geworden ist, hat im Bereich der Südbahn seine Kinderstube. Dort bringen die weiblichen Tiere den Nachwuchs zur Welt. Würde die Atlanta-Variante mit zwei Bahnen Wirklichkeit, wären auch zehn Amphibienbiotope, darunter ein Vorkommen des seltenen Moorfrosches gefährdet.

Erholungs- und Freizeitgebiet für die Menschen der Region

Für viele Menschen ist der Aufenthalt im Wald eine der wenigen Möglichkeiten, Natur zu erfahren und sich draußen aufzuhalten, ohne dass es Eintritt kostet. Besonders Waldspielparks, Grillplätze, Wander-, Lehr- und Trimmpfade sind Besuchermagneten. Allein im Frankfurter Stadtwald besuchen jähr-

---

[2] Wie wenig Interesse dem Wald und seiner Bedeutung in der Politik und den verschiedenen Lobby-Gruppen entgegengebracht wird, verdeutlicht auch die personelle Besetzung des Deutschen Gewerkschaftsbundes (DGB) in der Mediation und im Regionalen Dialogforum. Statt von einem Mitglied der Forstgewerkschaft, das die ökologischen Fragen betonen könnte, wird der DGB vom Vorsitzenden der hessischen ÖTV, Gerold Schaub, vertreten. Herr Schaub ist gleichzeitig der stellvertretende Aufsichtsratsvorsitzende der FAG und damit dem Unternehmen in besonderer Weise verpflichtet. Im übrigen hat sich die viel gelobte Einrichtung „Mediation" i. w. darauf beschränkt festzustellen, wie man die nun für manche lästige Bannwalderklärung rechtsstaatlich einwandfrei entsorgen kann.

lich ca. 7 Millionen Menschen die Waldspielparks (IG BAU ohne Jahr). Der Wald stellt für die ganze Region ein Stück Lebensqualität dar.

Klimaschutz regional und global

Wald wirkt durch seine große Blatt- und Nadelfläche als Filter für Luftschadstoffe und Staub. Der Frankfurter Stadtwald ist außerdem für Frankfurt eine wichtige Kaltluftquelle. In der Klimafunktionskarte des Hessischen Ministeriums für Wirtschaft, Verkehr und Landesentwicklung von 1997 ist dieses Gebiet als „Frischluftentstehungsgebiet" ausgewiesen. Auch im Bereich der Südbahn sind in der Klimafunktionskarte „Frischluftentstehungsgebiete" und „potentiell aktive Ventilationsflächen" verzeichnet. Global gesehen wirkt sich Wald durch seine Bindung von Kohlendioxid (CO_2) positiv auf die Bilanz von Treibhausgasen aus. Ein weiteres Wachstum des Flughafens und der Flugbewegungen wird dagegen den Ausstoß an CO_2 weiter erhöhen. Aus der Bannwalderklärung: „Durch ihre ausgleichende Wirkung auf jahres- und tageszeitliche Temperaturschwankungen kommt den Waldflächen eine außerordentlich hohe Bedeutung für den Klimaschutz und damit die Sicherung der Lebensbedingungen in den angrenzenden Großstadtbereichen zu. Die horizontal und vertikal reich gegliederten Waldbestände filtern die besonders durch Industrie und Verkehr stark mit Schadstoffen belastete Atemluft."

Wassergewinnungsgebiet

1998 wurden große Teile des Frankfurter Stadtwaldes als Trinkwasserschutzgebiet ausgewiesen, die Stadt fördert hier ca. ein Drittel ihres Trinkwassers. Die Filterwirkung des Waldbodens wird zur Versickerung von Wasser genutzt. Auch im Bereich der Südbahnvariante ist ein ca. 8 ha großes Gebiet als Trinkwasserschutzgebiet ausgewiesen. In der Bannwalderklärung ist hierzu zu lesen: „Die Waldflächen verlangsamen u.a. den Oberflächenwasserabfluss und tragen somit entscheidend zur Reinigung und Speicherung des Niederschlagswassers bei. Für die Bereitstellung und Sicherung eines qualitativ hochwertigen Trinkwasserdargebots sind die Waldflächen unersetzlich." Vom Flughafen gingen bereits bisher Gefährdungen für das Grundwasser aus. Lecks in der Kerosinleitung und große Mengen Nitrat aus Enteisungsmitteln machten umfangreiche Sanierungsmaßnahmen notwendig.

Lärmschutz

Wald wirkt als Lärmschutz gegen bestehende Belastungen von Autobahnen und Flughafen. „Ein 200 Meter tiefer, gestufter, unterholzreicher Waldaufbau reduziert den Lärm um ca. 10 dB. Das heißt ein solcher Wald halbiert in etwa die Lärmeinwirkung." (HMULF 1999a) Die Bannwalderklärung kommentiert: „In dem durch zahlreiche Verkehrstrassen durchzogenen Raum stellt der Wald einen nicht ersetzbaren Lärm-, Sicht- und Immissionsschutz dar."

Produktionsort des Rohstoffes Holz

Im Rhein-Main-Gebiet ist die Holzproduktion eine Waldfunktion von untergeordneter Bedeutung. In geringem Umfang wird jedoch auch Holz vermarktet und der Wald bietet Arbeitsplätze für Forstwirte und Förster.

2. Zum bio-ökologischen Wert von Wäldern

Die einschlägige Literatur zur bio-ökologischen Bedeutung von Wäldern ist umfangreich. Allgemein bekannte Faktoren sind die Baumartenzusammensetzung, der Strukturreichtum, das Bestandesalter oder die Bestimmung der Pflanzengesellschaften und der Arten. Als wertbestimmende Kriterien weniger bekannt sind außerhalb von Fachkreisen das historische Alter und die Flächengröße.

Für biologische Fragestellungen, also insbesondere für das Vorkommen von Tieren und Pflanzenarten, aber auch für das Verständnis der Entwicklungsprozesse im Ökosystem Wald, spielt das historische Alter eines Waldes eine maßgebliche Rolle. Gerade die oft kleinen, unscheinbaren Tierarten der mitteleuropäischen Wälder mussten im Laufe ihrer Evolution kaum Strategien zur Art-Ausbreitung entwickeln. Ihre Verbreitungskraft ist deshalb oft gering und sie können schon an der Überquerung eines breiten Wirtschaftsweges scheitern. Solche Arten kommen nur in sehr alten Wäldern, die die mittelalterliche Waldverwüstung

überdauert haben, vor. Diese Voraussetzung ist bei den Wäldern rund um den Flughafen gegeben. Als Jagdgebiet des Adels waren die Wälder dem Zugriff der Bevölkerung entzogen. Gebiete, die seit nachweislich weit über 1.000 Jahren kontinuierlich Wald waren, sind in Deutschland selten. Bei der Bewertung von drohenden Eingriffen ist ein qualitativer und quantitativer Vergleich mit dem verbleibenden Rest historisch alter Wälder im Naturraum bzw. in Hessen unverzichtbar.

Etwas bekannter ist die Bedeutung der Flächengröße von Wäldern. Je größer ein zusammenhängender Lebensraum ist, desto größer ist die zu erwartende Artenzahl. In der Fachwelt spricht man von der sog. Arten-Areal-Kurve. Um die unterschiedliche Dynamik der verschiedenen Arten zu berücksichtigen, sollte sowohl die Waldfläche incl. der linienhaften Zerschneidungselemente (Wege, Versorgungsleitungen) als auch die Größe der völlig unzerschnittenen Teilflächen berücksichtigt werden. Auch hier gilt, dass der Vergleich mit der Situation im Naturraum bzw. im Bundesland Hessen letztlich erst die richtige Einschätzung erlaubt.

3. Waldzerstörung durch direkte Flächenreduktion

Die für ein Vorhaben benötigte Rodungsfläche ist oftmals der meistbeachtete Wert. Für die von der Flughafen Frankfurt Main AG noch diskutierten Ausbauvarianten wird eine Flächeninanspruchnahme von 313 ha (NW-Variante), 378 ha (NO-Variante) und 389 ha (S-Variante) angegeben. Um den Umfang der Zerstörung etwas bildlicher zu machen, sollen zwei Beispiele folgen:

▶ Die geplante Flächeninanspruchnahme entspricht der Größe von 400 bis 500 Fußballplätzen
▶ Für den hier typischen Eichen-Hainbuchenwald läßt sich aus Literaturdaten eine Dichte von 100 Vogelbrutpaaren je 10 ha abschätzen. Je nach Variante wird also der Lebensraum für 3.000 bis 4.000 Brutpaare dauerhaft zerstört.

Foto: ©Klaus Malorny / Die Startbahn-West machte eine Verlegung der RWE-Überlandleitungen und weitere Baumfällaktionen notwendig (15.1.1984)

Die Stadt Offenbach geht in ihrer Stellungnahme vom 11.9.00 übrigens von einem Flächenbedarf aus, der um 180 bis 250 ha höher ist als nach den Angaben der FAG.

Tatsächlich können die vom Vorhaben ausgelösten weiteren Rodungen aber sogar größer sein als die unmittelbare Eingriffsfläche. Noch ist zum Beispiel völlig unklar, wie die Okrifteler Straße südlich des Flughafens verlegt werden soll. Auch die Konsequenzen für die Strom-Freileitung und die Okrifteler Straße im Bereich der NW-Variante sind unklar. Da die notwendige, zusätzliche Anbindung des Flughafens an das Verkehrsnetz noch nicht bekannt ist, sind hierzu nur Spekulationen möglich. Tatsache ist, dass die prognostizierte Zahl von 40 Tsd. neuen Arbeitsplätzen und über 80 Mio. Passagieren das vorhandene Verkehrsnetz überlasten und der Neubau bzw. die Erweiterung der Verkehrswege unverzichtbar sein werden.

Es ist bekannt, dass Waldbäume entlang frisch entstandener Waldränder vermehrt absterben. „Dies führt in den neu entstandenen Waldrandbereichen in einer Tiefe von bis zu mehreren 100 m vermehrt zu Windwurf, Sonnenbrand, Vergrasung und Bodenaushagerung" (Forstlicher Rahmenplan Südhessen; RP 1997). Je größer die Länge der neuen Waldränder ist, desto größer werden auch die Folgeschäden sein. Ein Teil dieser Schäden wird irreparabel sein. Zumindest benötigt die Wiederherstellung des Waldes oder eines ökologisch funktionsfähigen Waldrandes selten weniger als 10 bis 20 Jahre. Muss Hochwald ersetzt werden, dauert dies 100 Jahre und mehr.

Damit ist die Abschätzung des Waldverlustes durch den Flughafenausbau heute erst annäherungsweise möglich. Auf der Ebene der Raumordnung ist die Zusammenstellung aller waldbeanspruchenden Planungen im Naturraum bzw. im Rhein-Main-Gebiet notwendig, um die tatsächlichen Auswirkungen in einer Gesamtschau zu überblicken. Völlig inakzeptabel sind aktuelle Überlegungen, die Wiederaufforstungsverpflichtung und die Kompensationspflicht des Naturschutzrechts auszuhöhlen. Auch die hiervon ausgehenden Konflikte müssen bewältigt werden. Ob das Raumordnungsverfahren hierzu befriedigende Ergebnisse bringen wird, bleibt abzuwarten.

4. Waldzerstörung durch Zerstörung ökologischer Funktionen

Der Verlust ökologischer Funktionen in den entstehenden Waldrandbereichen wurde oben angesprochen. Umfang und Wirkung des Funktionsverlustes in der Fläche wird nach dem Eindruck des BUND aber stark unterschätzt. Üblicherweise wird dieser Frage in Genehmigungsverfahren nicht die notwendige Aufmerksamkeit geschenkt.

Die spezialisierte Tier- und Pflanzenwelt der Wälder benötigt ein Waldinnenklima, das sich durch geringere Temperaturschwankungen im Tagesgang auszeichnet und dessen Luft kühlfeuchter ist als über Freiflächen. Dieses Bestandsklima wird durch Rodungen bis weit in die verbleibenden Waldfragmente hinein verändert.

Gleichzeitig ist der Unterschied zwischen dem Waldinnenklima und dem Freiflächenklima der Grund für ständige Luftbewegungen zwischen dem Wald und den angrenzenden Freiflächen. Dieser Effekt begründet die positive luftklimatische Wirkung des Waldes. Der Wald um den Flughafen wird in der Landesplanung deshalb als positiv für das Kleinklima in den Siedlungsgebieten eingestuft und dämpft die bekannte klimatische Belastungssituation im Rhein-Main-Gebiet (Hessisches Ministerium für Wirtschaft, Verkehr und Landesentwicklung 1997: Klimafunktionskarte 1:200.000).

Unklar blieb bei Genehmigungsverfahren stets der Umfang der zu erwartenden Veränderungen. Die einschlägige Forst-Richtlinie arbeitet zur Bestimmung mit pauschalen Vorgaben, ist auf Effekte im Waldrandbereich begrenzt und dient der Ermittlung monetärer Verluste. Örtlich konkrete Erhebungen oder differenzierte Rechenmodelle, die Bestimmung von Minimalgrößen oder Schwellenwerten zur Einschätzung der Folgen, fehlen fast durchgängig. Die Wirkungsbereiche „Folgen der Fragmentierung für das Ökosystem (Rest-)Wald" und „Folgen der Waldfragmentierung für das Kleinklima" werden in der Regel nicht erkannt und differenziert behandelt.

Die Dimension des geplanten Eingriffs in den Wald durch den Flughafenausbau erzwingt die Erörterung der aufgeworfenen Probleme. Außerdem stellt sich die Frage, in welchem Umfang Schadstoffe die verbleibenden Waldreste durchdringen und bis in die Siedlungen hineinwirken können.

5. Waldzerstörung durch Luftschadstoffe – Gefahr für das Grundwasser

Seit vielen Jahren sind die Säureeinträge hessenweit größer als die Pufferkapazität der Böden. Die Belastung aus dem Niederschlag pendelt sich zur Zeit auf 1,7 kmol/ha und Jahr ein (HMULF 2000); die Pufferkapazität liegt landesweit mit etwa bei 0,5 kmol/ha und Jahr weit unterhalb der Einträge (HMULF 1999b). Die Pufferkapazität der Sandböden im Rhein-Main-Gebiet ist sogar deutlich geringer als im Landesmittel. Der überwiegende Teil der pufferungsfähigen Kalzium- und Magnesiumvorräte befindet sich hier in der organischen Auflage. „Säurebedingte Nährstoffauswaschungen waren und sind auf den Flug- und Terrassensanden bei ohnehin angespannter Nährstoffsituation besonders kritisch." (HMULF 1999a)

Nach der deutlichen Reduktion der Schwefelemissionen verbleibt als wichtigste Säurequelle der Stickstoffeintrag (N-Eintrag). Die N-Emissionen des Flughafens haben sich zwischen 1985 und 1995 mehr als verdoppelt (Umweltbundesamt; Vortrag beim 1. Umweltsymposium 1999). Die Zahl der Flugbewegungen hat sich seit 1995 von 370.000 auf 460.000 im Jahr 2000 erhöht. Da keine durchschlagende Reduktion der N-Emissionen durch den technischen Fortschritt der letzten Jahre in den Flugzeugflotten erfolgte, muss ein weiterer Anstieg der N-Emissionen um knapp 30 % unterstellt werden. Hinzu kommt die Zunahme der KFZ-bedingten N-Emissionen. Die Feststellung „Für das Rhein-Main-Gebiet betragen die Stickstoffeinträge mit 20-30 kg/ha und Jahr das Doppelte bis Dreifache der natürlichen Raten", ist heute richtiger denn je (HMULF 1999a).

Die Folge dieser Konstellation sind Wälder, die sich seit Jahren in Auflösung befinden und in denen selbst die Pflanzung

Foto: ©Klaus Malorny/Sonntagsspaziergang am Entwässerungsgraben längs des Bauzaunes (18.4.1982)

nur noch schwer gelingt: „Die Prozesse der Waldauflösung laufen, gemessen an der Generationsdauer der Bäume, in einem hohen Tempo ab." (HMULF 1999a). „Seit 1984 liegt vor allem bei den jüngeren Bäumen die durchschnittliche Kronenverlichtung in der Rhein-Main-Ebene deutlich höher als im Land. Dieser Befund unterstreicht die Schwierigkeit der Neubegründung stark geschädigter Wälder in der Rhein-Main-Ebene." (HMULF 2000).

Nach Einschätzung der sog. Mediation werden die jährlichen N-Emissionen durch den Ausbau des Flughafens um 84% steigen. Angesichts der bedrückenden Ausgangslage ist die Zukunft des Waldes im Rhein-Main-Gebiet großflächig akut gefährdet. Die Diskussion um die unmittelbare Größe der Rodungsfläche für die neue Landebahn bzw. Start- und Landebahn verkennt die tatsächliche Gefahr für den Wald, der laut der Bannwalderklärung für das Gemeinwohl unersetzlich ist. Die Rodungen und Folgeschäden durch den Flughafenausbau sowie die angekündigte Steigerung der Flugbewegungen und die hiervon ausgelösten Verkehrsemissionen sind eine unmittelbare Gefahr für den Fortbestand des bestehenden Waldökosystems in der Rhein-Main-Ebene.

Gleichzeitig zeigen die Böden rund um den Frankfurter Flughafen nach Bastian (HLFU 1999) eine „erhöhte Gefährdung" durch Grundwasserversauerung auf Grund des Säureeintrags. Grundwasser gilt bei pH-Werten von < 6-5 als „versauernd" und bei einem pH-Wert von < 5 als „versauert". Die Abbildungen in der o.g. Arbeit von Bastian zeigen, dass die Grundwassermessstellen rund um den Flughafen die niedrigsten Werte in der Rhein-Main-Ebene aufweisen. Der Mittelwert für die Jahre 1995 bis 1997 liegt bei den Messstellen, die bis höchstens 30 m Tiefe abgedichtet sind, zwischen 6,5 und 5,0.

An zahlreichen Messpunkten lässt sich bereits der Übergang in den Aluminium-Puffer des Bodens erkennen. Werden die geringen Pufferkapazitäten weiter aufgebraucht - und alles spricht dafür, dass dies nach dem Ausbau des Flughafens beschleunigt geschieht -, dann wird vermehrt Aluminium freigesetzt. Aluminium ist giftig. Mit Aluminium-Ionen versetztes Grundwasser hat seine Eignung als Trinkwasser verloren. Die Gefahr einer großflächigen Zerstörung der Trinkwasserqualität durch die Bodenversauerung ist danach nicht auszuschließen. Tatsächlich wird aber ein großer Teil des im Rhein-Main-Gebiet benötigten Trinkwassers unter den Waldflächen in Frankfurt, dem Kreis Offenbach und dem nördlichen Teil des Kreises Groß-Gerau gewonnen.

6. Fehlende ökosystemare Betrachtung

Trotz des umfangreichen theoretischen Wissens fehlt die Verknüpfung der Fakten aus den einzelnen Disziplinen zur ökosystemaren Betrachtung in Genehmigungsverfahren. Auch die gesetzlich vorgeschriebene Umweltverträglichkeitsprüfung (UVP) schafft hier keine Abhilfe. Hinzu kommt, dass der einzelne Antragsteller nach bisheriger Auffassung der Genehmigungsbehörden nur solche Untersuchungen vorlegen muss, die kausal als Folgen seines Vorhabens abgeleitet werden können. Dort, wo Vorwirkungen und Kombinationswirkungen zum Problem werden, versagt (angeblich) das Planungsrecht und kann die Vorsorge nicht leisten.

Typisch für die sektorale Betrachtung ist die Untersuchung zum Grundwasser, die in der sog. Mediation vorgelegt wurde. Dort wurde die Tatsache, dass die Grundwasserspende unter Wald geringer ist als unter niedrigen Vegetationsformen, als wichtigstes Bewertungskriterium herangezogen. Die Frage der langfristigen Grundwasserqualität nach dem Ausbau wurde nicht behandelt, obwohl eine großflächige Qualitätsabnahme unter Versorgungsgesichtspunkten schnell zur Mengenfrage wird.

Die o.g. Ausführungen sollten mögliche Wirkungsketten aufzeigen. Notwendig wäre ein Untersuchungsprogramm, dessen Einzelerhebungen sich aus Wirkungszusammenhängen herleitet, wie sie oben beschrieben wurden. In der Regel ist jedoch eine fachspezifische Fragestellung für die Auftragsvergabe entscheidend. Die so gewonnenen Ergebnisse lassen sich dann nur schwer im Zusammenspiel von Wirkungszusammenhängen interpretieren.

Obwohl seit Jahren bekannt ist, dass die Wälder im Rhein-Main-Gebiet sich auflösen, wurden die Konsequenzen für den Wald im sog. Mediationsverfahren ausgeklammert. Auch der politische Abwägungsprozess lässt eine Behandlung der ökologischen Zusammenhänge bisher nicht erkennen. Die Berücksichtigung der beschriebenen ökosystemaren Problemkreise im Genehmigungsverfahren wird auch aus der Erfahrung mit anderen Verfahren sehr skeptisch beurteilt. Sollte keine Behandlung erfolgen, ist aber damit zu rechnen, dass Betroffene diese Vorgehensweise gerichtlich überprüfen lassen werden.

Nicht nur für den Frankfurter Stadtwald gilt nach wie vor der folgende Satz aus der Bannwalderklärung: „Durch seine besondere Lage inmitten des Ballungsraumes erfüllt der Frankfurter Stadtwald eine Vielzahl von Waldfunktionen und trägt damit entscheidend zur Sicherung der natürlichen Lebensgrundlagen für die dort lebende Bevölkerung bei". Zusammenfassend bleibt festzuhalten, dass jeder weitere Flughafenausbau Waldfläche kostet und aus diesem Grund abzulehnen ist.

Literatur

Dähne, Judith: Bedeutung des Waldverlustes durch einen Ausbau des Rhein-Main-Flughafens – In: Bündnis der Bürgerinitiativen Kein Flughafenausbau – Für ein Nachtflugverbot: Stellungnahme zum Hearing des Hessischen Landtags betreffend Frankfurter Flughafen vom 10.-12. Mai 2000, 27.4.2000

Ebert, Reinhard: Naturschutzgebiet „Mönchbruch" – In: Forstliche Mitteilungen 10 (1996): S. 290-293

Flechtner, Günther: Weitere „Urwaldrelikte" im Frankfurter Stadtwald wiederentdeckt (Coleoptera) – In: Nachr. Entomol.Ver. Apollo, N.F. 20 (2000) 3/4: S. 321-326

Hessische Landesanstalt für Umwelt: Potentielle Grundwassergefährdung durch Versauerung im Hessischen Ried – Umweltplanung, Arbeits- und Umweltschutz Heft 269 – Wiesbaden 1999

Hessisches Ministerium für Umwelt, Landwirtschaft und Forsten: Gefährdung der Wälder im Rhein-Main-Gebiet – Mitteilungen der Hessischen Landesforstverwaltung Band 35 – Wiesbaden, 1999 a

Hessisches Ministerium für Umwelt, Landwirtschaft und Forsten: Waldschadensbericht 1999 – Wiesbaden, 1999 b; Waldzustandsbericht 2000 – Wiesbaden, 2000

IG BAU Bundesvorstand: Lebensquelle Bannwald – Frankfurt, o.J.

Norgall, Thomas (BUND Hessen): Die Zukunft des Waldes im Rhein-Main-Gebiet ist akut gefährdet! – Vortragstext für das 3. Umweltsymposium Rhein-Main am 24.1.2001 in Mörfelden-Walldorf

Regierungspräsidium Darmstadt: Forstlicher Rahmenplan Südhessen - Darmstadt, 1997

Mit dem Strom oder Gegenstrom*?
Wie die Bürgerinitiativen im Raumordnungsverfahren mitmischen

Roger Treuting

„*So drohen in einer repressiven Gesellschaft selbst fortschrittliche Bewegungen in dem Maße in ihr Gegenteil umzuschlagen, wie sie die Spielregeln hinnehmen. Um einen höchst kontroversen Fall anzuführen: Die Ausübung politischer Rechte (wie das der Wahl, das Schreiben von Briefen an die Presse, an Senatoren usw., Protestdemonstrationen, die von vornherein auf Gegengewalt verzichten) in einer Gesellschaft totaler Verwaltung dient dazu, diese Verwaltung zu stärken, indem sie das Vorhandensein demokratischer Freiheiten bezeugt, die in Wirklichkeit jedoch längst ihren Inhalt geändert und ihre Wirksamkeit verloren haben.*" [1]

Mit der Bekanntgabe am 22. Oktober 2001 im Staatsanzeiger für das Land Hessen hatte das Darmstädter Regierungspräsidium das sogenannte Raumordnungsverfahren (ROV) zum beabsichtigten Flughafenausbau eingeleitet. Damit war die behördeninterne Vollständigkeitsprüfung der von Fraport eingereichten Unterlagen abgeschlossen.

Ab dem 12. November lagen diese in Form von 16 prall gefüllten Aktenordnern mit mehreren tausend Seiten Umfang und vielen bunten Planzeichnungen für mehrere Wochen in den Amtsstuben der Rathäuser und in den Bürgerbüros von etwa 100 Kommunen im Rhein-Main-Gebiet zur Ansicht aus. Im Zuge einer äußerst beschränkten und begrenzten Planungsbeteiligung durfte sich die betroffene Bevölkerung durch diesen Aktenberg wühlen und bis zum 4. Januar 2002 Eingaben in Form von Bedenken und Anregungen in das Verfahren einbringen.

Das Raumordnungsverfahren ist der erste der beiden wichtigsten Abschnitte des hoch komplexen und höchst komplizierten Planungsverfahrens zur beabsichtigten Flughafenerweiterung. Es ist die erste Verfahrensstufe, die das Bundesrecht für den Neubau oder bei einer wesentlichen Veränderung von Flughäfen vorschreibt. Das ROV ist eine Art Grobplanung. (Mit dem Planfeststellungsverfahren folgt in gewissem Zeitabstand eine Art Feinplanung.)

Es soll dabei die sogenannte „Raumverträglichkeit" eines Vorhabens geprüft werden. Es sind die raumbedeutsamen Auswirkungen der Planung oder Maßnahme mit den Zielen des Raumordnungsrechts unter überörtlichen Gesichtspunkten zu

---

* **Gegenstrom** – als Fachterminus in der Planersprache meint: auf den verschiedenen Planungsebenen werden unterschiedlich konkrete Zielvorstellungen für die jeweils angestrebte räumliche Entwicklung formuliert. In einer Art Gegenstromprinzip soll die jeweils nachgeordnete Ebene die Vorgaben der übergeordneten Ebene beachten und bezogen auf die konkreten Verhältnisse vor Ort ausformen. Umgekehrt können die nachgeordneten Ebenen bei der Aufstellung von Plänen der übergeordneten Ebene ihre Vorstellungen einbringen.

1) **Marcuse, Herbert**: Über repressive Toleranz. in: Wolff, Robert P. u.a. (1966): Kritik der reinen Toleranz. Frankfurt a.M. S. 91-128 (Schriften 8). Zitat aus: anti atom aktuell Nr. 123 vom Oktober 2001, S. 16

prüfen, wie es im Fachjargon so schön heißt. Am Ende des ROV steht eine raumordnerische Beurteilung - und aller Voraussicht nach die Festlegung auf eine der vorgebrachten Ausbauvarianten.

Bis zum Inkrafttreten des Umweltverträglichkeitsprüfungsgesetzes des Bundes war das ROV als ein rein behördeninternes Verfahren ausgestaltet. Bei großen Vorhaben sollte eine behördeninterne Abstimmung mit allen Trägern öffentlicher Belange erfolgen. So waren bereits vor Beteiligung der Öffentlichkeit im nachfolgenden Planfeststellungsverfahren wesentliche Fragen eines Vorhabens verwaltungsintern abgestimmt und abgeklärt.

Auch wenn das Umweltverträglichkeitsprüfungsgesetz im Anschluss an die Richtlinie der Europäischen Gemeinschaft die rein behördeninterne Wirkung des Raumordnungsverfahrens beseitigte, indem seit 1990 auch die Prüfung der Umweltverträglichkeit im Raumordnungsverfahren und eine Beteiligung der Öffentlichkeit vorgeschrieben ist, so hat das ROV seinen Charakter nicht grundlegend geändert. Bei Großprojekten des Bundes und der Länder werden nach wie vor im ROV die entscheidenden Weichen gestellt.

Es werden unter weitgehendem Ausschluss der Öffentlichkeit Varianten und Alternativen festgelegt, die das nachfolgende Planfeststellungsverfahren präjudizieren. Dabei ist regelmäßig erst am Ende des Verfahrens die Beteiligung der Öffentlichkeit vorgeschrieben. Aufgrund der Abstraktion des Verfahrens und der Bekanntmachung des Vorhabens sowie der auszulegenden Unterlagen wird die Bedeutung des ROV von den Bürgerinnen und Bürgern oft nicht erkannt. Die Zahl der Einwendungen bleibt meist beschränkt. Häufig finden keine Erörterungstermine und Diskussionen mit der betroffenen Bevölkerung statt.

Das ROV schließt mit einer „raumordnerischen Beurteilung". In dieser raumordnerischen Beurteilung wird die Raumverträglichkeit einer oder mehrerer Varianten festgestellt. Regelmäßig enthält die raumordnerische Beurteilung Maßgaben und Empfehlungen für das weitere Planungsverfahren. Es werden dadurch konzeptionelle Grundentscheidungen getroffen und Varianten ausgeschieden. Damit kommt der raumordnerischen Beurteilung für das nachfolgende Verfahren herausragende Bedeutung zu.

Die tatsächliche Bedeutung der raumordnerischen Beurteilung deckt sich allerdings nicht mit der rechtlichen Ausgestaltung. Nach dem Raumordnungsrecht hat die raumordnerische Beurteilung keine Bindungswirkung für die Beteiligten. Es wird auch nicht darüber entschieden, ob das Vorhaben tatsächlich zugelassen werden kann. Die Ergebnisse des ROV sollen im weiteren Zulassungsverfahren lediglich berücksichtigt werden.

Über das Ergebnis des Verfahrens ist die Öffentlichkeit zu unterrichten. Rechtsmittel gegen die raumordnerische Beurteilung gibt es nicht. Trotz der erheblichen praktischen Bedeutung des ROV findet damit eine gerichtliche Kontrolle in diesem Verfahrensabschnitt nicht statt. Dies ist in der juristischen Diskussion bedauert worden. Begründet wird der Verzicht auf Rechtsmittel damit, dass die raumordnerische Beurteilung keine abschließende Entscheidung enthält.

Gerade aber weil das ROV große praktische Bedeutung hat, muss diesem im Verfahrensgang die entsprechende Aufmerksamkeit gewidmet werden. Es ist die erste Stufe, in der die Öffentlichkeit, die betroffenen Bürgerinnen und Bürger und die Gemeinden von der Gesetzeslage her die Möglichkeit zur Stellungnahme haben. Entscheidend ist dabei, wie diese Option letzten Endes genutzt wird.

Innerhalb des Bündnisses der Bürgerinitiativen lief eine Auseinandersetzung zu diesem Themenkomplex erst sehr spät und sehr schleppend und darüber hinaus mit spärlicher Beteiligung an. Eine breitere und tiefergehende Debatte um einen adäquaten Umgang mit dem ROV blieb aus. Im Frühjahr 2001 wurde im Bündnis der BIs eine AG aus der Taufe gehoben, die ein Mindestmaß an notwendiger Vor- und Zuarbeit leistete. Zwar ging es zunächst noch darum, ob das Bündnis überhaupt eine forcierte Auseinandersetzung der Bevölkerung mit dem ROV initiieren sollte, schließlich setzte sich jedoch die Haltung durch,

Zeichnung: ©Willfried Jaspers/Tribut an die Luftfahrt (Aug. 2001)

dass eine massive Beteiligung ein Gradmesser für die Ablehnung des Ausbaus wäre. Für bundesweite Furore sorgte zu diesem Zeitpunkt außerdem das Verfahren um den Berlin-Brandenburger Großflughafen. Dort war gerade die Erörterung im Planfeststellungsverfahren mit der imposanten Zahl von über 130.000 Einwendungen angelaufen. Nach Gesprächen mit Berliner AktivistInnen wurde dann auch die Idee der per EDV erstellten Einwendungen übernommen. Hilfreich in solch einem Rahmen wäre sicherlich auch gewesen, den Blick etwas weiter schweifen zu lassen, um aus Verfahren anderer Großprojekte (AKWs, Transrapid, ICE-Trassen, Ablauf der Planungen zum Bau der Startbahn West) lernen zu können.

Mit dem Näherrücken des Verfahrensbeginns reduzierte sich die Arbeit des BI-Bündnisses zum ROV ganz stark auf eine „aktionistische" Komponente: Plötzlich ging es in der Hauptsache darum, die „Produktion" von Eingaben auf den Weg zu bringen. Sehr viel Energie fraß dabei das Entwickeln einer EDV-gestützten Herstellung von vorformulierten Einwendungsschreiben. Die eigentliche Intention, Bürgerinnen und Bürger zu einer Auseinandersetzung mit der Sache und einem Engagement für ihre Anliegen zu bewegen, gerät durch einen solchen Umgang mit dem Verfahren dann freilich in Gefahr, bereits im Keim erstickt zu werden. Warum soll jemand großartig initiativ werden, wenn mit einer Unterschrift unter einer formalisierten Einwendung zunächst einmal alles erledigt ist? Daher ist in solchen Fällen eine Kooperation mit Kommunen, Naturschutzverbänden und Klageunterstützungsvereinen im Zuge einer „arbeitsteiligen Vorgehensweise" geradezu geboten. Aufgabe der Bürgerinitiativen ist in solchen Fällen ihren ureigensten Part voll auszufüllen, nämlich die Bürgerinnen und Bürger anzuregen, initiativ! zu sein, nicht bloß Unterschrift oder gar „Stimme" abzugeben, sondern für den entsprechenden „Gegenstrom" zu sorgen. Bleibt solches aus, ist die Gefahr groß, sich lediglich in Fallstricken des

Zeichnung: ©Michael Kegler/ ... künftig Nachtkochverbot! (2001)

weiteren Verfahrensgangs zu verheddern. Sie wächst mit dem auf das dem ROV folgenden Planfeststellungsverfahren, in dem zwar sogenannte individuelle Rechte wie Wertverlust des Immobilienbesitzes geltend gemacht werden können und für das ein späteres Klagerecht bei den Verwaltungsgerichten zusteht, für das damit aber auch die Verfahrensspielregeln noch enger gefasst sind.

Einhergehend mit dem Gebrauch rechtlich relevanter Mitwirkungsmöglichkeiten gilt es den politischen Raum, der den BürgerInnen zugestanden wird, zu nutzen und Schritt für Schritt auszuweiten. Doch nur deshalb, weil BürgerInnen in der Vergangenheit eben politisch Initiative zeigten, stehen den Bürgerinitiativen von heute einige rechtliche Mitsprachechancen zur Verfügung. Und diese BürgerInnen zeigten auch deswegen politisch Initiative, weil auf „Recht" in Verfahren eben kein Verlass ist. Daran hat sich nichts geändert. Dies wird auch einmal mehr der weitere Gang des ROV um den beabsichtigten Flughafenausbau zeigen.

Anfang Januar 2002 wurden dem RP in Darmstadt von Seiten des Bündnisses der Bürgerinitiativen im Rahmen einer symbolischen Aktion unter dem Motto „Wir zeigen den Ausbaubetreibern die gelbe Karte" über 30.000 Einwendungen überreicht. Den gesetzlichen Bestimmungen nach soll das Verfahren innerhalb eines halben Jahres abgeschlossen sein. Die erhobenen Einwendungen werden in diesem Zusammenhang im Frühjahr 2002 erörtert werden.

Eines ist dabei sicher: Das Regierungspräsidium Darmstadt wird den vorgegebenen Terminplan unter allen Umständen einhalten wollen. Dieser sieht den Beginn des Planfeststellungsverfahrens für den Sommer 2002 vor. Bleibt zu hoffen, dass dann ein Spielchen hingelegt wird, bei dem zum einen höchst effizient mitgemischt und zum anderen das Ausbauvorhaben auf möglichst vielen Feldern behindert werden wird.

Literatur

Andritzky, Michael u.a. (Hrsg.): Labyrinth Stadt – Planung und Chaos im Städtebau – Ein Handbuch für Bewohner. Köln 1975

Institut Wohnen und Umwelt (Hrsg.): Planungsbegriffe – Ein Leitfaden durch das Labyrinth der Planersprache. Opladen 1978

Mäding, Heinrich: Partizipation und gesellschaftliche Einflussnahme bei raumbedeutsamen Großprojekten. In: Raumforschung und Raumordnung, Jg. 55, H. 2/1997, S. 83-90

Marten, Florian: Kaputtgeplant – Das Elend der Raum- und Stadtplanung. Frankfurt a.M./New York 1997

o.A.: Der Rechtsweg – Holzweg oder Ausweg? In: umweltmagazin Jg. 5, H. 5 Sept./Okt. 1982, S. 12-15

Wurster, Hansjörg (Fachanwalt für Verwaltungsrecht): Vortrag auf einer Informationsveranstaltung am 24.2.2000 in der Köbel-Halle in Rüsselsheim vor etwa 3.000 ZuhörerInnen

Humor ist Notwehr

Mit Phantasie und Schalk gegen den Flughafenausbau

Volker Goll

Hellwach wurde plötzlich jeder, der am 20. Mai 2000 zu einer bestimmten Stunde an der Einfahrt zur Lufthansa-Basis am Frankfurter Flughafen vorbei kam: Der dort von der Lufthansa aufgestellten, etwa acht Meter hohen Flugzeugschwanzflosse war eine Schlafmütze angezogen geworden, auf der in großen Lettern prangte: „Nachts muß der Kranich schlafen!" Der angesprochene Kranich des Lufthansa-Logos war denn auch nicht mehr zu sehen. Dafür jedoch ein Grüppchen von rund 100 mit Transparenten ausgestatteten FlughafenerweiterungsgegnerInnen, die unangemeldet mit einem Kran bei dem Kranich aufgetaucht waren und flugs dem Symbol eines der ärgsten Nachtruhestörer in der Rhein-Main-Region die Nachtkappe übergestülpt hatten.

Gewitzheit im Streiten um das Durchsetzen des Rechts auf einen gesunden Schlaf wurde ein Jahr später von Mitgliedern des Bündnisses der Bürgerinitiativen erneut eingesetzt. Dieses Mal im voraus angekündigt suchten Menschen im Schlafanzug bei den Lufthansaschaltern des Terminal 1-Bereichs A die Nachtruhe innerhalb des Flughafens, die sie in dessen Umland nur noch schwerlich finden können. Mit Isomatten, Decken, Schlafsäcken und einem Krankenhausbett (geraubter Schlaf macht krank!) schlugen sie ihr Lager auf. Ein eigens gedichtetes Schlaflied wurde gesungen und Kindern Gute-Nacht-Geschichten erzählt. Auf die Protestform der ‚Pyjama-Aktion' wusste die andere Seite nur mit der Bereitstellung von hundert PolizistInnen und Wachleuten zu reagieren, die die Passagiere verunsicherten. Auch dank kostenloser ‚Flugtickets', die über den Hintergrund des schläfrigen Menschenauflaufs informierten, konnte dann durch die Nachthemden dem Flughafenvolk versichert werden, dass realer Anlass zum Protest besteht.

Schunkeln gegen ein Polizei-Sondereinsatzkommando

Das Entwickeln von ‚originellen' oder ‚witzigen' Aktionen ist in der langen Geschichte des Widerstands gegen den Ausbau des Frankfurter Flughafens nichts Neues, es hat Tradition. Man erhofft sich davon beschwingte Stimmung unter den MitstreiterInnen, größere Medienöffentlichkeit und weitere mobilisierende Effekte – und vor allem manchen Punktsieg gegen die AusbaupropagandistInnen.

Erinnert man sich an die 80er Jahre, konnte man jedoch meinen, dass für die damals Aktiven derlei strategische Ziele gar nicht mal so kennzeichnend waren. Originalität und Humor, mit der manche Aktionen durchgeführt wurden, entstanden beinahe von allein – als positive Nebeneffekte entschiedenen Widerstands, der dadurch für die Gegenseite schwerer ausrechenbar wurde. Ein hohes Maß an Einfallsreichtum war aber auch notwendig – ohne ihn wäre es nicht möglich gewesen, die jahrelange Auseinandersetzung überhaupt durchzuhalten.

Humor war im Grunde Notwehr, um hochgeputschte Situationen zu entschärfen. Er war eine eigene Deeskalationsstrategie, die ihre Wirkung nicht verfehlte. Wie an einem jener vielen sonntäglichen Spaziergänge an der Startbahn West, als eine wegen ihrer Prügeleinsätze unbeliebte Sondertruppe der Polizei von einer Übermacht SonntagsspaziergängerInnen überraschend umzingelt wurde. Die Nerven lagen auf beiden Seiten blank, man beschimpfte sich in wüsten Tönen. Die Beamten drohten mit dem Schusswaffeneinsatz, der Einsatzleiter hatte die Waffe gar schon gezogen, da fingen die fest untergehakt umstehenden StartbahngegnerInnen an zu schunkeln. Das „ui ju jui ju jui ju jui, au au au au au..." trug schließlich zur allgemeinen Heiterkeit bei. Und auch wenn keiner der Polizisten mitlachte, so war doch von einer auf die andere Sekunde das Feindbild verschwunden. Die Umzingelung wurde beendet, niemand war zu Schaden gekommen, doch dem Sondereinsatzkommando wurde gezeigt, dass auch sie einmal in eine ganz dumme Lage geraten könnten.

Sonntags frei

Weil die Polizei in diesen Jahren zwangsläufig in die Situation geriet, die Betonpolitik der herrschenden Sozialdemokraten durchsetzen zu müssen, kam es beständig zu Auseinandersetzungen mit AusbaugegnerInnen. Seitens derer war niemand auf diese Konfrontation scharf, viel lieber hätte man den entsprechenden Verantwortlichen die Meinung gegeigt, aber auch dazwischen stand immer wieder die Polizei.

So verwunderte es nicht, dass auch die Polizisten des Einsatzes an der Startbahn West überdrüssig wurden. Und weil die armen Staatsdiener sich nicht trauten, solches öffentlich zu verkünden, fanden sich 1984 am Tag der Arbeit StartbahngegnerInnen in Frankfurt zusammen, die die Interessen der Beamten vertraten. Rund um ein Transparent der GdP, der Gewerkschaft der Polizei, forderten entsprechend uniformierte 1. Mai-Demo-TeilnehmerInnen ein Ende der Startbahn West. „117 Sonntage sind genug" war auf dem grün-weißen Banner zu lesen. Die falschen Beamten beklagten sich über nervlichen Stress bei den allsonntäglichen Widerstandsaktionen rund um die Mauer der umkämpften Abflugbahn. Der Hohn und der Spott, der Sonntag für Sonntag über sie ergehe, die unsäglichen Einsätze bei Wind und Wetter gegen RentnerInnen und Kinder und vieles, vieles mehr sorgten für unzumutbare seelische und körperliche Belastungen. Zu welchen Schäden das führen könne, demonstrierten die Aktionskünstler eindrucksvoll: An Bindfäden zogen Sie Plastik-Polizeibusse hinter sich her.

Die Aktion sorgte bei den allermeisten 1. Mai-TeilnehmerInnen und vielen PassantInnen für begeisterte Zustimmung. Ja, auch manche ‚echte Grüne' mussten das Visier tiefer ins Gesicht ziehen, damit man ihr Schmunzeln nicht erkennen konnte. Weniger humorvoll nahm es die Einsatzleitung und verabredete deshalb mit der Demoleitung der Gewerkschaft einen ‚Zugriff' nach der Veranstaltung, weil ein Eingreifen während der Demo für zuviel Aufregung hätte sorgen können. Eine kurze Einkerkerung am ‚Klapperfeld', dem Untersuchungshaft-Gefängnis am Gericht, und erkennungsdienstliche Behandlung waren die Folge für einige Akteure. Man erwartete danach mit gespannter Freude den Prozess, schließlich hatte die Polizei-Gewerkschaft Anzeige erstattet, u.a. wegen irreführender Verwendung ihres Namens und Emblems.

Die Ermittlungsakten waren gespickt mit Undercover-Fotos der Übeltäter. Hinter Autos, von weit weg und viel zu unscharf – die Fotos der Zivilpolizisten waren eine echte Katastrophe. Auf dem kleinen Dienstweg wurden deshalb der ermittelnden Staatsanwaltschaft qualitativ bessere Fotos angeboten – die von uns eben, die man ja auch gerne zeigte – schließlich war man sich keiner Straftat bewusst. Die Staatsanwaltschaft zog aus dieser kooperativen Haltung den einzig möglichen Schluss: Sie empfahl der GdP auf ihre Anzeige zu verzichten, weil schon abzusehen sei, dass die StartbahngegnerInnen den Prozess nur dazu nutzen würden, die Polizei weiter zu verulken und ein schönes Happening lag ja nun nicht im Interesse des Staatsapparats.

Foto: ©Klaus Malorny/Bockspringen an der Okrifteler Straße (21.4.1985)

„Lalü"

Eine andere Art von Umzug nutzten 1982 die Wiesbaden/Mainzer AusbaugegnerInnen. Da der offizielle Wiesbadener Faschingsumzug in jenem Jahr nicht stattfand, sprang man kurzerhand selber in die Bresche. Unter dem Motto ‚Lalü' veranstalteten 1.000 Narren und Närrinnen ein lustiges Treiben auf den Straßen der Landeshauptstadt. Ein Pappmaché-Wasserwerfer versprühte Wasser, viele als Polizisten verkleidete StartbahngegnerInnen riefen den staunenden Einheimischen am Straßenrand ein kräftiges „Hellblau" zu, was nicht in allen Fällen beantwortet wurde. Daraufhin beschlossen die Wiesbadener Faschingsverantwortlichen, einen Umzug nie mehr abzusagen. Mit Fug und Recht kann man deswegen behaupten, dass die Startbahnbewegten den Fasching in Wiesbaden vor dem Aus bewahrt haben.

Das Staatswappen wird auf aktuellen Stand gebracht

Das grafische Hauptmotiv in Wiesbaden und auch anderswo zu dieser Zeit war das veränderte Hessenwappen: der Hessenlöwe. Zumeist mit einem bluttriefenden Knüppel in der Hand sorgte er als Aufkleber, Transparent oder Plakat für Hunderte von Strafprozessen wegen „Verunglimpfung des Staatswappens". Der schöpferischen Kreativität hinsichtlich des Hoheitssymbols sagten die Behörden gänzlich den Kampf an. Das Ringen ums echte Staatswappen zog sich durch diese Zeit, wie eine immer wiederkehrende Slapstickeinlage am Rande einer mehrstündigen Theateraufführung. Doch gab es nicht nur die ‚Brutalo-Version' des Hessenlöwen, sondern auch unzählige andere, je nach Situation und Gusto.

Würdelos

Nicht unerwähnt bleiben sollte, wie eines Tages die ‚Würde' des Menschen entschwand. Eine Entführergruppe nutzte ein Baugerüst am Oberlandesgericht Frankfurt, um aus der metergroßen Aufschrift aus metallenen Lettern: „Die Würde des Menschen ist unantastbar", die ‚Würde' zu entfernen. Da die politischen Forderungen seitens der Staatsbehörden nicht erfüllt wurden, ward die ‚Würde' für längere Zeit nicht mehr gesehen und nicht nur SpötterInnen meinten, dass sie ohnehin an jedem anderen Ort besser aufgehoben wäre als an ihrem ursprünglichen.

Alle Hände fliegen ...

Bis weit in die Zeit nach der Inbetriebnahme der Startbahn West trafen sich die AktivistInnen jeden Sonntag zum gemeinsamen Spaziergang. Man verdeutlichte dort, dass man sich nicht mit dem Ausbau des Flughafens abfinden würde und pflegte seine in den Jahren des Widerstands untereinander gewachsenen freundschaftlichen und politischen Beziehungen. Aktionskampagnen über mehrere Monate wurden erdacht, besprochen und durchgeführt, ohne allzuviel dem Zufall zu überlassen. Eine davon war der Versuch, die Verlegung der RWE-Stromtrasse zu verhindern. Die Masten der Stromtrasse im Süden der neuen Startbahn standen zu nahe an dem neuen Flughafenbauwerk, so dass man, um nach Vorschrift starten zu können, die Masten verlegen musste. Dafür waren natürlich baurechtliche Schritte auf kommunaler Ebene notwendig. Das Gemeindeparlament von Mörfelden-Walldorf sollte diese Verlegung absegnen. Der Bau der Startbahn selbst war zu diesem Zeitpunkt schon durchgeprügelt worden und die allermeisten ParlamentarierInnen waren bereit, ihre Hand für die Verlegung zu heben und sich dem Schicksal zu fügen.

Nicht so der übrig gebliebene Kern der Anti-Startbahn-BI: Zur ersten Gemeindesitzung im Walldorfer Gemeindeparlament erschienen neben den GemeindeparlamentarierInnen Hunderte von StartbahngegnerInnen. Eine Blockade des Rathauses, ein Stromausfall, das Heulen der Feuerwehrsirenen – nichts wurde unversucht gelassen, um den geregelten Ablauf zu stören. Natürlich war auch Polizei anwesend, doch die StartbahngegnerInnen nutzen den ‚Heimvorteil' und gelangten in den Sitzungssaal. Und als es schließlich zur Abstimmung kam, standen plötzlich überall DemonstrantInnen und hoben die Hände. In diesem Durcheinander war an einen geregelten parlamentarischen Ablauf nicht mehr zu denken, und so wurde die Sache vertagt. Inzwischen machte diese erfolgreiche Aktion natürlich die Runde und beide Seiten mobilisierten zum zweiten Akt. In Frankfurt erschien ein Plakat gegen die Verlegung der RWE-Trasse, auf dem zahlreiche Strichmännchen einen neu errichteten Mast mit einem Tau umzogen – doch soweit war es ja noch nicht. Beachtlich allerdings, dass eine später wirklich stattfindende Aktion Monate vorher auf diese Art und Weise angekündigt bzw. angedroht worden war.

Herbstlaub

Doch zurück nach Mörfelden-Walldorf. Eine Turnhalle in Mörfelden war als neuer Sitzungsort des Gemeindeparlaments ausgewählt worden. Das Parlament tagte unten im Halbkreis des Handballtors. Die Öffentlichkeit musste auf der Empore, einer Tribüne, die zwei, drei Meter über dem Hallenboden war, Platz nehmen. Während der Sitzung vertrieb man sich die Zeit damit, erheiternde Zwischenrufe, Gesänge und Parolen von sich zu geben, sowie Herbstlaub auf das Hallenparkett regnen zu lassen. Als es dann schließlich ernst wurde, die ‚charakterlosen' Abgeordneten die Abstimmung für den zügigen Flughafenausbau rasch durchziehen wollten, tauchten wie von Geisterhand Strickleitern auf, die an der Tribüne oben angebracht Dutzenden von Zuschauern ermöglichten, den ‚Sitzungssaal' zu entern. Das Ende vom Lied war, dass alle durcheinander standen, engagiert debattierend, die Hände kreuz und quer hochhielten und eine ordentliche Abstimmung wieder mal nicht zu Stande kam. Natürlich konnte das nicht so weitergehen und beim nächsten Mal schloss man die Öffentlichkeit kurzerhand mittels eines großen Frankfurter Polizeiaufgebots aus, doch noch war ja nicht aller Tage Abend.

Ritsche, ratsche voller Tücke...

Es folgte der Sonntagsspaziergang im Januar. Während an einer Stelle der Betonmauer SpaziergängerInnen ein großes Hallo veranstalteten und die Polizeikräfte dann dahin eilten, begaben sich an die 150 Personen zu einem ‚verlegten', in Errichtung befindlichen Strommast. Man hörte noch ein dreimaliges Hauruck und plötzlich lag der auf dem Boden. Das ging derart rasant, dass die Polizei so gut wie nichts davon mitbekam und dementsprechend fassungslos an den Ort des Geschehens eilte, wo inzwischen eine vielköpfige Passantenschar das Werk würdigte und ausgiebig feierte. Die ermittelnden Behörden zeigten dafür wenig Verständnis, setzten Belohnungen aus, verdächtigten bzw. ermittelten gegen bekannte StartbahngegnerInnen, doch mehr als das, was man auf dem schon Monate zuvor gedruckten Plakat sehen konnte, bekamen sie wohl auch nicht heraus. Ein Seil wurde als Tatwerkzeug ausgemacht und irgendwer hatte Sägegeräusche vernommen.

Letztendlich wurde die Trasse natürlich verlegt und die Startbahn ging in Betrieb, doch hatte dieser beharrliche Widerstand eine nicht zu unterschätzende Nebenwirkung. Folgeprojekte mussten genau überlegt werden, bzw. wurden ganz abgeblasen, weil man solche Widerstände nicht auf Dauer und an mehreren Orten im Land ertragen könne. Das nordhessische Frankenberg wurde so vor dem Bau einer geplanten atomaren Wiederaufbereitungsanlage geschützt. Die Absage der verantwortlichen Politiker für dieses Projekt lautete unmißverständlich: Wir können uns keine zweite Startbahn West in Hessen erlauben. So zog der Atomtross weiter nach Wackersdorf, wo, wie bekannt, sich schließlich auch die Anti-AtomkraftgegnerInnen unter manch tatkräftiger Hilfe von startbahnerfahrenen BürgerInnen des Rhein-Main-Gebiets durchsetzen konnten.

Jeder Spass hat seine Grenzen

Herrschaft ist seit Jahrhunderten eine ernste, oft auch todernste und wenig unterhaltsame Angelegenheit. Die Flucht der Untertanen in den Schalk hat ebenfalls eine lange Tradition und ist des öfteren auch ein Anzeichen dafür, dass alle anderen Protest- und Widerstandsformen schärfstens unterdrückt werden. Sich in den Spaß zu flüchten, ist nicht selten das letzte, was einem bleibt. Galgenhumor angesichts einer ganz und gar verfahrenen Situation hilft zu überleben. Schwer ist es nicht, sich von der Gegenseite abzuheben. Im Kontrast zu der humorlosen Masse der politisch Verantwortlichen oder den stumpfen BefehlsempfängerInnen ausführender Organe, wirken schon verkleidete DemonstrantInnen oder eine aufmüpfige Theatergruppe wie das sprudelnde Leben. Eine gelungene Satire, eine die Regeln der Herrschenden unterlaufende Aktion, verunsichert die Gegenseite und sorgt mitunter dafür, dass neue MitstreiterInnen gewonnen werden können, die sich dann ihrerseits etwas Peppiges zutrauen.

Aber wir sollten uns auch nichts vormachen. Wenn wir ein Ziel erreichen wollen, sind wir gezwungen zu überlegen, wie wir das tun. Da es sich bei den Zielen der Gegenseite nicht nur um eine belanglose Laune handelt, setzt sich nicht unbedingt durch, wer die besseren Argumente hat. Die politische Strategie, so sie auf harmlose Symbolik verzichtet, kann nicht in jedem Moment auf Jux zurückgreifen.

Immer aber gilt es, die eigene Lust am Leben, die eigene Lebendigkeit und Fröhlichkeit im ausdauernden und hartnäckigen Streiten gegen inhumane und profitorientierte Ignoranz wach zu halten.

„Das Ziel sollte sein, Protest in Diskussion zu verwandeln..."

Wie das Mediationsverfahren gescheitert ist

Michael Wilk

Die Forderung nach dem Bau einer weiteren Start- und Landebahn am Flughafen Rhein-Main, Ende 1997 durch den damaligen Chef der Lufthansa AG, Jürgen Weber, öffentlichkeitswirksam inszeniert, führte zu einer schlagartigen Sensibilisierung des vom Fluglärm geplagten Flughafenumlands. In der von den Erweiterungsplänen betroffenen Region, vor allem den südlichen Vororten von Frankfurt, in Offenbach und Umgebung entstanden rasch Bürgerinitiativen; Kontakte zu schon bestehenden Initiativen und Umweltverbänden wurden aufgenommen und Strukturen reaktiviert.

Auf Seiten der Hessischen Landesregierung und der Flughafenbetreiber gab die Gründung des ‚Bündnis der Bürgerinitiativen gegen die Flughafenerweiterung - Für ein Nachtflugverbot' Anlass zu erheblichen Befürchtungen. Die schnelle Reaktion der Betroffenen und der Wellenschlag, den die Forderung nach einer Flughafenerweiterung in den Kommunen um den Flughafen auslöste, weckte unangenehme Erinnerungen an Proteste und Widerstand. Das Menetekel ‚Startbahn West' erschien bedrohlich über den Köpfen der Planungsstrategen. Flughafenbetreiber und Landesregierung griffen deshalb frühzeitig zu einer Strategie mit verteilten Rollen: Die FAG propagierte massiv das Arbeitsplatzargument („Jobmaschine Flughafen"), während die Landesregierung auf das Projekt „Konfliktmanagement durch Dialog" setzte. Die damalige SPD/Grünen-Koalition hatte aus genannten Gründen schon früh einen „Gesprächskreis Flughafen" ins Leben gerufen, der ein sogenanntes Mediationsverfahren anregte. Aus den „Erläuterungen zur Beschlussvorlage"[1] der Mediation ging klar hervor, worum es geht und was gefürchtet wird:

„In Deutschland stoßen bauliche Großprojekte und insbesondere große Verkehrsvorhaben in den letzten beiden Jahrzehnten zunehmend auf massiven Widerstand. Auseinandersetzungen und Konflikte zwischen den unterschiedlichen Interessengruppen sind die Regel. Wie die heftigen Auseinandersetzungen um den Bau der Startbahn 18 West des Frankfurter Flughafens (...) zeigen, gilt dies für Flughäfen in besonderem Maße. Typischerweise stehen sich in solchen Situationen einzelne Betroffene, Bürgerinitiativen, Umweltverbände, Unternehmen, Politik und Verwaltung als Konfliktparteien gegenüber. Konventionelle Planung und Entscheidungswege haben sich in diesen Konstellationen als wenig geeignet erwiesen, konfliktentschärfend zu wirken." Nach dem allgemeinen Vorspann wird die Argumentation noch wesentlich konkreter, indem es auf den besonderen historischen Kontext Bezug nimmt: „Gerade der Frankfurter Flughafen hat wegen der gewalttätigen Konflikte im Zusammenhang mit der Startbahn 18 West einen erheblichen Symbolcharakter und ist demzufolge mit großer Emotionalität

---

[1] Erläuterungen zur Beschlussvorlage „Mediation – eine Zukunftsregion im offenen Dialog. Vorschlag für das weitere Verfahren im Zusammenhang mit der Diskussion um den Flughafen Frankfurt am Main"

verbunden. Weit über die örtliche bzw. regionale Betroffenheit hinaus hat gerade dieses Projekt Folgewirkungen mit gesellschaftlicher Dimension erzeugt. Bezeichnenderweise hat daher bereits eine Äußerung des Lufthansa-Vorstandsvorsitzenden zu Gunsten einer Kapazitätserweiterung des Flughafens ausgereicht, um reflexartige Reaktionen sowohl im politischen wie im gesellschaftlichen Raum auszulösen. Und dies, ohne dass eine konkrete Absichtserklärung der Betreiberin des Flughafens, der Flughafen AG, für einen Ausbau vorläge. Bei einer solchen durch große Multipolarität der Interessen gekennzeichneten Ausgangslage scheint eine rein administrativ-verwaltungstechnische Behandlung des Themas nahezu aussichtslos. Vielmehr sind angesichts der bereits jetzt emotionsgeladenen Diskussion und vor dem historischen Hintergrund der Auseinandersetzung um die Startbahn West erhebliche Spannungen bis hin zu erneuten Gewalttätigkeiten nicht auszuschließen."

Abgesehen von der Dreistigkeit, den Betroffenen vor allem ‚Emotionalität' und ‚reflexartige Reaktionen' zuzuschreiben - Verhaltensweisen, die außerhalb rationaler Ebenen liegen -, spricht schon aus den ersten Zeilen der Vorlage die tiefsitzende Sorge um einen sich anbahnenden Konflikt, der ähnlich wie jener um die Startbahn 18 West politisch-sozialen Sprengstoff bergen und ‚aus dem Ruder laufen' könnte.

Das vorgeschlagene Mediationsverfahren war allerdings keine Erfindung der hessischen Landesregierung, sondern ein seit Anfang der siebziger Jahre vor allem im angelsächsischen Raum entwickeltes Verfahren zur Lösung gesellschaftlicher Konflikte, speziell vorgesehen als Methode der Regulierung spannungsgeladener Interessensdivergenzen zwischen BürgerInnen und Regierungen. Das Mediationsverfahren wird in den „Erläuterungen" zur Mediation als „informelles Verfahren ohne normative Regelungen" beschrieben. Mit diesem Verfahren ließe sich „in bestimmten Situationen eher ein konsensuelles Ergebnis erzielen als mit einer einseitigen hoheitlichen Maßnahme". Offen wird mit der Einbeziehung der BürgerInnen in das „Runder-Tisch"-Prozedere geworben: „Mit der frühzeitigen Einbeziehung der Bürgerinteressen wird auch der gesellschaftlichen Bewegung weg vom Obrigkeitsstaat (sic!) eher Rechnung getragen." Proklamiert wird, dass es anders als bisher möglich wäre, die „selektiven Verhandlungsprozesse zwischen Verwaltung und Vorhabenträger" auch für bisher nicht vertretene Interessensgruppen zu öffnen. Das Papier wirbt für Sympathie bei den Betroffenen, stellt es doch die Möglichkeit einer relevanten Einflussnahme in Aussicht, auch wenn es nicht verbergen kann, worum es eigentlich geht: „Dies soll zum einen der Verwaltung helfen, ihren Auftrag zur neutralen Gemeinwohlorientierung (sic!) und zum optimierenden Ausgleich aller rechtlich relevanten Interessen besser zu erfüllen, zum anderen die Akzeptanz umstrittener Maßnahmen fördern." Damit war letztlich die Katze aus dem Sack: Was vordergründig als „kooperative Konfliktbewältigung" angepriesen wurde, sollte letztlich zur Durchsetzung bestimmter Vorhaben dienen, die unter Einsatz klassischer zentralstaatlicher Planungskompetenz auf eine wirksame Widerstandsbereitschaft bei den betroffenen BürgerInnen stoßen könnten.

Der Köder für die betroffenen BIs, an einem Mediationsverfahren überhaupt teilzunehmen, war eine in Aussicht gestellte sogenannte „win/win"-Situation. Gemeint ist damit als angestrebtes Resultat ein Ergebnis, das keine Verlierer kennt, sondern eben ausschließlich Gewinner. „Das Ziel von Konfliktvermittlung ist also, nicht die Betroffenen zur Interessensaufgabe zu bringen, sondern ihre Positionen verrückbar zu machen, d.h. die verschiedenen Interessen soweit wie möglich zu befriedigen, ohne dass es nur Verlierer oder Gewinner gibt, sondern jeder einen (Teil-)Gewinn verbuchen kann."[2] Ein auf den ersten Blick nettes Angebot, für unbedarfte Menschen verlockend, in trauter Runde unter der Leitung dreier ‚unparteiischer' Mediatoren zusammen mit einer 20-köpfigen Mediationsgruppe an der Zukunft des Rhein-Main-Gebiets gestalterisch mitwirken zu können. Die ungleich besetzte Runde (neben vier VertreterInnen von Bürgerinitiativen, vier kommunale VertreterInnen, zwei Menschen der Wirtschaft, zwei aus Umweltverbänden, sowie je ein Mensch aus der FAG (heute Fraport), der Flugsicherung, den Ge-

---

2) ebenda

werkschaften, dem Bundesverkehrsministerium, dem hessischen Wirtschaftsministerium, dem Umweltministerium, schließlich noch Repräsentanten der Airlines, der Lufthansa) sollte - vordergründig offen - über etwas diskutieren, was hinter den Kulissen schon längst beschlossene Sache war. Denn die vorgegebenen inhaltlichen Ziele der Runde stellten sich keineswegs so ergebnisoffen dar, wie es Mediationsbefürworter behaupteten. Die Zielbestimmungen in den „Erläuterungen zur Beschlußvorlage" sprachen eine deutliche Sprache: „Das Mediationsverfahren soll klären, unter welchen Voraussetzungen der Flughafen Frankfurt dazu beitragen kann, die Leistungsfähigkeit der Wirtschafts- und Siedlungsregion Rhein-Main dauerhaft zu sichern und zu verbessern." Das klare Primat der Ökonomie ließ die Bürgerinitiativen und die Umweltverbände aufhorchen und machte selbst diejenigen misstrauisch, die das Angebot der Landesregierung zum „ergebnisoffenen Dialog" nicht von Anfang an als durchsichtiges Manöver bewerteten.

Nicht nur der offen durchscheinende Anspruch, den Flughafen als ökonomisches Zentrum der Region auszubauen, wie er in den offiziellen Erläuterungen zur Mediation zum Ausdruck kam, trug zu einer gesunden Verunsicherung der Bürgerinitiativen bei. Forsch und ohne sich mit Umweltverbänden und Bürgerinitiativen überhaupt an einen Tisch gesetzt zu haben, führte die neugewählte CDU/FDP-Landesregierung die Vorarbeit von SPD und Grünen fort und richtete das Mediationsverfahren ein. Die Berufung des ausgewiesenen Industrievertreters Niethammer als eines ‚neutralen' Mediators tat ein Übriges, das Misstrauen gegenüber dem Verfahren zu schüren. Da nutzte es auch wenig, dass als weiterer Mediator Pfarrer Oeser berufen wurde, ein ausgewiesener Gegner des Flughafenausbaus. Pfarrer Oeser, der in der Geschichte des Widerstands gegen die Startbahn West eine zentrale Rolle gespielt hatte, konnte in der Folgezeit die ihm zugedachte Funktion als einbindendes Element jedoch nicht einlösen, da er gerade durch seine Bereitschaft am Verfahren teilzunehmen, in eine immer größer werdende Isolation in bezug auf die Bürgerinitiativen geriet. Es war inzwischen für zu viele Menschen klar geworden, „dass es der Landesregierung nicht um ein ‚ob', sondern nur noch um das ‚wie' der Expansion des Flughafens ging."[3]

Dankenswerterweise traten Teile der Regierung, namentlich Wirtschaftsminister Klemm (SPD), frühzeitig und offen für einen Ausbau des Airports ein. Ebenso war es für die Bürgerinitiativen hilfreich, dass Ministerpräsident Koch (CDU) gebetsmühlenartig die Ergebnisoffenheit des Mediationsverfahrens betonte, sich im selben Moment allerdings und „rein persönlich" für die Notwendigkeit einer Flughafenerweiterung aussprach. Zur endgültigen Farce wurde das Mediationsgremium jedoch durch die Tatsache, dass dessen Ergebnisse in keinem Fall formalrechtlich bindend für die Beschlüsse der Landesregierung sein sollten. Das Mediationsverfahren wurde somit von immer mehr Menschen als das wahrgenommen, was es letztlich war, - als Bluff und Taschenspielertrick. Von den über zwanzig Bürgerinitiativen blieb - nach differenzierten, aber auch lebhaft geführten Auseinandersetzungen über den Sinn eines sogenannten Mediationsverfahrens - nur eine an der von der Landesregierung ausgelegten Leimrute kleben, alle anderen verweigerten aus den genannten Gründen die Teilnahme. Als auch noch sämtliche großen Umweltverbände mit einer ähnlichen Argumentation die Runde verließen, war die Enttäuschung auf der anderen Seite deutlich spürbar. Ohne die ausgewiesenen GegnerInnen des Ausbaus war das Mediationsverfahren nur noch dem Schein nach durchführbar. Die Absicht, die entschiedensten GegnerInnen des Flughafenausbaus über Diskussionsrunden in ein „kooperatives Konfliktmanagement" einzubinden, war definitiv gescheitert. „Wichtig ist, daß die sich zu Wort meldenden Bürger nicht zurückgewiesen, sondern als Teil der Aktivdemokratie (sic!) betrachtet werden. Das Ziel sollte sein, Protest in Diskussion zu verwandeln ..."[4] - genau das, was erreicht werden sollte, konnte in diesem teilweise dilettantisch durchgeführten Verfahren nicht umgesetzt werden.

Ende Januar 2000 wurde das Mediationsverfahren zum Ausbau des Frankfurter Flughafens mit der Überreichung des Abschlussberichts an den Hessischen Landtag offiziell abgeschlos-

---

3) Presseerklärung des AKU-Wiesbaden, Mitgl. der BIs gegen die Flughafenerweiterung
4) Hildrud Naßmacher, „Mehr Bürgernähe durch neue Beteiligungsmöglichkeiten". Politische Bildung H.1, 1998, S. 73

Foto: ©Klaus Malorny/Die Mauer um die Startbahn 18 West heute (5.8.2001)

sen. Wie zu erwarten war, lobte die Landesregierung das Ergebnis über alle Maßen hoch: „Die Mediation habe eine Brücke geschlagen aus Zeiten einer für die Region selbstzerstörerischen Schwarz-Weiss-Debatte und Eskalation."[5] Durch die Mediation sei es gelungen, einen Weg aus der Vergangenheit des Startbahn West Konflikts aufzuzeigen, frohlockte das Hessische Ministerium für Wirtschaft, Verkehr und Landesentwicklung. Das so hoch gepriesene „faire und transparente Verfahren" hatte jedoch seinen eigentlichen Zweck verfehlt. Eine reale Mediation, die als „kooperative Konfliktbewältigung" die Fluglärmgeplagten nicht nur vom Protest auf der Straße abhalten, sondern darüber hinaus die Betroffenen zu aktiven Trägern der erarbeiteten Mediationsergebnisse instrumentalisieren sollte, war durch die Abstinenz der BIs gar nicht zu Stande gekommen. Zwar wurde im Mediationsergebnis erwartungsgemäß die Notwendigkeit des Ausbaus des Frankfurter Flughafens bestätigt, aber es war nicht gelungen, die GegnerInnen eines Flughafenausbaus selbst in das Verfahren einzubeziehen und so den geplanten Ausbau als ein „von allen getragener Kompromiss" nach außen zu verkaufen.

Die formale Entscheidung der Mediationsrunde bot, wie absehbar, keinerlei Überraschungen. Neben der „Optimierung des bestehenden Bahnsystems" sprach sich das Gremium klar für eine „Kapazitätserweiterung durch Ausbau" aus. Die beabsichtigte Kapazitätserhöhung von ca. 50 % beinhaltet nicht nur eine massive Steigerung des Fluglärms für die schon unter dem „Ist-Zustand" leidende, lärmgeplagte Bevölkerung, sondern weiteren Waldverlust, Luftverschmutzung und Vernichtung von

---

5) Presseinformation d. Hessischen Ministeriums für Wirtschaft, Verkehr, u. Landesentw. vom 16.2.2000

Naherholungsgebieten. Von der Expertenrunde wurden mehrere Ausbauvarianten vorgeschlagen, von denen sich eine gruseliger als die andere darstellt: Zwei Nordbahn- und auch zwei Südvarianten, sowie der Mitausbau von Wiesbaden-Erbenheim wurden zur Auswahl gestellt. Fest steht, dass die gesamte Region, im Falle eines Ausbaus, unter der steigenden Belastung durch den Luftverkehr zu leiden haben würde. Um die durchgeführte Mediation wenigstens ansatzweise als erzielten Kompromiss zwischen Ökonomie und Ökologie darstellen zu können, wurden Trostpflästerchen auf die vom Primat des Profitinteresses geschlagenen Wunden geklebt: Ein „Anti-Lärm-Pakt", „Lärm-Taler" und „Nachtflugverbot von 23 bis 5 Uhr" werden als Bedingung für die Erweiterung gepriesen. Etwas peinlich berührt zeigten sich die Herren Mediatoren, als schon mit der Bekanntgabe des Mediationsergebnisses die Flughafenbetreiber und Fluggesellschaften, die ja ebenfalls am Mediationstisch gesessen hatten, verlautbaren ließen, dass ein konsequent praktiziertes Nachtflugverbot ihren Expansionsbestrebungen zuwiderlaufe und somit nicht gewünscht sei.

Regierung und Flughafenbetreiber hatten die Hoffnung auf eine Integration der BIs auch nach dem Ende des Mediationsverfahrens noch nicht aufgegeben. Integraler Bestandteil des Mediationsergebnisses war deshalb konsequenterweise auch die Forderung nach einem „Regionalen Dialogforum", dessen Aufgabe es sein sollte, den „im Mediationsverfahren begonnenen Dialog mit der Region" fortzuführen und zu intensivieren. Erneut wurden die BIs umworben, allerdings war die Teilnahme an einem solchen Dialogforum an die Akzeptanz der Ausbaumaßnahmen geknüpft. Im Klartext hieß dies, dass der von Mediationsseite optionierte Ausbau gefälligst geschluckt werden sollte, - erst dann könne auch weiter darüber dialogisiert werden, wie am besten die Folgen für die Region zu verkraften seien. Selbstredend konnte es auf dieser Grundlage keine Teilnahme der Bürgerinitiativen am Dialogforum geben - nebst den Gründen, die schon gegen die Teilnahme am Mediationsverfahren gesprochen hatten.

Zwar ist die Mediation und deren Zielbestimmung an den Bürgerinitiativen gescheitert, aber mit um so größerem Eifer versuchen seitdem Politiker und Flughafenbetreiber in einer Propagandaschlacht das Mediationsergebnis als einzige Diskussionsgrundlage gegenüber der Öffentlichkeit zu etablieren. Ministerpräsident Koch verkündet bei jeder sich bietenden Gelegenheit sein Credo der Untrennbarkeit von notwendigem Ausbau und - eingeschränktem - Nachtflugverbot (23 - 5 Uhr, anstatt wie von den BIs gefordert: 22 - 6 Uhr). Durch die widersprüchliche Position der Fluggesellschaften und der FAG (der jetzigen Fraport), die keine Einschränkung der Nachtflüge oder diese nur auf der neuen Bahn hinnehmen wollen, konnte in den Medienauseinandersetzungen phasenweise der Eindruck entstehen, es ginge nur noch um die Art der Umsetzung des Nachtflugverbots bei beschlossenem Ausbau. Daher bleibt es Aufgabe der ErweiterungsgegnerInnen, verstärkt auf die grundsätzliche, breit gefächerte Problematik des Ist-Zustands und die schwerwiegenden Folgen eines Ausbaus hinzuweisen.

Die Diskussionen innerhalb der Bürgerinitiativen wurden im Fall des Mediationsverfahrens und des Dialogforums konsequent geführt und umgesetzt. Die Bürgerinitiativen haben in dieser Auseinandersetzung gelernt und Stärke bewiesen. Es ist zu hoffen, dass diese Resistenz gegenüber einem auf Spaltung und Integration angelegten Verfahren Schule macht. Das Mediationsverfahren am Frankfurter Flughafen war weder der erste Versuch dieser Art noch wird es die letzte Lockung einer Landesregierung bleiben, Einfluss auf eine Bewegung zu nehmen, indem man sie frühzeitig ‚zu Tisch' bittet.

Es besteht kein Zweifel daran, dass in einer Situation, in der das Vertrauen in Parteien zunehmend sinkt, von staatlicher Seite auch weiter vielfältige Versuche unternommen werden, entstehende soziale Bewegungen frühzeitig in institutionelle, beherrschbare Bahnen zurückzuführen. Denn nichts wird von den Oberen mehr gefürchtet als selbstständig denkende und handelnde Menschen, die sich zudem noch eigenständig und unabhängig organisieren.

„Immer, wenn ein persönliches Gespräch zustande kommt, dann ist es auch möglich, die Leute zu motivieren"

Engagement und Überzeugungsarbeit in einem Frankfurter Stadtviertel

Fragen an Martina Barth von Michael Klein im Mai 2001

Foto: ©Markus Kirchgessner/Martina mit Nachwuchs (Frühjahr 2002)

Du wohnst hier in Schwanheim, einem dörflich geprägten Stadtteil Frankfurts, der von einem Ausbau des Flughafens arg betroffen wäre. Du bist in der dortigen Initiative gegen den Ausbau des Flughafens aktiv. Wie kam es zu Deinem Engagement?

Mit siebzehn, achtzehn wurde ich hier im Ortsverband des BUND, das ist der Bund für Umwelt und Naturschutz Deutschland, aktiv. Wir haben uns kontinuierlich mit Verkehrsfragen beschäftigt und daher natürlich auch mit dem Ausbau des Frankfurter Flughafens. Die Idee, in Schwanheim eine Bürgerinitiative zu gründen, entstand aus der Überlegung heraus, mehr Leute einzubinden. Ein bisschen gezwungenermaßen, wir wollten eigentlich keine BI, wir wollten den Widerstand als BUND-Ortsverband organisieren. Dagegen sprach, dass es Leute gibt, die sich nicht fest in einen Verband einbringen wollen, deshalb haben wir beschlossen, hier eine BI zu gründen.

Wie war die Resonanz auf die Ausbauabsicht bei der Bevölkerung, wie ist das hier angekommen? Es gab ja mehrere Varianten, die diskutiert wurden, z.B. die Nordvariante. Die wäre ja für Schwanheim das heftigste, was sich vorstellen lässt ...

Eigentlich waren wir erstaunt über die geringe Resonanz zu Anfang. Die Ablehnung war nicht so groß, weil die Leute es erst einmal nicht geglaubt haben. „Das kann doch nicht sein!", „Unser Wald! Das kann gar nicht sein, der wird nicht fallen!" Also kurz, viele haben es nicht wahrhaben wollen.

Als es dann deutlicher wurde mit der Zeit und wir uns auch sehr bemüht haben, klarzustellen, dass auch bei anderen Ausbauvarianten Schwanheim betroffen sein wird, haben Leute gesagt: „Gut, dass endlich jemand was tut, dass man sich da einklinken kann." Das war schon mal gut. Aber die breite Masse der Bevölkerung ist nicht so mobilisiert worden wie beispielsweise in Flörsheim oder in Neu-Isenburg, also in Orten, die jetzt schon ganz stark vom Fluglärm betroffen sind. Das hängt einfach damit zusammen, dass die derzeitige Lärmbelastung bei uns noch nicht so groß ist. Und man sich daher weniger gut vorstellen kann, wie es mal werden wird, wenn ausgebaut ist.

Es gibt natürlich auch einige andere, die mit ihren Arbeitsplätzen am Flughafen dranhängen; die haben wenig Verständnis dafür, dass wir uns gegen die Ausbaupläne wenden. Hier in Schwanheim leben auch viele Ex-Hoechst-AGler, das ist ein ähnliches Verhältnis. Es hatte ja in den Vorjahren gravierende Störfälle bei Hoechst gegeben! Wenn man sich da kritisch geäußert hat, traf man auf geteiltes Echo in der Bevölkerung.

Das heißt also, die BI trifft auch auf Ablehnung, aber wodurch wird sie denn gestärkt?

Wir haben mit der BI-Arbeit zum einen die Verankerung im BUND und zum anderen eben auch in der katholischen Gemeinde in Schwanheim, weil dort der Pfarrgemeinderat den Beschluss mitträgt. Aber auch da gibt es natürlich ebenfalls ein gespaltenes Verhältnis. Es gibt eben Kirchgänger, die finden, alles Politische gehört sowieso nicht in diesen Bereich hinein. Es ist also nicht möglich, sich zurückzulehnen und zu sagen: So, wir haben jetzt hier die breite Masse der Bevölkerung hinter uns – so ist es nicht!

Gibt es eine gewisse Ethik oder Moral, die Dich zu Deinem Engagement gebracht hat?

Ja, ich denke, das kann man so sagen. Ich bin der Meinung, dass ich etwas dazu tun muss, dass sich was ändert. Das ist wohl schon Begleiterscheinung meiner christlichen Erziehung, dass man also meint, man müsse das selbst in die Hand nehmen und eben selber eine BI gründen bzw. aktiv betreiben …

Wie bewertest Du Dein Engagement in der Schwanheimer BI und im Bündnis der Bürgerinitiativen? Ist das für Dich auch persönlich was Positives?

Also ich sehe es sehr positiv, weil ich in beiden Gruppierungen auf Leute gestoßen bin, die ich ohne dieses Engagement nie kennen gelernt hätte: Leute, die vorher im wie auch immer gearteten öffentlichen Leben Schwanheims nicht so präsent waren, die vielleicht früher mal einer Friedensinitiative angehörten und ähnliche Überzeugungen haben, mit denen man eben gut zusammenarbeiten kann. Das gleiche gilt dann eine Stufe höher auch für die Bündnisebene. Dass es doch aber auch so viele unterschiedliche Leute gibt, die die Verhinderung der Flughafenerweiterung gleichermaßen zu ihrem Ziel erklären, das ist sehr bereichernd!

Was kann denn an der BI-Arbeit noch verbessert werden?

Wir haben gemacht, was man in dieser Situation machen kann, Informationsschriften erstellt, Flugblätter verteilt usw.; zum Teil flächendeckend an alle Haushalte, also wirklich mit großem Aufwand. Die Resonanz, wenn z.B. mal eine Einladung zu einer Veranstaltung dabei war, die Resonanz ist im Verhältnis zum Aufwand doch relativ dürftig. Wir sind immer erfreut, dass dann doch vielleicht sechzig oder hundert Leute da sind. Aber wenn man sich das überlegt, bei einem Stadtteil von über fünf- bis zehntausend Menschen, fragt man sich schon, wo sind die alle, die das mal aufnehmen sollten. Und immer, wenn ein persönliches Gespräch zustande kommt, dann ist es auch möglich, die Leute zu motivieren. Ich denke, das ist der wichtigste Ansatz; wir versuchen zunehmend in kleinere Gruppen reinzugehen und da Überzeugungsarbeit zu leisten. Das ist sicherlich das Wirkungsvollste.

Wie stellt Ihr Euch vor, Euer Ziel erreichen zu können?

Also unsere Arbeit zielt speziell auf Öffentlichkeitswirksamkeit, um eben möglichst viele Leute einzubinden, um dann über die ‚Straße' – was ja heute nicht mehr unbedingt die ‚Straße' im Sinne von Demonstration ist – Druck zu machen. Die andere Seite ist natürlich die rechtliche Schiene auszuschöpfen. Das eine ohne das andere wird nicht funktionieren. Wir sind uns darüber im Klaren, dass es nicht genügt, sich auf die Anwälte zu verlassen. Eine andere Zielsetzung ist natürlich, auf Politiker einzuwirken. Aber da sind unsere Hoffnungen relativ gering, zumal ja in der Stadt Frankfurt eine andere Situation vorzufinden ist als in den umliegenden Kommunen. Da gibt es ja sogar einige Bürgermeister, die sich deutlich gegen den Ausbau ausgesprochen haben. In Frankfurt ist die Situation in dieser Hinsicht aber desolat.

Aber trotzdem hat doch die FAG-Liste, die Flughafenausbaugegner, auf Anhieb den Einzug in das Stadtparlament geschafft!

Das ist natürlich ein wichtiger Erfolg! Ich fand es sensationell, wie das eingeschlagen hat. Die FAG-Liste ist ja aus den Bürgerinitiativen entstanden. Von daher brauchen wir dort keine Überzeugungsarbeit mehr zu leisten. Wir unterstützen deren Aktivitäten im Frankfurter Römer. Innerhalb des Stadtparlaments sind das vier Stimmen, das ist zwar 'ne Menge, aber eben eine Minderheit. Da können wir nur verstärkend wirken oder ihnen sozusagen den Rückhalt bilden. Wobei wir uns während des Kommunalwahlkampfs wirklich sehr neutral verhalten haben. Wir machten z.B. eine Veranstaltung, bei der sich an der Kommunalwahl beteiligte Gruppierungen vorstellten, die gegen die Flughafenerweiterung auftreten.

Was mit dem Frankfurter Flughafen anscheinend nicht in Verbindung gebracht wird, ist der Absturz der Concorde bei Paris. Aber, wenn man sich klar macht, wie viele Maschinen hier täglich raus und rein gehen, dann ist so ein Szenario für Frankfurt gar nicht so völlig unrealistisch

Ja, das ist wahr. Das ist etwas, was hier in der Debatte, im Moment zu kurz kommt. Von Seiten der BI vermeiden wir, Horror-Szenarien zu entwickeln, weil man dadurch sehr schnell in die Ecke gedrängt wird. Aber eigentlich müsste man die Gefahr viel mehr betonen, weil sie eine reale Gefahr ist.

Die Argumentation reduziert sich im Moment zu sehr auf den Lärm, da der Lärm auch in der Presse als Hauptargument aufgedröselt und diskutiert wird in allen Varianten, während z.B. die Frage des enormen Waldverlustes und welche enorme Bedeutung das für die gesamte Region hätte, in gewisser Weise zurückgedrängt ist. Es war zwischendurch stärker Thema, aber im Moment dreht sich hier alles um den Lärm, besonders durch die Verlagerung der Flugrouten.

Was hast Du von der alten Startbahnbewegung mitbekommen? Wird die Startbahn West – vor allem mit Bezug zu heute – diskutiert?

Also im Bündnis auf jeden Fall, da sind ja relativ viele Vertreter dabei, die damals aktiv waren. Auf mich selbst bezogen: ich bin 1965 geboren, ich war nicht draußen im Wald. Mein Mann ist zwei Jahre älter, der war dabei. Ich habe keine eigenen Erfahrungen, außer dass ich es am Rande mitbekommen habe und dass ich es jetzt im Nachhinein sehr spannend finde, zu sehen, was sind die Unterschiede. Ich sehe es als eine Gefahr, sich da zu enthistorisieren. Man muss das weiter mit in den Erfahrungszusammenhang nehmen; man profitiert davon. Der Rückblick trägt natürlich auch zur Resignation bei oder besser, zu der Frage: „Kann das denn überhaupt noch mal was werden, wenn es schon damals, bei so vielen Leuten, gescheitert ist?"

Für die jetzige Bewegung heißt das sozusagen, aus den Erfahrungen zu lernen, aber nicht: „Dann lass ich es besser, es hat keinen Sinn!?" Um das mal deutlicher als Frage zu formulieren: Also Du denkst, es macht Sinn, dran zu bleiben, weil Du durchaus realistische Chancen siehst, den Ausbau zu verhindern?

Ja, klar, auf jeden Fall. Ich denke, es gibt diesmal Mittel, die damals nicht so zur Verfügung standen. Z.B. dass man zunächst auf dem juristischen Weg zumindest eine Verzögerung erreichen kann. Und da sich so viel innerhalb relativ kurzer Zeit immer wieder ändert, glaube ich, dass jede Verzögerung einen schon auch ein Stück weiter bringt.

Heißt das, BI-Arbeit in Schwanheim oder Bündnisarbeit ist für dich momentan auch quasi juristische Arbeit? Sozusagen eines der Arbeitsfelder, um das man ringen muss, weil man sich damit mehr Handlungsspielraum schafft?

Das ist richtig, es ist ein Teil der Arbeit, der insofern schwierig ist, weil er bei den Leuten nicht so spontan ein großes Mitmachen anstößt. Weil du da nicht sehr viel tun kannst. Du kannst dich in den vom Bündnis gegründeten Klageverein einbringen, aber damit ist deine Aktivität in gewisser Weise erschöpft. Das Problem ist, wenn man von der Öffentlichkeit her zu sehr auf die juristische Schiene setzt, lehnen sich die Leute zurück und sagen: „Okay, die Anwälte werden das schon richten!" Ohne den öffentlichen Druck über die Presse und den Druck der Straße funktioniert das aber nicht. Klar sein muss: es gibt genügend Leute, die sich einschalten werden! Es sind nicht nur zwei Anwälte, die im Endeffekt fünf Klienten vertreten. Die Wirkung auf richterliche Beschlüsse sollte man da nicht unterschätzen, das haben wir jetzt in anderen Zusammenhängen festgestellt. In dem Moment, in dem viele Einwendungen auflaufen, müssen sich die Gerichte stärker damit befassen, das Ganze bekommt eine andere Dimension und Tragweite als wenn es nur ein Einzelfall ist, den man relativ schnell zu den Akten legen kann. Deswegen braucht es beides.

Wie bekommt man das unter einen Hut? Du engagierst Dich neben der BI-Arbeit noch in weiteren Initiativen, Du machst Musik, Du arbeitest und Du erwartest ein zweites Kind?

Das geht natürlich eigentlich nicht so richtig, geht nur mit großer Koordination, mit einem starken familiären Umfeld, das dann auch mitträgt. Aber da es Spaß macht und mir wichtig erscheint ... Was man zurücksteckt, sind direkte private Interessen, nur Zeit für sich, das ist sicher weniger ausgeprägt als bei anderen Leuten, aber ich sehe es eben nicht so getrennt, es ist ja auch für mich ...

Die Koordination dafür – hast Du irgend so etwas wie ein Geheimrezept? Gesetzt, es käme jemand aus der Nachbarschaft und sagte: „Ich habe drei Kinder, ich möchte auch was tun, aber wie soll ich das schaffen?" Würdest Du dann von Dir erzählen?

Das ist nicht übertragbar! Es kommt darauf an, wie jemand strukturiert ist. Es gibt Leute, die im absoluten Chaos noch produktiv sind, dann ist das auch in Ordnung. Ich kann das halt weniger, ich brauche einigermaßen feste Abläufe, um dann auf Unvorhergesehenes möglichst flexibel reagieren zu können. Aber das kann ich nicht zum Maßstab machen, jemand anderes käme damit nicht klar. Ich gebe natürlich gerne Auskunft, wie das bei mir ist, aber das bringt wahrscheinlich nichts. Das muss einfach jeder für sich entscheiden.

Ich hab früher noch Pfadfinderarbeit gemacht; irgendwann hab ich festgestellt, dass es nicht mehr geht. Bestimmte Bereiche muss man dann abtrennen, erkennen, dass solche Lebensphasen einfach zu Ende sind. Ich denke, man muss sich mit Mitte Dreißig davon verabschieden, überall präsent sein zu können.

Ich frag jetzt aber trotzdem: „Du könntest als Vorbild taugen dafür, dass man trotz Kind, Haushalt und Arbeit noch etwas tun kann?" Man kann sich vor Deiner Geschichte nicht so leicht herausreden, es sei denn, dass man die Sache selbst nicht ernst genug nimmt – oder ist das zuviel gesagt?

Dass ich das mit dem Vorbild jetzt nicht stehen lassen will, ist ja klar. Ich würde es mal anders aufziehen: Ich sehe es als positiven Begleiteffekt, dass sich meine Gespräche mit anderen Leuten nicht ausschließlich um Kinder und Haushalt drehen. Das ist für mich eine Bereicherung, und ich hoffe auch für mein Umfeld. Von daher ist es also auch ein geklärtes Eigeninteresse. Ich würde sicherlich damit unglücklich, wenn ich nichts sonst machen würde. Und in der Erziehung spielt gelebtes Engagement eine große Rolle.

Foto: ©Klaus Malorny/Abschlussgottesdienst Kirchentag im Waldstadion (17.6.2001)

Abschließend, ich sehe hier zum Fenster raus, in den wunderschönen Garten – vielleicht blendet mich gerade der Mai. Hier wohnt man sehr idyllisch ... ist Dir jemals der Gedanke gekommen, von hier weg zu ziehen – wegen dem Flughafen?

Nein, ich muss ehrlich sagen, nein. Zum einen würde ich es als ein Aufgeben sehen, mich dem jetzt beugen zu wollen. Früher war ich immer mal in der Situation, generell das Land zu verlassen; bereit, im Ausland zu leben. Aber innerhalb Deutschlands umzuziehen, war für mich merkwürdigerweise nie ein Thema, hat sich auch beruflich nie ergeben. Ich bin hier doch sehr stark verwurzelt. Mein Mann kommt auch hier aus dem Stadtteil, meine Familie stammt von hier. Ich habe das als Ruhepol empfunden, im Vergleich zu meiner Arbeit, bei der ich viel unterwegs war. Nee, der Flughafen würde mich hier, glaube ich, nicht wegbringen.

Danke für das Gespräch und selbstverständlich viel Erfolg weiterhin!

Zehntausende neue Traumjobs am Rhein-Main-Airport!

Arbeitsbedingungen der als „gering Qualifizierte" und im Niedriglohnbereich beschäftigten Menschen

Regina Bickert

Im Rahmen der Auseinandersetzung um die erneute Erweiterung des Frankfurter Flughafens wurde und wird das Thema „Arbeitsplätze" oft in den Vordergrund gestellt. Bei der Diskussion geht es jedoch vorrangig immer um die Anzahl der „entstehenden Arbeitsplätze", aber nicht um deren Art und die sie auszeichnenden Arbeitsbedingungen. Dass der angebliche Arbeitsplatzzuwachs nicht unbedingt bei der Fraport selbst stattfinden könnte, sondern bei den am Flughafen ansässigen Unternehmen, wird inzwischen zugegeben. Auch die Arbeitsplatzprognosen wurden im Lauf der Zeit drastisch nach unten korrigiert. Während der sog. Mediation wurde auf bis zu 250.000 im Rahmen eines Ausbaus entstehende neue Arbeitsplätze verwiesen, jetzt spricht man nur noch von vielleicht 43.000. Die zum 1. Mai 2001 in Mörfelden-Walldorf gehaltene Rede der früheren ÖTV-Gewerkschaftssekretärin Regina Bickert verdeutlicht sehr anschaulich die Arbeitsbedingungen im Niedriglohnbereich des Frankfurter Flughafens.

---

* Aber bereits in den siebziger, achtziger Jahren hat die FAG begonnen, ein wirres Firmenkonglomerat durch die Gründung von Tochterunternehmen zu bilden, die alle irgendwie zusammenhängen, vor allem aber eines gemeinsam haben: die Arbeitsbedingungen fallen nicht mehr unter die Tarifverträge des öffentlichen Dienstes, sondern unter die Tarifverträge des hessischen Speditionsgewerbes. So hat sich die FAG frühzeitig ihre eigene Billigkonkurrenz geschaffen, was ihr die Möglichkeit geboten hat, Druck auf die eigenen Beschäftigten auszuüben.

Dokumentation:

Wer in diesem Lande Arbeitsplätze verspricht, dem fliegen die Herzen der Politiker zu und der kann sich des Lobes der Gewerkschaften sicher sein. Genaues Hinsehen ist nicht mehr gefragt und wenn es um Arbeitsplätze geht, und insbesondere wenn es um Arbeitsplätze am Flughafen geht, gilt es fast als verwerflich, wenn jemand nachdenklich fragt: Welche Arbeitsplätze meint ihr eigentlich? Hat doch jeder, der an Arbeit am Flughafen denkt, die schicke Uniform des Flugkapitäns vor Augen oder das flotte blaue Kostümchen der Stewardess. Und damit dieses Bild von der schönen heilen Flughafenwelt mit seinen Traumjobs auch gehegt und gepflegt wird und keine Kratzer bekommt, sieht man in den Anzeigen der Fraport AG auch lauter junge, schöne glückliche Menschen, die selbstverständlich für den Ausbau des Flughafens und damit weitere Traumjobs sind.

Ich bestreite nicht, dass es solche Traumjobs am Flughafen gibt. Ich bestreite auch nicht, dass für die Beschäftigten bei der FAG/Fraport die Arbeitsbedingungen zufriedenstellend geregelt sind. Sie unterfallen schließlich auch dem Tarifbereich des öffentlichen Dienstes. Dort gilt der BAT.*

Was sich hinter den Glitzerfassaden des Flughafens wirklich abspielt, das weiß kaum jemand und das möchte ich an einigen Beispielen etwas näher beleuchten: Alles worüber ich jetzt rede, wird man weder als Fluggast noch als Besucherin oder Besucher jemals zu sehen bekommen, denn es gibt immer mehrere Varianten an Arbeitsplätzen für die gleiche Aufgabe - nämlich die zum Vorzeigen und die anderen. Ich rede über die anderen, denn sie sind in vielen Bereichen die Mehrheit.

Zur Erläuterung, was ich meine: Es gibt z.B. neben dem Bundesgrenzschutz und der Polizei unzählige Sicherheitsdienste, einige davon bei den Fluggesellschaften angesiedelt, z. B. bei der Lufthansa Security. Es gibt auch noch einige Sicherheitskräfte, die zu FAG-Bedingungen arbeiten dürfen. Die große Masse der Beschäftigen im Bewachungsdienst arbeitet allerdings zwischenzeitlich bei sogenannten Drittanbietern, und das sind Unternehmen wie Kötter, Securitas, Piepenbrock usw., bei denen die Arbeitsbedingungen unter den mit der ÖTV abgeschlossenen Tarifvertrag für das Bewachungsgewerbe fallen. Der Tariflohn beträgt 13 DM oder auch schon mal DM 15 (das ist aber dann schon üppig) die Stunde - bei einer monatlichen Arbeitszeit von 264 Stunden an 7 Tagen in der Woche. Faktisch arbeiten die Kollegen 300 bis 400 Stunden im Monat, um überhaupt einigermaßen über die Runde zu kommen. So miserabel dieser Tarifvertrag auch ist, selbst er wird häufig nicht eingehalten: So erhält ein Kollege z.B. im Krankheitsfalle regelmäßig nur Geld für 174 Stunden. Wer klagt, bekommt am Arbeitsgericht Recht, und zwar immer wieder seit Jahren, den Job hat der Kollege in der Regel dann allerdings nicht mehr sehr lange!

Die Kollegen aus den Bewachungsdiensten stehen neben den Toilettenreinigern am unteren Ende der Hierarchie des Ansehens und das hat damit zu tun, dass sie insbesondere dafür eingesetzt werden, die Beschäftigten, die in den Frachtbereichen arbeiten, zu bewachen und zu bespitzeln.

Und so wie im Bereich der Bewachung ist es auch im Frachtbereich: Es gibt durchaus noch die eine oder andere Abfertigungshalle, in der unter anständigen Bedingungen gearbeitet werden kann. In diesen Hallen arbeiten dann diejenigen, die direkt bei Lufthansa oder bei der FAG beschäftigt sind. Die Masse der Arbeiter, die dafür sorgen, dass der Umschlag am Flughafen Tag für Tag und Nacht für Nacht funktioniert, arbeiten allerdings unter anderen Bedingungen. Und wie deren täglicher Traumjob aussieht, soll auch nicht geheim bleiben, schließlich möchte sich dort ja vielleicht der ein oder andere irgendwann einmal bewerben. Bleiben wir zunächst bei den FAG-Töchtern SVL, Perishable und Tradeport. In diesen drei Unternehmen findet der Tarifvertrag für das Speditionsgewerbe Anwendung, das heißt, der Stundenlohn eines Lagerarbeiters bewegt sich seit dem 1.7.2000 zwischen 16,81 und 17,58 DM. Und dass er überhaupt so hoch ist, ist nicht zuletzt dem historisch ersten Warnstreik am Flughafen durch die SVL-Beschäftigten im April letzten Jahres zu verdanken.

Doch dieser Streik, der zur hellsten Aufregung und Mobilisierung aller am Flughafen verfügbaren Sicherheitsdienste, der Polizei und des BGS führte, kam nicht aus heiterem Himmel, sondern er hatte einen sehr konkreten Hintergrund, den es zu beleuchten lohnt: Seit Monaten kursierten Gerüchte, SVL – Frachtabwickler für Lufthansa - habe den Lufthansa-Auftrag verloren, da sie zu teuer arbeite. Bei SVL, wo es immerhin noch einen Betriebsrat gibt und die ÖTV vertreten ist, wurde dies zunächst bestritten, am 15.2. dann jedoch auf einer Betriebsversammlung bestätigt. Man habe versucht, den Auftrag zu retten, aber weil SVL zu teuer sei, sei der Auftrag an die Firma D-Logistics gegangen. D-Logistics ist bis heute nicht tarifgebunden und hatte zu diesem Zeitpunkt keinen Betriebsrat. Eingestellt wurden dort Lagerarbeiter mit einem Bruttostundenlohn von DM 14,50. Der Betriebsrat von SVL und ÖTV forderten Sozialplanverhandlungen für die 380 Beschäftigten, die Geschäftsleitung lehnte dies mit der Begründung ab, es fände ein Betriebsübergang statt. Mehrere Gerichtsverfahren waren nötig, der 30.4. rückte näher, die Geschäftsleitung forderte die Beschäftigten auf, sich bei D-Logistics zu melden. D-Logistics wiederum teilte Betriebsrat, ÖTV und den Beschäftigten mit, sie hätten zwar jetzt den Lufthansa-Auftrag, Leute bräuchten sie allerdings keine, schon gar nicht solche von SVL (gewerkschaftlich organisiert und mit Betriebsrat). Das heißt, am 30.4. wussten die Kollegen nicht, ob und von wem sie im Mai ihren Lohn bekommen würden. Auch das gehört zu den traumhaften Arbeitsbedingungen am Flughafen.

Die ÖTV hat gemeinsam mit den Kollegen letztlich Verhandlungen erzwungen und es wurde eine Lösung gefunden. So entledigt man sich inzwischen von Beschäftigungsbereichen, in denen überhaupt noch ein Tarifvertrag gilt.

Der wahrscheinlich größte Auftraggeber in diesem Bereich ist die Lufthansa Cargo AG. Wenn man sich die Unternehmen ansieht, die zunehmend die Aufträge bekommen, kann man durchaus den Eindruck gewinnen, dass Lufthansa bevorzugt solche Unternehmen beauftragt, die nicht tarifgebunden sind und keinen Betriebsrat haben. Wenn in diesen Unternehmen dann ein Betriebsrat gewählt werden soll, ist dies entweder einer von Gnaden des Arbeitgebers – und so was braucht kein Mensch. Oder falls der Betriebsrat wirklich die Interessen der Beschäftigten vertritt, ist er teilweise einem unvorstellbaren Terror ausgesetzt und kann seine Rechte häufig nur mit Hilfe der Arbeitsgerichte durchsetzen. Ganz abgesehen von persönlichen Schikanen wie Abmahnungen, Kündigungen, fehlerhafter Lohnberechnung, etc.

Bei den niedrigen Löhnen, die in diesen Betrieben gezahlt werden, sind die Arbeitsergebnisse teilweise so verheerend, dass die Lufthansa dann massiv Druck macht. Dieser Druck wird direkt nach unten durchgereicht (das heißt, Abmahnungen und Kündigungen sind an der Tagesordnung), die Motivation der Beschäftigten ist natürlich entsprechend niedrig, die Fluktuation hoch.

In diesen Frachtumschlagsbetrieben ist es keine Seltenheit, dass Dienstpläne über 28, 29 Tage im Monat gehen, an 7 Tagen in der Woche im Drei-Schicht-Betrieb gearbeitet wird, ohne einen einzigen freien Tag und das bei schwerster körperlicher Arbeit und fast immer ohne Pause. Und wer aufmuckt, der findet sich plötzlich in aberwitzigen Schichtzeiten wieder, vorwiegend in solchen, bei denen eine Erreichbarkeit des Betriebes mit dem öffentlichen Personennahverkehr nicht möglich ist. Die Kollegen, die kein eigenes Auto haben – und das sind sehr viele – müssen sich entweder nach dem Ende ihrer Arbeit noch 1-2 Stunden am Flughafen rumdrücken bis sie nach Hause kommen oder sie riskieren die Kündigung. Dass dort keiner bleibt, der nicht unbedingt muss, liegt auf der Hand.

Die FAG-Tochter Tradeport – ein Betrieb mit ca. 500 Beschäftigten – wurde im Jahr 2000 vom Bundesarbeitsminister ausgezeichnet, ich glaube als Unternehmen, das die meisten Arbeitsplätze geschaffen hat. Ich würde mir wünschen, dass bei solchen Auszeichnungen nicht nur die Quantität, sondern auch die Qualität der Arbeitsplätze berücksichtigt wird. Wäre das der Fall, hätte Tradeport den Preis sicher nicht bekommen. Tradeport betreibt Arbeitnehmerüberlassung, und zwar überwiegend an die FAG. Die FAG hat sich damit ein Reservoir an Billigarbeitskräften geschaffen. Die Mehrheit der Beschäftigten dort – schätzungsweise ca. 80 % - arbeiten in prekären Arbeitsverhältnissen, d.h. sie werden fast ausnahmslos befristet eingestellt. Und dies für Tätigkeiten z. B. an der Rampe. Diese Arbeitsplätze gelten als Horrorjob, die von den Kollegen als Straflager bezeichnet werden. Die Leute müssen 8 Stunden lang, teilweise auf en-

Foto: ©Klaus Malorny/Räumung des ‚Sieben-Hektar-Geländes' an der zukünftigen Startbahn West' (6.10.1981)

gem Raum und in gebückter Haltung, Gepäckstücke über Kopf in Flugzeuge hieven und das unter totalem Stress und wahnsinnigem Zeitdruck. Wer dorthin abgeordnet werden soll, dem steht bereits bei der Androhung die Panik in den Augen, denn zu den verheerenden Bedingungen selbst werden die Leute auch noch behandelt wie der letzte Dreck. Ein Kollege hat mir berichtet, dass es während der Ferienzeiten durchaus vorkommt, dass ein Mann 600 – 700 Gepäckstücke in einer Schicht bewegt. Bei einem Gewicht von nur 10 kg pro Stück sind das 6 – 7 Tonnen.

Da hier immer Arbeitsplätze frei sind, hängen auch überall Stellenanzeigen: Gesucht werden körperlich fitte Männer bis 35 Jahre, die nachweislich gesund sind. Und wer trotz Gesundheitsnachweis nach ein bis zwei Wochen krank wird, fliegt sofort raus!

Ich könnte hier Firma für Firma aufzählen. Das würde wohl zu weit führen. Generell kann man sagen, dass auch bei den anderen Dienstleistern im Frachtumschlag die Arbeitsbedingungen nicht besser sind. Es fehlen anständige Pausenräume (wofür auch, wenn zum Pause machen sowieso keine Zeit bleibt), Spinde sind nicht vorhanden, außer einigen alten in einer Ecke, die gelegentlich aufgebrochen sind. Es gibt – man fasst es nicht – keine Toiletten und schon erst recht keine Waschräume. Und wer mal muss, muss eben sehen, ob er irgendwo ein Klo findet in einer Nachbarhalle oder sonstwo. Dass alles verdreckt und vergammelt ist, braucht wohl nicht näher ausgeführt zu werden.

Bevor ich meine Arbeit bei der ÖTV angefangen habe, dachte ich, dass es im reichen Deutschland ein paar Selbstverständlichkeiten gibt, über die man nicht mehr reden muss, nämlich dass es Toiletten gibt, die regelmäßig gereinigt werden, dass man sich wenigstens vor dem Essen einmal die Hände waschen kann, wenn man schon schwere körperliche und schmutzige Arbeit verrichtet, und dass man sein Brot in einem Pausenraum essen kann.

Ich war entsetzt über die Zustände. Betriebsräte berichten, dass die Arbeitgeber massiv Druck ausüben, es zu unterlassen, die Arbeitssicherheit einzuschalten, und wo es keine Betriebsräte gibt, passiert schon gerade gar nichts mehr. Ein Betriebsrat informierte mal eine Sicherheitskraft und zeigte dem Mann die Zustände in den Hallen. Sein spontaner Ausspruch sagt alles: „Hier herrschen ja Zustände wie in der ‚Dritten Welt' !".

Das Thema Gesundheitsschutz spielt in diesen Betrieben so gut wie keine Rolle, wenn nicht Betriebsräte entsprechend Druck machen. Selbst da, wo Arbeitsmediziner entsprechende Stellungnahmen abgeben, ist es ungeheuer mühsam, Verbesserungen für die Beschäftigten zu erreichen. So geschehen bei DHL-Aviation, wo eine neue Paketförderanlage eingeführt wurde, obwohl der Arbeitsmediziner über mehrere Seiten ein vernichtendes Urteil abgegeben und für jede Station die zu erwartenden schweren gesundheitlichen Schäden aufgeführt hatte. Dies alles hat den Arbeitgeber jedoch in keiner Weise beeindruckt. Muss ja auch nicht, wenn die Leute dann krank sind, fliegen sie raus und man holt sich frische.

Die AOK hat in einigen Betrieben festgestellt, dass die Krankenquote dieser Beschäftigten trotz extrem kurzer Beschäftigungszeiten erheblich über dem Durchschnitt liegt und ab 30 Jahren nochmals rasant ansteigt. Konkret heißt das, die Leute, die in den Bereichen arbeiten, sind ganz jung, aber bereits nach kurzer Zeit krank. Wenn sie krank werden, fliegen sie nicht nur raus, sondern stürzen ins Bodenlose. Denn sie sind immer noch jung, haben nichts und sind auf Grund ihrer körperlichen Schäden kaum noch vermittelbar. Diese Menschen verlieren ihre Existenz, bevor sie überhaupt die Chance hatten, sich eine solche aufzubauen.

Die Beispiele ließen sich fortsetzen, aber ich will es hierbei belassen. Wichtig ist allerdings noch mal zu betonen, dass all diese charmanten Firmen, egal, wie sie heißen, und egal, wer daran beteiligt ist, keine Terrormaßnahme gegen Beschäftigte auslassen, die versuchen, Betriebsräte zu wählen oder die Gewerkschaft ins Haus zu holen. Es gelingt nur in Ausnahmefällen mit allen Tricks und subversiven Methoden, den Kollegen zu einer gesetzlichen Interessensvertretung zu verhelfen. Und selbst wenn der Betriebsrat gewählt ist, heißt das noch lange nichts. Was sich die Arbeitgeber alles einfallen lassen, Betriebsräte zu zerschlagen, wäre ein anderes abendfüllendes Thema.

Aber vielleicht ist mit „sicher" ja etwas ganz anderes gemeint: Bevor man einen dieser „segensreichen" Arbeitsplätze antreten darf, muss man sich nämlich erst mal einem gigantischen Sicherheitscheck unterziehen. Neben dem Führungszeugnis und der Zuverlässigkeitsprüfung durch die zuständige Behörde in Hessen müssen sich die Kollegen außerdem damit einverstanden erklären, dass bei der Polizei Nachforschungen betrieben werden, und sie sich körperlich untersuchen lassen.

FAG und Lufthansa stellen sogenannte Sicherheitsbescheinigungen aus, die in gewissen Abständen auf Grund wiederholter Prüfungen erneuert werden oder auch nicht. Wird die Bescheinigung verweigert, endet das Arbeitsverhältnis in dieser Sekunde, denn der Kollege hat keine Chance mehr, das Gelände zu betreten. Die fristlose Kündigung seines Arbeitgebers ist ihm sicher. Eine Einspruchsmöglichkeit gegen die Ablehnung gibt es nicht. Der Versuch von Betriebsräten, herauszufinden, nach welchen Kriterien überhaupt geprüft bzw. verweigert wird, scheitert regelmäßig! Top secret!

Ich möchte deshalb zum Schluss fragen: Kann eine Gesellschaft wirklich Arbeit um jeden Preis wollen? Erwerbsarbeit, die statt Lohn Almosen einbringt, ist entwürdigend und nicht erstrebenswert, und so ganz nebenbei ruiniert diese Form der Lohnarbeit auch noch die Möglichkeit, Sozialleistungen aufrecht zu erhalten. Der größte Teil der Arbeitsplätze, die entstehen sollen, machen krank und sichern nicht einmal mehr die Existenz.

Deshalb ein klares Nein zu jedem weiteren Flughafenausbau!

Es liegt Krach in der Luft
Belästigung und Beeinträchtigung der Gesundheit durch Fluglärm

Evelin Pfister

Seit Beginn der Diskussion über den erneuten Ausbau des Rhein-Main-Flughafens ist der Lärm und seine gesundheitlichen Auswirkungen eines der Themen, die für die Menschen in dieser Region von zentraler Bedeutung sind. Die Bandbreite von Gesundheitsbeeinträchtigungen durch Lärm wird mit zunehmendem Erkenntnisstand größer und unübersichtlicher. Sie reicht von mechanischen Gehörschäden über psycho-soziale Effekte bis hin zu Schlafstörungen und Arbeitsunfähigkeit.

Auch der Abschlußbericht des Mediationsverfahrens spricht von einer gesundheitlichen Beeinträchtigung durch Fluglärm. „Dauerhafte erhebliche Belastung durch Fluglärm kann die Gesundheit beeinträchtigen und krank machen. Insbesondere für hoch belastete Anwohner sind Gesundheitsschäden auf längere Sicht nicht auszuschließen. In einem weiteren Bereich ist eine größere Zahl von Menschen erheblichen Belästigungen in der Wohnung, bei der Arbeit, in der Freizeit, außer Haus, in der Schule ausgesetzt."[1]

Das Umweltbundesamt kommt in seinem Papier ‚Fluglärmwirkungen' ebenfalls zu dem Ergebnis, dass bei Belastungen und Belästigungen durch Lärm, wenn sie über einen längeren Zeitraum andauern, „der Lärm als Stressor im Zusammenspiel mit anderen exogenen bzw. endogenen Faktoren zu einer Manifestation von Änderungen in den Herz-Kreislauf-Funktionen und schließlich zu Erkrankungen führen kann."[2]

Die Beeinträchtigungen und Belästigungen der menschlichen Lebensqualität durch Fluglärm können vielfältig sein. So werden Kommunikation (Gespräche, Telefonate, Mediennutzung), Erholung und Entspannung innerhalb des Wohnbereiches (die Notwendigkeit, Fenster geschlossen zu halten), aber auch im Außenwohnbereich (Verzicht auf Balkon- oder Gartenbenutzung) und konzentriertes geistiges Arbeiten gestört. Diese und andere Beeinträchtigungen tragen nicht unwesentlich zur Minderung der Lebensqualität bei.

Der Übergang zwischen Belästigung und Gesundheitsgefahren ist fließend und wird nicht immer mit dem Faktor Lärm in Verbindung gebracht.

Das Ohr ist unser empfindlichstes Sinnesorgan, da es immer auf Empfang ausgerichtet ist. Es ist eine Besonderheit des Hörsinns, dass alle Geräusche ungehindert in das Ohr eindringen können und innerhalb von Millisekunden unser Gehirn erreichen. Dort werden die Signale zum einen kognitiv verarbeitet, zum anderen werden eine Fülle körperlicher und emotionaler Prozesse aktiviert - unabhängig davon, ob die akustische Information bewusst oder unbewusst wahrgenommen wird.

---

1) Mediationsbericht, Januar 2000, S. 48

2) Bericht „Fluglärmwirkungen" des Umweltbundesamtes, S. 9

Für die Erhaltung der Gesundheit ist nach allgemeiner Auffassung der ungestörte Schlaf von besonderer Bedeutung. Ungestörter Schlaf bewirkt Gesundheit, Wohlbefinden, Leistungsfähigkeit. Störungen hingegen führen unweigerlich zu einer Minderung des Erholungswertes und zu einer signifikanten Minderung der Lebensqualität.

„Geräuscheinwirkungen während des Schlafens können sich direkt auswirken als

- Änderungen der Schlaftiefe mit und ohne Aufwachen
- Erschwerung und Verzögerung des Einschlafens und Weiterschlafens
- Verkürzung der Gesamtschlafzeit, der Tiefschlafzeit oder der Traumschlafzeit
- vegetative Reaktionen (z.B. Herzfrequenz, Blutdruck, Fingerpulsamplitude)
- biochemische Reaktionen
- Körperbewegungen

oder indirekt als

- Minderung der subjektiven Schlafqualität
- Beeinträchtigung der Arbeitseffektivität am nächsten Tag

Das Ausmaß lärmbedingter Schlafstörungen hängt nicht nur von den akustischen Eigenschaften (Pegel, Dauer, Häufigkeit, Dynamik, Anstiegssteilheit, Frequenzspektrum) der Geräusche ab, sondern wird auch bestimmt durch eine Reihe weiterer Faktoren, wie:

- Schlafstufe bei Geräuscheinwirkung
- Alter und Geschlecht
- physischer und psychischer Zustand (Müdigkeit, Gesamtbelastung, Gesundheit)
- Informationsgehalt des Geräusches (Quellenart, Gewöhnung)."[3]

Festzustellen bleibt, dass sich andauernde oder wiederholte Stressbelastungen durch Lärm mittel- und langfristig auf die Gesundheit auswirken. Es ist sicherlich nicht möglich, Lärm als einzigen krankmachenden Faktor zu isolieren, da immer mehrere Faktoren, wie Qualität der Atemluft, Ernährung, Konstitution, Lebensalter, Lebenshaltung und berufliche Tätigkeit etc. zusammenwirken. Dennoch ist unbestreitbar, dass Lärm ein krankmachender Faktor ist, den es ebenso zu beachten gilt wie Gifte in unserer Nahrung, in der Atemluft und im Trinkwasser.

Laut Umweltbundesamt sind 16 % der Herz- und Kreislauferkrankungen auf Stress durch Verkehrslärm zurückzuführen. Neben den klassischen Risikofaktoren, wie Bluthochdruck, Blutfette und Rauchen, ist Lärm ein bisher stark unterschätzter Risikofaktor für Herzinfarkte. Schätzungen zufolge werden 2 % aller Herzinfarkte dem Verkehrslärm zugeschrieben. Damit ist Lärm nach dem Rauchen der zweitgrößte Risikofaktor aller Herzinfarkte.[4]

Im täglichen Leben haben wir es mit verschiedenen unerwünschten Lärmquellen, die nicht unserer Kontrolle unterliegen, zu tun. Diese sind meist durchdringend, zermürbend und schwer abschirmbar. „Der Luftverkehr ist besonders problematisch, da sich sein Lärm in der Luft frei ausbreiten kann und daher jedes einzelne Flugzeug minutenlang riesige Flächen verlärmt, ohne durch Gebäude oder Lärmschutzwände gedämmt zu werden. Punktuelle Erfolge in der Verringerung des Lärms am einzelnen Flugzeug und durch verbesserte Start- und Landeverfahren werden durch den Trend zu größeren Flugzeugen sowie die Zunahme der Flugbewegungen und der Nachtflüge wieder zunichte gemacht."[5]

In einer so dicht besiedelten Region wie dem Rhein-Main-Gebiet mit seinen zahlreichen Lärmquellen wird es immer schwieriger Ruhe und Erholung zu finden. Hier ist die Grenze der Belastbarkeit des Menschen längst erreicht.

---

3) Bericht „Fluglärmwirkungen" des Umweltbundesamtes, S. 11 ff

4) vergl. Sachbuch über Lärm und Stille, „Es ist zu laut!" v. Stephan Marx, Fischer-Verlag, 1999, S. 27

5) ebenda, S. 122

„No Border, No Nation – Stop Deportation!"

Widerstand gegen Internierung und Abschiebungen am Frankfurter Flughafen

AG3F, Hanau

Sonntag, 27.7.01: Die 14-Uhr-Nachrichten auf hr3 brachten es als zweite Meldung, die Terminals des Frankfurter Flughafens seien heute für alle Besucher gesperrt. Einlass erhalte nur, wer ein gültiges Ticket vorzuweisen habe. Hintergrund sei die Ankündigung von Abschiebegegnern eines antirassistischen Grenzcamps, am heutigen Nachmittag dort nicht genehmigte Aktionen durchzuführen. Der Protest richte sich gegen die bestehende Asylpolitik ... Zwei Stunden später gab es wegen Demonstrationen am Flughafen Stauwarnungen für das Frankfurter Kreuz!

Und dies war nur der Auftakt: An drei weiteren Tagen der Camp-Aktionswoche wurde der Flughafen unter Einsatz eines polizeilichen Großaufgebots abgeriegelt. An der Abschlussdemonstration gegen Internierung und Abschiebungen am Airport haben schließlich etwa dreitausend Menschen teilgenommen – weit mehr als jemals zuvor an diesem Ort zu solchem Anliegen.

Grenzcamp 2001

"kein mensch ist illegal" - unter diesem Motto fand im vergangenen Sommer zum vierten Mal das antirassistische Grenzcamp statt. Nach ersten Ankündigungen, notfalls einen geeigneten Platz zu besetzen, und darauffolgenden schwierigen Verhandlungen konnten Ende Juli auf einem Wiesengelände bei Kelsterbach die Zelte der durchschnittlich 1.000 AktivistInnen doch noch mit Genehmigung aufgebaut werden. Aktionscamps dieser Art wurden in den drei Jahren zuvor im ostdeutschen Grenzgebiet zu Polen und Tschechien veranstaltet. Thematisiert und protestiert wurde dort gegen eine Grenzpolitik, die sich auszeichnet durch personelle wie technologische Hochrüstung zur Verhinderung selbstbestimmter Einwanderung und die Einbindung der grenznah wohnenden Bevölkerung in diese „Fahndung".

Flüchtlinge und MigrantInnen werden beim Versuch, in die Festung Europa zu gelangen, von vornherein illegalisiert und gejagt und bisweilen dabei in den Tod getrieben. Im Falle der Festnahme bekommen sie Geld und Wertgegenstände abgenommen und werden sofort wieder abgeschoben. Diese unmenschlichen Zustände an den Außengrenzen finden ihre Verlängerung zunehmend im Landesinnern. Kontrollen und Razzien gegen „nicht deutsch aussehende" Menschen sind mittlerweile Alltag in jeder Großstadt. Doch der Frankfurter Flughafen markiert eine besondere „Binnengrenze", die mit dem „kein mensch ist illegal"-Camp im Sommer so öffentlichkeitswirksam wie nie zuvor ins Visier genommen wurde.

Abschiebeflughafen Nr. 1

Zwischen 30.000 und 35.000 Menschen werden jährlich aus Deutschland abgeschoben. Mehr als ein Drittel davon, über 10.000 der sogenannten Deportees, müssen von Frankfurt aus fliegen. Die Vielzahl der Direktverbindungen dieses größten deut-

Foto: Archiv AG3F/Internationaler Tag der Menschenrechte, 30 Leute bei der Aktion: „Wir steigen der Fraport aufs Dach" (10.12.2001)

schen Flughafens schlägt auch bei den Abschiebezahlen zu Buche: Frankfurt ist seit Jahren Spitzenreiter beim Transport unfreiwilliger Passagiere. Die genannte Zahl erscheint weniger abstrakt, wenn man sie in den Tagesdurchschnitt übersetzt: 30 bis 40 Menschen sind jeden Tag betroffen. Und noch greifbarer wird die Härte und Brutalität dieses Abschieberegimes an konkreten Beispielen: die kurdische Familie mit drei Kindern, die überraschend frühmorgens um 6 Uhr aus ihrem Zimmer im Wohnheim gezerrt wird und schon um 12 Uhr in „Sicherheitsbegleitung" im Flieger nach Istanbul sitzt. Oder der Pakistani, nach erfolglosem Asylverfahren und drei Monaten Abschiebehaft in Offenbach oder Ingelheim, unter Androhung von Schlägen und weiterer Inhaftierung in die Maschine gezwungen. Oder der algerische Deserteur, der gefesselt und wie ein Paket verschnürt, von BGSlern ins Flugzeug getragen und regelrecht verfrachtet wird. Oder der Nigerianer Kola Bankole, 1994 mit Klebebandfesseln und von einem BGS-Beamten mit selbst kreiertem Strumpfknebel drangsaliert, zusätzlich einem von einem Arzt gespritzten „Beruhigungsmittel" ausgesetzt – mit dieser Tortur in der abflugbereiten Lufthansamaschine zu Tode gebracht. Oder Aamir Ageeb aus dem Sudan, mit 11 Kabelbindern gefesselt, mit Motorradhelm auf dem Kopf, von drei BGS-Beamten beim Abflug von LH-558 im Mai 1999 zu Boden gepresst, gleichermaßen erdrückt und erstickt.

Die letztgenannten Todesfälle bilden die Spitze eines Eisbergs täglicher Abschiebepraxis auf Rhein-Main. Keine bedauernswerten Unfalltoten, wie es die Verantwortlichen hinzustellen versuchen, sondern bewusst in Kauf genommene Opfer einer brutalen Abschiebepolitik. Zwar hatte Innenminister Schily nach dem Tod von Aamir Ageeb die Anwendung von Gewaltmitteln zur Durchsetzung weiterer Abschiebungen einige Wochen ausgesetzt. Doch nach einer kurzen Schamfrist wurde deutlich, worauf die angekündigte „Überprüfung der Abschiebemethoden" hinausläuft: Erprobt wurden neue Fesselungstechniken, sowie Baseball- bzw. Eishockeyhelme, „die die Atmung der Betroffenen weniger einschränken".

Abschiebepolitik im Einwanderungsland

Um jeden Preis und mit aller Gewalt soll die bestehende Abschiebepolitik aufrechterhalten werden. Denn Flugabschiebungen von abgelehnten Asylsuchenden, von MigrantInnen ohne Aufenthaltsstatus oder strafrechtlich belangten Nichtdeutschen gehören offensichtlich zum unverzichtbaren Kernbestand bundesdeutscher „Ausländerpolitik". Schon vor dem 11. September, den Anschlägen in den USA, dem folgenden Krieg und neuen „Sicherheitspaketen" hatte das Bundesinnenministerium ein „Zuwanderungsbegrenzungsgesetz" vorgelegt, das sich vor allem dadurch auszeichnet, Nicht-EU-MigrantInnen weiter zu gängeln, zu kontrollieren und möglichst „verwertbar" zu halten. Aller neuen Rhetorik vom Einwanderungsland sowie den Immigrationsforderungen der Wirtschaft und der Demographen zum Trotz zielen sämtliche Kommissionsvorschläge und Gesetzesplanungen in dieselbe Richtung. Für einige zehntausend nützliche Arbeitskräfte sollen strikt limitierte High-Tech Pforten und Dienstboteneingänge geöffnet werden, um damit der deutschen Wirtschaft Computerspezialisten, Pflegekräfte oder Erntearbeiter „passgenau" zuzuführen.

Die letzten Reste des Asylrechts werden im gleichen Zug weiter beschnitten und die selbstbestimmte „illegale" Migration soll mit allen Mitteln umso härter bekämpft werden.

Migration soll Deutschland bereichern: reguliert, kontrolliert, diszipliniert – getreu der Devise, dass allenfalls jene kommen und bleiben dürfen, „die uns nutzen und nicht ausnutzen". In den vergangenen Monaten wurden nun weitere „Antiterrorismus- und Sicherheitsgesetze" durchgepeitscht, die MigrantInnen einem neuen Schub rassistischer Hetze und Verdächtigungen aussetzen. Die Abschiebepraxis bleibt auch deshalb ein zentrales Droh-, Abschreckungs- und Steuerungsinstrument gegen die Unerwünschten, gegen die politisch Renitenten, gegen die „Illegalen".

Migration als Menschenrecht

Menschen verlassen ihre Herkunftsregionen; sie wandern aus, migrieren aus verschiedensten Gründen: wegen Bürgerkrieg oder politischer Verfolgung, wegen ethnischer oder sexistischer Unterdrückung, um Geld zu verdienen oder zu studieren, aus Perspektivlosigkeit oder um einfach etwas Neues zu erleben.

„Jeder Mensch hat das Recht, selbst zu entscheiden, wo und wie er leben will. Der Regulierung der Migration und der systematischen Verweigerung von Rechten steht die Forderung nach Gleichheit in allen sozialen und politischen Belangen entgegen, nach Respektierung der Menschenrechte jeder Person, unabhängig von Herkunft und Papieren." Bereits 1997 formulierte der Appell „kein mensch ist illegal" diese Ausgangspunkte eines konsequent menschenrechtlichen und antirassistischen Politikverständnisses, die bis heute angesichts der erwähnten Entwicklungen nichts an Aktualität eingebüßt haben.

Von zahlreichen Initiativen und Organisationen unterstützt wurde der Appell in den letzten Jahren verstärkt zum politischen Bezugsrahmen verschiedener Bleiberechtskampagnen, Zufluchtsprojekten sowie medizinischer Flüchtlingshilfen. Auf den „ersten Brennpunkt der Illegalisierung", die Situation an den Außengrenzen, zielt das Projekt der „kein mensch ist illegal"-Grenzcamps. Gegen den „Endpunkt der Entrechtung", gegen die Abschiebungen, wird immer wieder vor Abschiebegefängnissen demonstriert und natürlich an den Flughäfen.

„Stop Deportation Class!"

Nicht zuletzt ausgelöst durch den Abschiebetod von Aamir Ageeb an Bord einer Lufthansamaschine initiierten einige Gruppen aus dem Netzwerk „kein mensch ist illegal" im Frühjahr 2000 die sogenannte „deportation class"-Kampagne. Fluglinien, die nicht nur mit Economy oder Business Class, sondern auch am Abschiebegeschäft verdienen, bei denen also die Behörden Plätze für solche Zwangstransporte buchen können, sollten unter diesem ironischen und doch ernsten Slogan – „stop deportation class!" – mit Protesten konfrontiert, ja möglichst zur Aufgabe dieser Kollaboration gezwungen werden.

Exemplarisch wurde Lufthansa, in deren Maschinen die weitaus meisten Abschiebungen vollzogen werden, zum ersten Ziel einer phantasievollen Imageverschmutzungskampagne. Zeitungen, Flugblätter, Transparente und Webseiten wurden erstellt, in denen das Design und das Logo von Lufthansa kopiert, abgewandelt oder gar mit „deportation class-Sonderangeboten" verfälscht wurde. Erste Protestaktivitäten z.B. am LH-Stand auf der Tourismusmesse in Berlin, in ihrem Ausbildungszentrum in Seeheim-Jugenheim oder vor der Pilotenschule in Bremen hatten gerade begonnen, als sich der Lufthansavorstand erstmals gezwungen sah, zu reagieren: Wenn Abzuschiebende „erkennbaren Widerstand leisten", so die Pressemitteilung, würde der Transport verweigert. Doch weder wurde konkretisiert, wie laut jemand schreien oder wie stark jemand zappeln muss, um seinen Widerstand „erkennbar" zu machen, noch gab es jemals eine entsprechende Anweisung an die LH-Piloten.

Immer wieder werden Fälle bekannt, in denen gefesselte Menschen mit Lufthansa ausgeflogen werden oder die Pilot-Innen allenfalls durch das Eingreifen beherzter Passagiere zur Transportverweigerung gezwungen werden. Vor diesem Hintergrund sieht sich Lufthansa bis heute immer wieder mit neuen Aktionsformen konfrontiert: mit Protesten auf ihren Aktionärsversammlungen oder mit Kundgebungen vor ihren Abflugschaltern, nicht zuletzt hier in Frankfurt. Im vergangenen Juni zielte eine – für bundesdeutsche Verhältnisse neuartige – „Onlinedemonstration" auf das Webseitenportal der Lufthansa: Tausende von InternetnutzerInnen schickten gleichzeitig ihre Emails an die zentrale LH-Adresse – die Masse der Zugriffe bewirkte zumindest kurzfristig eine virtuelle Blockade. Bei dieser Aktion ging es jedoch weniger um ein elektronisches Störmanöver als um die damit verbundene Protestöffentlichkeit. Und das mit größtem Erfolg: Die Presse war voll von Artikeln zur Premiere dieser Protestform, die „deportation class" der Lufthansa wurde erneut in der Öffentlichkeit angeprangert.

Foto: Archiv AG3F/ ‚deportation class' wurde eine der öffentlichkeitswirksamsten Aktionen gegen die Abschiebetransporte der Lufthansa

Sand in das Getriebe der Abschiebemaschinerie streuen ...

Doch die Antiabschiebekampagne der „militanten Menschenrechtler", wie die Bild-Zeitung die AktivistInnen bezeichnete, konnte nicht nur auf der medialen, symbolischen Ebene Erfolge verbuchen. Bereits im Februar 2000 hatte Cockpit, die größte deutsche Pilotenvereinigung, eine deutliche Empfehlung an alle ihre Mitglieder verschickt. Flugkapitäne sollten sich grundsätzlich weigern, Passagiere zu befördern, die nicht freiwillig fliegen. „Willing to travel" sollte das Kriterium sein, nach dem ein Transport erfolgen könne. Es waren leider keine menschenrechtlichen Erwägungen, die Cockpit zu diesem Schritt getrieben hatten. Hintergrund bildete vielmehr die berechtigte Befürchtung, bei Verletzungen oder gar Tod der „Deportees" zukünftig juristisch zur Rechenschaft gezogen zu werden. Denn in und mit der Lufthansakampagne war gleichzeitig eine Debatte zur Frage der Bordgewalt entstanden, wer also für die gewalttätigen Vorfälle im Zusammenhang mit Abschiebungen verantwortlich gemacht werden kann. In mehreren Gutachten stand zu lesen, dass die Piloten die Bordgewalt eben nicht einfach an die BGS-Beamten delegieren können, dass sie vielmehr selbst in der Verantwortung bleiben. Somit wurde es im vergangenen Jahr zunehmend wahrscheinlicher, dass Abschiebungen abgebrochen werden, sobald die betroffenen MigrantInnen zum Ausdruck bringen, dass sie nicht freiwillig mitfliegen.

... und „ein kleiner Sieg"

Geradezu sensationell verlief der Start einer „deportation class"-Kampagne gegen eine Airline, die über viele Jahre ihr Geschäft mit Charterabschiebungen gemacht hatte. Tarom, eine rumänische Fluggesellschaft, beförderte wöchentlich 50 bis 80 „Deportees" von Düsseldorf Richtung Bukarest. Unter den Betroffenen befanden sich in der Mehrzahl türkische Staatsangehörige, oftmals kurdische Familien, die von dort weiter nach Istanbul abgeschoben wurden. Im Mai 2000 wurden erstmals in mehreren linken Zeitungen sowie im Internet Artikel zu Taroms Verwicklung ins „Deportation Business" veröffentlicht. Anfang Juni „besuchten" dann kleine AktivistInnengruppen die drei in Deutschland befindlichen Tarom-Büros. In Berlin und Frankfurt blieb es bei Go-Ins und Protestplakaten oder Parolen auf den Schaufensterscheiben. In Düsseldorf gab es eine kurzfristige Besetzung. Die Forderungen waren überall gleich: sofortiger Stopp der Tarom-Beteiligung an den Abschiebungen. Dem Airline-Management in Bukarest wurden alle Texte zugeschickt, mit einem dezenten Hinweis auf die ja viel umfassendere Kampagne gegen Lufthansa. Die Reaktion erfolgte prompt. Tarom stornierte sofort die wöchentlichen Abschiebecharter; in einem späteren Brief betonte der Generalmanager als Grund den möglichen Imageverlust, den weitere Aktionen von Menschenrechtlern mit sich bringen könnten. Überraschend schnell und effektiv konnte ein für BGS und Abschiebebehörden nur schwer zu ersetzender Ausfall bewirkt werden, denn Tarom war jahrelang ein „treuer" und mit eigenem Sicherheitspersonal arbeitender Abschiebedienstleister.

„Deportations are a crime!" ...

... „Abschiebungen sind ein Verbrechen!", hallte es in den vergangenen Jahren schon mehrfach durch die Demonstrationslautsprecher im Terminal. Bedrohte und betroffene Flüchtlinge und MigrantInnen formulieren um einiges schärfer, was sie als tägliche Angst und bisweilen regelrechten Terror erleben oder erlebt haben. Einige Selbstorganisationen, wie z.B. die afrikanische Gruppe „The Voice", spielen eine zunehmend wichtigere Rolle im Widerstand gegen die Abschiebepolitik. Sie machen in ihren Communities bekannt, wie und wann am besten Abschiebungen zu verhindern sind, sie decken immer wieder auf, mit welcher Brutalität BGS-Beamte Zwangsausweisungen in Einzelfällen durchführen. Die Beteiligung dieser Flüchtlingsorganisationen, wie z.B. am Grenzcamp in Kelsterbach, bietet die Chance, antirassistische Kampagnen von Betroffenen wie auch von UnterstützerInnen und AktivistInnen zusammenzubringen und neue Kampfformen zu entwickeln. Diese werden nötig sein, um das absehbar noch restriktivere Abschieberegime unter Innenminister Schily so effektiv wie möglich zu attackieren, an allen verantwortlichen Stellen und Institutionen und immer wieder auf den Flughäfen.

... quasi ein Grenzgefängnis

„Im ersten Monat ist es nicht so schlimm, denn man wartet noch auf eine Entscheidung, aber danach ist es tödlich. Das Leben hier hat keinen Wert mehr. Kein Unterschied zwischen heute und gestern, zwischen Tag und Nacht, man sitzt vor dem Fernseher. Essen, schlafen, absolut kein Privatleben. Ich leide unter der psychischen Belastung: Was wird morgen? Werde ich zurückgeschickt? Was erwartet mich? Viele Fragen kann mir niemand beantworten. (...) Man knüpft viele Kontakte und Freundschaften und ich fühle mich wie in einer großen Familie. Und dann wird einer aus dieser großen Familie zurückgeschickt. Das ist für mich unbeschreiblich. Ich kann diesen Schmerz nicht beschreiben. Außerdem erweckt dies bei mir neue Ängste und bereitet mir schlaflose Nächte, denn vielleicht werde ich der Nächste sein!"

Was hier ein sudanesischer Asylsuchender nach 83 Tagen im Internierungslager am Frankfurter Flughafen beschreibt, lässt sich kaum klarer darstellen. Die dort eingesperrten Frauen, Männer und Kinder stehen permanent unter Hochspannung, psychische Erkrankungen und „Extremreaktionen" sind an der Tagesordnung, Suizidversuche keine Seltenheit.

Tod im Transit

Naimah Hadjar befand sich 238 Tage in Haft und Psychiatrie, als sie sich im Mai 2000 im Internierungslager das Leben nahm. Ihr Vortrag über Einreiseweg und Fluchtgründe wurde als „im wesentlichen unsubstantiiert und vage gehalten, außerdem in hohem Maße unglaubhaft" beurteilt. Ihr Asylantrag wurde als „offensichtlich unbegründet" abgelehnt, die vorgesehene Abschiebung konnte wegen fehlender Identitätspapiere nicht vollzogen werden.

Offiziell sollen Asylsuchende in der „haftähnlichen Unterbringung am Flughafen" nicht länger als 19 Tage bleiben müssen. Doch in Fällen fehlender Ausweispapiere, wie bei Frau Hadjar, werden die Betroffenen vor die Wahl gestellt: entweder sie unterschreiben eine „Freiwilligkeitserklärung", mit der sie bestätigen, weiter am Flughafen bleiben zu wollen, oder sie werden dem Haftrichter vorgeführt, der in aller Regel Abschiebehaft anordnet.

Naimah Hadjar durchlief alles: Abschiebehaft im Frauengefängnis Preungesheim, Psychiatrie, dann zurück ins Flughafenlager. Ihre psychische Verfassung wurde zunehmend schlechter, ihre Verzweiflung und Angst vor der Abschiebung immer größer. Sie verlor alle Hoffnung und erhängte sich in der Dusche des Internierungslagers. Die Medien berichteten ausführlich, ein weiteres Opfer der Abschiebepolitik war notwendig, damit das Internierungslager wieder einmal in die Schlagzeilen geriet. Politiker aller Couleur heuchelten Betroffenheit, um dann allenfalls auf den geplanten Neubau mit besseren räumlichen und sozialen Bedingungen zu verweisen. Einigkeit besteht bei den Verantwortlichen darüber, dass dieses Grenzgefängnis am Flughafen existieren muss. Ihre Art der Logik: Ansonsten würden die Schlepper am nächsten Tag über dieses neue Schlupfloch Bescheid wissen und neue Flüchtlingsströme sich via Flughafen Frankfurt ins „deutsche Sozialhilfeparadies" ergießen...

Ein „Extra"-Flughafengesetz

Einen eigenen Paragrafen 18a des Asylverfahrensgesetzes hatten die ParlamentarierInnen 1993 abgestimmt, um die „Schlupflöcher Flughäfen zu stopfen". Denn damals wurde das Grundrecht auf Asyl demontiert, alle Nachbarländer der BRD wurden zu sogenannten sicheren Drittstaaten erklärt. Wer seitdem über den Landweg einreist, muss solch ein Drittland durchquert haben und dementsprechend wird ein Asylantrag grundsätzlich abgelehnt. Die AntragstellerInnen hätten ja schon dort ihr Gesuch einreichen können, beispielsweise in Polen oder Tschechien. Wem irgendwie konkret nachzuweisen ist, dass er oder sie durch eines dieser Länder gekommen ist oder gar in der Nähe der Grenze den „Menschenjägern" des BGS in die Hände fällt, wird unversehens zurückgeschickt.

In Polen und Tschechien z.B. erwartet die Betroffenen dann immer häufiger die Abschiebehaft in neugebauten Gefängnissen und Lagern, finanziert – als „Infrastrukturhilfen" – durch Geldmittel zunächst aus Deutschland und nun aus Fonds der Europäischen Union. Mit der Aufstellung migrationspolitischer Forderungen gegenüber den künftigen EU-Mitgliedsstaaten Osteuropas seitens der EU geht ein räumliches und zeitliches Vorverlagern weiterer Abschottungspolitik einher, da die Beitrittskandidaten zu dieser „Werte-Gemeinschaft" bereits angefangen haben, diese Teile der Beitrittsbedingungen umzusetzen.

Wer also über Land nach Deutschland einreist, und das sind über 95% der heute noch ca. 90.000 Asylsuchenden pro Jahr, wird vom Asylrecht systematisch ausgeschlossen. Es erfolgt allerdings eine ausländerrechtliche Prüfung nach Verfolgungskriterien der Genfer Flüchtlingskonvention, und wem nicht nachzuweisen ist, durch welches Land er oder sie gekommen ist, kann das Verfahren auch bis zum Ende betreiben. Der Anspruch auf eine Asylrechtsprüfung im Sinne des alten §16 des Grundgesetzes beschränkt sich auf jene, die per Flugzeug oder auch per Schiff direkt aus einem Verfolgerstaat oder einem „nichtsicheren Drittland" in die BRD einreisen. Das weitere Procedere dieser Antragstellung ist dann in erwähntem § 18 des Asylverfahrensgesetzes niedergeschrieben. Nur wer mit gültigem Pass ankommt, und das ist naturgemäß bei Flüchtlingen die absolute Seltenheit, kommt in ein gewöhnliches Asylverfahren und wird direkt in eine Erstaufnahmestelle – die beiden hessischen sind in Schwalbach und Gießen – weitergeleitet.

Alle anderen, die der BGS entweder schon an den ankommenden Flugzeugen abfängt oder im Transitbereich in der Passkontrolle aufgreift, müssen ins sogenannte Flughafenverfahren. Dabei handelt es sich um ein besonderes Schnellverfahren, das in vielen Fällen schon nach gut zwei Wochen beendet ist und das die AntragstellerInnen dort abwarten müssen. Bis dahin erfolgt juristisch keine Einreise, die betroffenen Menschen bleiben interniert, seit Jahren nun im sogenannten Gebäude 182/183 auf dem Gelände des Frankfurter Flughafens. Und die rechtliche Absurdität wird auf die Spitze getrieben, wenn Flüchtlinge aus dem Flughafenverfahren zu notwendigen Behandlungen ins Krankenhaus müssen. OP Räume und Krankenhauszimmer in der Frankfurter Uniklinik oder in Höchst werden dann zu quasi extraterritorialen Zonen umfunktioniert, indem zwei BGS-Beamte vor der Türe sitzen und die Nichteinreise symbolisieren.

„Haftähnliche Unterbringung"

Über 70 Betten verfügt die Flüchtlingsunterkunft, darüber hinaus stehen weitere 22 Notbetten bereit. Doch diese werden kaum mehr benötigt, denn auf ca. 1.500 Asylsuchende im Jahr 2000 ist die Anzahl der Neuankömmlinge gesunken. Ungefähr ein Drittel der Betroffenen wird direkt aus diesem Lager wieder abgeschoben, die anderen zwei Drittel können, häufig erst nach monatelangen juristischen Auseinandersetzungen, einreisen. Regelmäßig sind 40 bis 80 Menschen in dem Gebäude eingesperrt, seit dem 1. November 1999 auch unbegleitete minderjährige Flüchtlinge. Von Manfred Kanther auf den Weg gebracht, hat es sich Otto „Manfred" Schily nicht nehmen lassen, die hilfloseste Flüchtlingsgruppe, alleinstehende Kinder und Jugendliche bis zum Alter von 16 Jahren, ebenfalls dieser Tortur zu unterwerfen und einen Kinderknast zu eröffnen. Bis November 1999 durften sie noch einreisen, nachdem sie am Flughafen ankamen. Jetzt sind auch sie hinter Panzerglas und Stacheldrahtzäunen weggesperrt, bewacht von Uniformierten des BGS, mit Blick auf deren paramilitärischen Fahrzeugpark.

Die räumlichen und sozialen Umstände im Internierungslager werden allerseits als unzureichend bis unmenschlich charakterisiert. Elf Zimmer mit Doppelstockbetten und zwei Aufenthaltsräume – eine Privatsphäre ist ausgeschlossen. Dazu kommen ungenügende Sanitäranlagen und ein stickiges Raumklima, weil sich die vergitterten Fenster kaum öffnen lassen. Schließlich wird häufig Kerosingeruch in den Belüftungsanlagen umgewälzt. In den Sommermonaten wird es unerträglich heiß. Für den „Hofgang" wurde weit ab vom Gebäude, im Bereich der Cargo City Süd, eine Rasenfläche eingezäunt; per Bus und unter starker BGS-Bewachung können die Flüchtlinge dort für eine knappe Stunde Frischluft schnappen.

Zwar hat sich die Zahl der ankommenden Flüchtlinge im Flughafenverfahren verringert, doch die Betroffenen waren in den vergangenen Jahren durchschnittlich für immer längere Zeiträume eingesperrt. In Einzelfällen mussten Flüchtlinge dort ein ganzes Jahr ausharren; Naimah Hadjar nahm sich, wie erwähnt, nach acht Monaten Zwangsaufenthalt das Leben.

Für die Betreuung der Flüchtlinge ist der Flughafensozialdienst zuständig, dessen MitarbeiterInnen sich zweifellos bemühen, die unhaltbaren Bedingungen etwas erträglicher zu gestalten und psychische Krisen der Betroffenen aufzufangen.

Doch immer unter dem Druck, dass die Betreuung einem privaten Anbieter übertragen und die Situation dann noch unerträglicher und unkontrollierbarer wird, steckt der Sozialdienst in einer typischen Sachzwangfalle. Die grundlegende Kritik an der Existenz solch einer Einrichtung, z.B. in der Öffentlichkeitsarbeit des Sozialdienstes, wird immer leiser.

Dieser Vorwurf bezieht sich insbesondere auf Situationen, in denen die Betroffenen selbst protestieren wollen und kaum mehr mit Ermutigung rechnen können. Immer wieder stattgefundene Hungerstreiks führten in den vergangenen Jahren zu keinerlei Verbesserungen, geschweige denn zu den geforderten Freilassungen bzw. Einreisegestattungen. Insofern fehlt der Ansporn zumindest begrenzter Erfolgsmöglichkeiten. Allenfalls in Form anwaltlicher Unterstützung oder mittels informeller Verhandlungen mit Bundesamt oder Innenministerium lassen sich in Einzelfällen Erleichterungen durchsetzen. Bemerkenswert sind zudem die regelmäßigen Ausbruchsversuche, die in einigen Fällen, wie zuletzt im November 2001, erfolgreich verlaufen, trotz der immer stärkeren „Sicherheitsvorkehrungen".

Im August 2001 haben die Bauarbeiten für ein neues Internierungslager begonnen. Bislang bleibt unklar, ob es um einen etwas weniger bedrückenden Ersatz für das bestehende Gebäude geht oder gar um ein konzeptionell neues Vorhaben. In den letzten Monaten haben sich nämlich Informationen verdichtet, wonach neben dem Grenzgefängnis (zur Verhinderung oder Verweigerung der Einreise) auch ein zusätzlicher Abschiebeknast auf dem Gelände des Flughafens neu gebaut werden soll.

Angesichts des generellen Unrechts staatlicher Flüchtlingspolitik, angesichts der beschriebenen unmenschlichen Bedingungen, angesichts einer Praxis der Schnellverfahren, die Flüchtlingen allenfalls mit rechtsanwaltlicher Unterstützung eine minimale Chance lässt, angesichts des fast völligen Ausgeliefertseins gegenüber dem BGS, der zweimal täglich darauf besteht, Anwesenheiten zu überprüfen, und damit die Flüchtlinge jeweils in Angst und Schrecken versetzt, kann es nicht darum gehen, sich mit einer etwaigen „freundlicheren" Internierung abzufinden. Die einzige angemessene Konsequenz liegt in der Schließung des Internierungslagers. Sofort und ersatzlos!

„No border, no nation, stop deportation!"

Keine Grenze, keine Nation, Abschiebungen stoppen! – dies war sicher die meistgerufene Parole des Grenzcamps, insbesondere bei den Aktionen direkt am Flughafen. Wie eingangs erwähnt, fanden die Proteste eine größere Medienöffentlichkeit als je zuvor. Zum einen wirkten die Auseinandersetzungen eine Woche vorher um den Weltwirtschaftsgipfel in Genua noch nach, zum anderen machte die Fraport einen entscheidenden, unglaublich öffentlichkeitswirksamen Fehler. Grundsätzlich sollte jede Demonstration innerhalb der Terminals unterbunden werden und durchsetzen ließ sich das nur mittels einer kompletten Abriegelung aller Eingangstüren, der Aussperrung aller, die über kein Ticket verfügten – kurz: durch eine Selbstblockade.

Diese Vorgehensweise war ungewöhnlich, denn in den vergangenen Jahren waren immer wieder Kundgebungen im Flughafeninnern durchgeführt worden. Laut, bunt, mit vielen Transparenten und Trommeln quer durch das Terminal, Kundgebungsbeiträgen in mehreren Sprachen, Protest vor dem Lufthansaschalter ... In solchem, doch sehr symbolischen Rahmen bewegten sich die schon regelmäßigen Aktionen am Flughafen.

Gedenktafelaktionen ...

Kurz nach dem Tod von Naimah Hadjar, im Mai 2000, protestierten so ca. 400 Menschen, im Dezember dann sogar über 500 DemonstrantInnen. Dabei wurde die Bereitstellung eines Platzes für eine Gedenktafel zur zusätzlichen Forderung, wie natürlich weiterhin die Schließung des Internierungslagers und ein Stopp aller Abschiebungen verlangt worden ist. Das Anliegen zur Anbringung dieser Gedenktafel, auf der namentlich die drei Opfer der Abschiebepolitik am Frankfurter Flughafen benannt sind und gleichzeitig zum „Eingreifen gegen jede Form des Rassismus" aufgefordert wird, richtete sich unmittelbar an die Fraport als Flughafeneignerin. Hunderte von Initiativen sowie Einzelpersonen unterstützten deren Platzierung im Terminal, doch Fraport lehnte ab und verhielt sich völlig ignorant.

Vor diesem Hintergrund rief das „Aktionsbündnis gegen Abschiebungen" für den 26. Mai zur „Öffentlichen Anbringung der Gedenktafel im Terminal" auf; einige, zum Teil prominente VertreterInnen von Menschenrechtsorganisationen kündigten ihre Beteiligung an. Nun reagierte die Fraport recht schnell, und um eine absehbar öffentlichkeitswirksame Auseinandersetzung zu vermeiden, machte sie ein „Angebot". Befristet auf einen Tag(!) werde ein Platz zur Aufhängung der Tafel bereitgestellt, dort könne auch eine Kundgebung abgehalten werden. Jedoch

> **Zum Gedenken an:**
>
> Kola Bankole - 30.8.1994
> Aamir Ageeb - 28.5.1999
> die während ihrer Abschiebung beim Abflug von Frankfurt/Main in Lufthansamaschinen durch Beamte des Bundesgrenzschutzes gewaltsam zu Tode gebracht wurden.
>
> Naimah Hadjar - 6.5.2000,
> die sich am 238. Tag ihrer Abschiebehaft aus Angst vor der Abschiebung im Internierungslager am Frankfurter Flughafen das Leben nahm.
>
> In Trauer um diese und alle anderen Opfer, in Wut über die deutsche Abschiebepolitik. Eingreifen gegen Abschiebung, Ausgrenzung und jede Form von Rassismus!
>
> **Kein Mensch ist illegal.**

Foto: Archiv AG3F/Gedenktafel wird symbolisch angebracht (26.5.2000)

werde keine erneute Demonstration im Flughafengebäude geduldet, – „immer häufiger und mit immer mehr TeilnehmerInnen", so die Argumentation, würden solche Aktionen zunehmend zur Behinderung von Abfertigungsabläufen führen. Erstmals wurde damit per formalem Hausrecht versucht, das Demonstrationsrecht in diesem quasi öffentlichen Raum zu unterbinden. Das „Angebot", die Tafel für einen Tag aufzuhängen, wurde zwar als „ein erster kleiner Schritt" angenommen, doch der Präzedenzfall eines Demonstrationsverbots als völlig inakzeptabel abgelehnt. Entsprechend wurde die Auftaktkundgebung am 26. Mai ins Terminalinnere verlegt und wie erhofft wagte die Fraport letztlich nicht, gegen etwa 300 dort versammelte DemonstrantInnen besondere Maßnahmen durchzusetzen. Doch war erstmals ein sehr großes Polizeiaufgebot im Einsatz und die Drohung des „Einschreitens" – in der vergeblichen Hoffnung, die VeranstalterInnen einschüchtern zu können – wurde von der Fraport bis zum Beginn der Kundgebung aufrechterhalten.

... und Demonstrationsverbote

Nachträglich war dann diese „Niederlage" der Fraport eine Begründungslinie für die Entscheidung während des Grenzcamps, nun den kompletten Terminalbereich für alle zu sperren, die kein Ticket vorweisen können. Die Fraport-Verantwortlichen sahen dies augenscheinlich als einzigen Weg, das Demonstrationsverbot durchzusetzen, koste es, was es wolle. Und sie scheinen die Hoffnung damit zu verbinden, Protestdemonstrationen, sicher auch im Hinblick auf die anstehenden Auseinandersetzungen zur Flughafenerweiterung, dauerhaft aus den Terminals zu verbannen. Doch schon eine Woche nach dem Grenzcamp, am „Tag der offenen Tür" auf dem Flughafen, mischten sich 20 Clowns unter die Menge auf der Besucherterrasse. Nichtsahnende Security-Mitarbeiter an der Kontrollstelle wollten die Pappnasen und JongleurInnen, die sie als Teil des offiziellen Unterhaltungsprogramms ansahen, sogar durch Personaleingänge lotsen, bis sie irritiert begriffen, was los war. Mit Transparenten und Sprechchören skandierten die Clowns lautstark gegen Abschiebungen.

Am 8.12.2001 „machte Fraport wieder dicht": Reaktion auf die Ankündigung einer erneuten regionalen Demonstration. Die Terminaltüren wurden einmal mehr für alle BesucherInnen geschlossen und 400 TeilnehmerInnen zogen zum Tor 3 in die Nähe des Internierungslagers, um die eingesperrten Flüchtlinge mit vielsprachigen Reden und Musik aus einem lautstarken Soundsystem zu grüßen und zu ermutigen. Zwei Tage später, zum internationalen Tag der Menschenrechte, gingen 30 AktivistInnen einen Schritt weiter. „Wir steigen der Fraport aufs Dach", stand auf einem Flugblatt zu lesen, das auch einem hr3-Kamerateam und anwesenden JournalistInnen übergeben wurde. Zwei Vordächer wurden vorübergehend besetzt, Transparente fotogen positioniert und einmal mehr die Flüchtlinge, die von den Fenstern ihrer Zwangsunterkunft aus zurückwinkten, per Megaphondurchsagen ermutigt.

Und mit unangekündigt spontanen wie auch öffentlich mobilisierten Protesten ist weiterhin zu rechnen. Ruhe, das wurde der Fraport in einem offenen Brief schon im Jahre 2000 deutlich versichert, wird es keine geben, solange Menschenrechtsverletzungen in Form von Abschiebungen und Internierungen auf dem Frankfurter Flughafen zum Alltag gehören. Es werde ja, so der Text des Briefs lakonisch, von der Fraport kein menschenrechtlicher Ansatz erwartet, dass sie also aus humanitären oder menschenrechtlichen Gründen Abschiebung und Internierung auf dem Flughafengelände verweigere. Doch wer ständig mit grenzenloser Weltoffenheit werbe, der solle wenigstens das „willing to travel" zum Kriterium der Beförderung machen, die Zwangsbeförderungen unterbinden und die Internierungsgebäude abschaffen. Das sind und bleiben die zentralen und kompromisslosen Forderungen antirassistischer Gruppen zum Frankfurter Flughafen.

Spuren der Gewalt

"Zehntausende von Geschäftsleuten und Touristen jetten täglich durch dieses ‚Tor zur Welt'. Glitzer und Pomp der AirPort-City blenden aus, wovon dieser ‚Tempel der Moderne' lebt: von der Unterwerfung und Ausbeutung quer durch alle Erdteile. Die damit geschaffenen Armutsregionen und Kriegszonen sind — unsichtbar — tausende Kilometer entfernt. Und doch zieht sich eine schmale Spur dieser Gewalt durch die Terminals am Frankfurter Flughafen, wenn MigrantInnen in Hand- oder sogar Fußschellen durch die Abflughallen gezerrt werden …". Sehr zutreffend bis heute, was schon 1994 eine antirassistische Gruppe aus der Region formulierte, auch wenn die Abschiebungen mittlerweile auf versteckteren Wegen und nicht mehr direkt durch die Terminals vollzogen werden.

„Zwischen Fracht und Flucht" lautete dann auch die Überschrift eines Artikels in der Campzeitung, die in 40.000-facher Auflage während der Campwoche im August im und rund um den Flughafen verteilt wurde. Am Beispiel der Schnittblumeneinfuhren von Kenia nach Frankfurt wurde dargestellt, wie PlantagenbesitzerInnen, Blumengroßhandlungen, Flughafengesellschaften und Airlines bestens an einem Geschäft verdienen, das für die betroffenen Menschen in erster Linie Landraub und Bodenvergiftung, Niedrigstlöhne und Krankheiten bedeutet. Die Wachstumszahlen der Fracht, kein unwesentliches Argument der AusbaubefürworterInnen, gehen vielfach mit Abhängigkeits- und Ausbeutungsverhältnissen in den Ländern des Südens einher, die dann die dort lebenden Menschen in die Migration treiben. Ein Zusammenhang, der zwar allzuoft ausgeblendet bleibt, aber mehr als eine Ahnung davon gibt, wie sehr die Anliegen von Abschiebe- und AusbaugegnerInnen sich überschneiden.

Die Verknüpfung von Menschenrechts- und Bürgerrechtsbewegung, gerade hier rund um den Rhein-Main-Flughafen, stellt eine grundsätzliche Herausforderung dar, bei der beide Seiten, inhaltlich wie praktisch, noch eine ganze Menge zu gewinnen haben.

Informationen im Internet:

www.aktivgegenabschiebung.de
www.deportation-alliance.com
www.humanrights.de
www.germany.indymedia.org/antirassismus.html
www.noborder.org

Kontaktadresse:

AG3F / kein mensch ist illegal
Hanau, Metzgerstr. 8, 63450 Hanau
Tel. und Fax: 06181/184892
Email: AG3F@OLN.comlink.apc.org

Was können Sie als Fluggast gegen Abschiebungen tun?

Jeden Tag wird von deutschen Flughäfen abgeschoben. Menschen, die Zuflucht oder ein besseres Einkommen gesucht haben, werden ausgewiesen, weil ihnen die Behörden nicht glaubten oder weil sie den falschen Pass haben. Es kann also gut sein, dass in Ihrem Flugzeug Menschen sitzen, die nicht freiwillig fliegen. Manchmal fliegen diese in eine ungewisse, oft in eine gefährliche Situation. Manche besteigen das Flugzeug gefasst, manche sind willenlos, manche weinen und manche wehren sich. Sie schreien, versuchen sich auf den Boden zu werfen, zerren an ihren Fesseln. Wir bitten Sie: Greifen Sie ein, wenn Sie solche Vorfälle mitbekommen!

Im folgenden finden Sie einige Tipps, was Sie tun können:

kein mensch ist illegal

- Erkundigen Sie sich bereits beim Einchecken, ob in Ihrem Flugzeug Menschen abgeschoben werden, zeigen Sie damit, dass sie solche Zwangstransporte ablehnen.
- Beobachten Sie aufmerksam, ob sich auf Ihrem Flug Abzuschiebende an Bord befinden, vor allem auf den hinteren Sitzen und eventuell hinter einem Vorhang.
- Nehmen Sie mit Fluggästen, bei denen es sich um Abzuschiebende handeln könnte, Kontakt auf. Fragen Sie, ob er oder sie Unterstützung braucht, ob Sie jemanden informieren sollen.
- Nehmen Sie Gewaltanwendung von seiten des Bundesgrenzschutzes, der Sicherheitsdienste der Fluggesellschaften oder so genannter Sicherheitskräfte des Zielstaates des Fluges nicht einfach hin. Sprechen Sie die Beteiligten sofort an oder nehmen Sie Kontakt zu anderen Reisenden auf, um einen Solidarisierungseffekt herzustellen.
- Gehen Sie nach vorne zum Flugkapitän oder fordern Sie das Flugpersonal auf, den Piloten zu holen. Bei ihm liegt die letztendliche Entscheidung über den Zwangstransport.
- Protestieren Sie laut! Und solange Sie sich nicht hinsetzen und nicht anschnallen, darf das Flugzeug nicht starten.
- Kündigen Sie an, mit der Fluggesellschaft künftig nicht mehr zu fliegen, wenn sie sich an Abschiebungen beteiligt. Kündigen Sie an, die Medien einzuschalten.
- Dokumentieren Sie die Vorgänge im Flugzeug, wenn möglich auch mit Fotos. Lassen Sie sich vom Bundesgrenzschutz nicht einschüchtern. Bitten Sie auch andere Fluggäste, als Zeugen für die Vorfälle zur Verfügung zu stehen.

Nix wie weg ...

Facetten und Folgen des Flugtourismus

Wolfgang Faller

Stress im Job, zersiedelte Landschaft, Stau auf der Autobahn, Kälte, Nebel, sterbende Wälder, langweilige Baggerseen, Beziehungsknatsch, Hochhäuser und Betonpisten, quängelnde Kinder, volle Innenstädte, Nerv beim Einkauf – nichts wie weg!

Wie gut, dass die industrialisierte Welt uns gleich die Hilfsmittel bereit stellt, aus ihrer homogenisierten Langeweile zu entkommen. So hatte man für die Eisenbahnen gleichzeitig mit den Transportmöglichkeiten für Stahl, Kohle und industrielle Waren auch die Möglichkeit geschaffen, dieser Welt (scheinbar) zu entkommen. Ein volles Jahrhundert war dies der Trend in Europa, bis das Auto die besseren, individuelleren Möglichkeiten öffnete. Die Autobahnen bildeten das Netz moderner Verkehrsverbindungen, die immer notwendiger wurden, um an die Plätze zu gelangen, an denen man sich von der Hektik des Alltages zu erholen gedachte. So wie man immer mehr Autobahnen brauchte, um schnell dahin zu kommen, wo es keine gab, so braucht man heute Flugzeuge, um aus der technisiert-zivilisiert kalten Welt auszubrechen. Wer glaubt oder glaubte, die Grenzen für diese Entwicklung seien erreicht, die/der betrachte den Nachfragemarkt für Weltraumtourismus.

...ins Paradies

Die Suche nach dem Paradies – nach unberührter Natur oder unverfälschter Kultur und ggf. ein bisschen Abenteuer darin – ist die positive Begründung des Reisestromes in immer weiter entfernte Gegenden. Das Paradies muss aber ein bisschen exklusiv sein, es erfüllt die Träume dann nicht mehr, wenn zu viele (vor allem Landsleute) sich dort aufhalten. Wenn nach Rimini und Nizza nicht nur Müllers und Pachulskis, sondern auch noch Schröders, Meyers oder – als Produkt der Überintegration – sogar die Gündüzkanats kommen, wenn an der Costa Brava zur Abfertigung von Touristenströmen Betonburgen und Autobahnen heimatliche Gefühle allzu nahe bringen, wenn, wie auf Mallorca, rot-grüne Regierungen Öko-Steuern erlassen – wenn man abends in der Kneipe gar nicht mehr merkt, nicht zuhause zu sein – spätestens dann ist's für die Avantgarde der Reisenden, ob nun Business-Class-Reisende oder Backpacker, (so viel Englisch muss schon sein) eigentlich schon viel zu spät, weiter zu ziehen.

...und zwar schnell und bequem

So kommen wir zu einem wunderbaren Kreis- und Wettlauf. Daher ist es auch kein Wunder, dass der Eisenbahntourismus vom PKW-Tourismus abgelöst wurde und seit einigen Jahren Fliegen zur Normalform der Urlaubsreise wurde, wenn für den ‚richtigen Urlaub' nun schon der Fernflug eine Notwendigkeit wird.

Tatsächlich ist die Assoziation von Urlaub und Fliegen heute nicht nur in der Werbung, sondern auch im realen Leben alltäglich. Für den schmalen Geldbeutel ist es eben der Wochenendtrip nach London mit Ryan Air für 50 Euro plus ein paar Gebühren; wer's hat, jettet mal schnell nach New York – inzwischen auch gerne wieder in der Concorde. Januar bis September 1999 flogen allein aus Deutschland 35,5 Millionen Passagiere ins Ausland, die höchste Steigerungsrate (13,4%) gab es für Interkontinentalflüge. 5,5 Millionen hatten ihr Ziel in einem sogenannten Entwicklungsland; das waren zweieinhalb mal so viel wie Anfang der 90er Jahre. Reiseankünfte in Entwicklungsländern aus weltweiten Abflugorten stiegen in den 90ern um über 50% auf nahezu 200 Millionen – sicher nicht alles TouristInnen, aber doch mindestens zu zwei Dritteln.

An dieser Konstellation ist zu beachten, dass Tourismus eben nicht nur die versuchte Flucht aus der industriell homogenisierten Welt darstellt, sondern selbst eine gigantische Industrie, – die mit den höchsten Wachstumsraten der letzten Jahre – ist. 1998 gaben deutsche TouristInnen ca. 69 Milliarden DM aus. Wie bei anderen industriellen Verfahren auch, so wirkt sich die bloße Gewinn-Ausrichtung privater Unternehmen oft zum großen Nachteil der Natur aus.

Prima-Klima-Perspektiven

Die Problematik der Umweltschädigung durch den Flugverkehr ist nicht unbekannt, aber für die schönsten Tage und Wochen lässt man sich eben vieles mal egal sein, dafür kann man ja hier mal wieder Bahn fahren. Allerdings sieht es in der Öko-Bilanz so aus, dass Mensch ca. zwei Jahrzehnte lang jährlich mit dem Stinke-Auto ans Mittelmeer knattern muss, um ähnlich viel Schaden anzurichten wie mit einem Interkontinentalflug. Der in den nächsten Jahrzehnten weiterhin stark expandierende Luftverkehr mit seinen klimaschädigenden Abgasen ist das am schnellsten wachsende Problem für das globale Klima. Die prognostizierte Zunahme des internationalen Luftverkehrs um jährlich 5% allein würde bis ins Jahr 2010 die durch das Kyoto-Protokoll vereinbarten Emissionsreduktionen um bis zur Hälfte kompensieren. Diese Analyse hat die EU-Ratspräsidentschaft im Oktober 1999 vorgelegt. Sie zeigt, dass im Luftverkehr entschiedene Maßnahmen ergriffen werden müssen, um diesen Trend zu stoppen.

Dabei ist allerdings zu betonen, dass zwar einer der am schnellsten wachsenden Wirtschaftsbereiche der Tourismus ist, insbesondere jener in Entwicklungsländern – bei dem Wachstum des Flugverkehrs spielt aber der Welthandel eine noch größere Rolle. Ein Drittel des Welthandels (nach Werten) wird über das Flugzeug abgewickelt. Allerdings hat auch der Frachtverkehr einiges mit dem Tourismus zu tun. Doch wenden wir uns direkteren Verbindungen zwischen Tourismus und Umweltzerstörung zu.

Stärkung der Infrastruktur in den Entwicklungsländern?

Mit dem Transport der TouristInnen ist es ja nun nicht getan. Ein bisschen Luxus muss schon sein und da es ihn im Land kaum gibt, wird er eingeflogen. Dafür schafft dann das Gastland eine Infrastruktur (Flughäfen, Straßen, etc.), die oft an den Bedürfnissen der eigenen Bevölkerung vorbei geht, deren Unterhalt jedoch jährlich Geld kostet. Auf die Entsorgung der entsprechenden Verpackungen aus Blech und Plastik ist das ‚Gastland' natürlich ebenso wenig eingestellt.

Für den Erlebnistourismus (ein bisschen Abenteuer muss ja sein) wird eine eigene Infrastruktur geschaffen. Straßen für Safaris, Schnellboote, um aus dem Bereich der zerstörten Strände und Korallen hinauszukommen, werden eingerichtet. Die von den TouristInnen bestaunte Kultur wird dabei oft gleich mit umgepflügt, wie es die Reifen schicker Off-Roader mit dem empfindlichen Savannenboden tun. In Ostafrika wurden Millionen Tonnen von Korallenriffgestein als Baumaterial für Hotels verwandt – dadurch brechen die Wellen nun stärker an die Strände durch, weitere Teile des Korallenriffs brechen ab. Ein weiteres tragen die Tanker bei, deren Lieferungen in manchen Entwicklungsländern ganz erheblich durch den Tourismus bedingt sind und natürlich die Kloaken aus den Hotels.

....und Schutz der Natur?

Gerade richtig für den touristischen Gebrauch sind viele Tierparks. Diese könnten ohne die Tourismus-Einnahmen gar nicht existieren – aber wären sie so notwendig? Oft verändert die Einrichtung eines touristisch genutzten Naturparks durch den Bau von Straßen und gesteigerten PKW-Verkehr mehr, als dies die Nutzung für den Alltagsgebrauch durch die Einheimischen könnte. Noch mehr ändert sich oft das Umfeld der Parks. Viele Parks sind so klein, dass ihre Abgrenzung die Lebensgewohnheiten der tierischen Bewohner wesentlich verändert, sie z.B. zur Inzucht zwingt. Doch müssen wir gar nicht so weit gehen.

Natur stellte bis vor kurzem in den Augen der ReiseveranstalterInnen eine kaum erschöpfliche Ressource dar. Anscheinend fällt die Verdrängung hier leicht – in unseren Köpfen ist Urlaub eben nicht mit fragwürdigen Assoziationen wie rauchenden Schloten, vergifteten Fischen, zugebauten Landschaften oder zugestauten Autobahnen verbunden. Dabei hätte ein Blick auf die Problemgebiete der Alpen und des Mittelmeeres als traditionelle Urlaubszentren gereicht, um zu erkennen, dass der Massentourismus sehr wohl in der Lage ist, seine eigenen Grundlagen in der Natur zu zerstören. Viele von uns, die wir ja fast alle reisen, müssen nicht lange nachdenken, um sich an zugebaute Strände und andere Bausünden zu erinnern. Mallorca z.B. bemüht sich intensivst, vom Image der Billig-Angebote und des Hoteltourismus weg zu kommen.

Eine Nachricht aus der taz vom 17.11.2001 deutet auf eines der entlarvendsten Beispiele von Tourismusfolgen hin: Der Südsee-Inselstaat Tuvalu droht zu versinken. Inzwischen ist es sicher, dass alle ca. 11.000 EinwohnerInnen dieses ‚Landes der Strände' ihre Heimat verlassen müssen. Grund: die steigenden Meeresspiegel, die durch den Klimawandel verursacht werden.

Arbeitsplätze und Entwicklung

Tourismus wird immer wieder als wichtige, zukunftsträchtige Einnahmequelle von Entwicklungsländern aufgeführt. In Tansania und Kenia haben einheimische Nomaden ihre Lebensweisen umgestellt, sie produzieren beispielsweise Fleisch für die Hotels und halten dazu Ziegen – statt Rinder. Ziegen fressen jedoch nicht nur Gras, sondern auch junge Bäume und Büsche und tragen zur weiteren Verödung des Landes bei.

Da die einheimische Bevölkerung teilweise ihre traditionellen Nutzungsrechte innerhalb der Parks verloren hat, stellen sich die Menschen um. So versuchen viele, durch den Souvenirverkauf etwas dazu zu verdienen. Lederprodukte aus der Haut der eigenen Tiere schienen eine Alternative zu bieten. Seitdem die Lederverarbeitung industrialisiert wurde, bringen die Abwässer die Ökologie des nächsten Sees durcheinander, dort sterben jetzt die Fische, als Folge verhungern die Flamingos zu Tausenden.

Tourismus schafft Arbeitsplätze, heißt es. Zimmermädchen, Barmixer, Beachboys, Schuhputzer, SouvenirverkäuferInnen und viele DienstleisterInnen verdienen tatsächlich am Tourismus – doch wie viel und unter welchen Bedingungen? Die meisten Arbeitsplätze sind schlecht bezahlt, und zudem Saisonarbeitsplätze. Ausbildung wird in diesen Bereichen kaum geleistet, ausgebildete Kräfte kommen oft aus den Abreiseländern. In der Dominikanischen Republik beispielsweise hat sich die Zahl der TouristInnen von 1992-97 auf 2,5 Millionen verdoppelt, seit 1980 hat sie sich verfünffacht. Die Deviseneinnahmen haben sich verzehnfacht. Der Anteil der EinwohnerInnen, die unter der Armutsgrenze leben, hat sich in derselben Zeit von 47 auf 57 % erhöht.

Handelt es sich um Entwicklungsländer, so bleibt nur etwa ein Drittel der touristischen Ausgaben im Zielland. Dafür müssen dann oft noch die erwähnten teuren Luxusgüter aus anderen Ländern importiert werden (Sickerrate). Während die USA pro

Foto: ©Klaus Malorny/kein Mensch ist illegal, Demo gegen Abschiebung am Rhein-Main-Flughafen (8.12.2001)

TouristIn ca 1.580 $ einnimmt, Australien sogar 2.150 $ und Deutschland 960 $, sind es für Tunesien 340 $, für Kenia 380 $. In der Broschüre des Freiburger „Informationszentrum 3. Welt" (iz3W) ist das Fazit gezogen: Je ärmer ein Land ist, desto höher ist die Wahrscheinlichkeit, dass die Bruttoausgaben für den Tourismus gar die Einnahmen übersteigen.

„Tourismus fördert den Kontakt unter den Menschen und Kulturen."

In diesem Sinne warb Kardinal Lehmann kürzlich für den Flugverkehr – Völkerverständigung würde damit gefördert. Das ist sicher nicht auszuschließen, aber es gibt auch eine andere Seite: Insbesondere in Entwicklungsländern hat der Tourismus oft noch eine rassistische und sexistische Komponente. Zu vielen Touristenzentren ist der einheimischen Bevölkerung der Zutritt untersagt, es sei denn als Arbeitskräfte. Ist es nicht explizit die Hautfarbe und Ethnie, so reicht meist das Preisniveau, die Bevölkerung fern zu halten. Der Einfluss des Tourismus verändert aber in seinem Einzugsgebiet die Preise. ‚Sehr einfach' ist meist die Unterscheidung zwischen ‚Gast' und Dienenden, so dass ‚Gäste' mit dunkler Hautfarbe in Entwicklungsländern oft schon Probleme haben. Diese Tendenz und der Wegfall traditioneller Erwerbsmöglichkeiten in touristisch erschlossenen Gebieten schaffen ein Überangebot an Arbeitssuchenden. Trinkgelder und Almosen, z.B. für die barbusig fotografierten Frauen, reichen diesen meist nicht zum teurer werdenden Leben aus.

Da auch und oft insbesondere in Entwicklungsländern Frauen die billigeren Arbeitskräfte sind, kauft sich die Tourismusindustrie hier noch einen weiteren Vorteil: die Erotik in der Exotik – das passt so sehr gut zum Bild vom Paradies. Die Grenzen zur Prostitution sind fließend, die ökonomischen Abhängigkeiten eindeutig. Da setzt sich die postkoloniale Dominanz auch bei der selteneren Konstellation durch, dass nämlich weiße, also reiche Frauen schwarze Jungs kaufen.

Meist ist Prostitution verboten. Von repressiven Maßnahmen betroffen sind jedoch oft nur die ökonomisch abhängigen Frauen, nicht die Devisenbringer. Wie in vielen Fällen der Illegalisierung fördert auch hier das Verbot der Prostitution ein kriminelles Netzwerk, das am Geschäft mehr verdient als die als Prostituierte arbeitenden Frauen. Heirats- und Frauenhandel sind nahezu logisch erscheinende Folgen. Noch härter trifft es die Kinder. Sie sind die billigsten und die am einfachsten zu beherrschenden Arbeitskräfte, auch bei der Prostitution. Ihre Zukunft wird meist zerstört. Kinderprostitution gehört allerdings zu den wenigen Auswirkungen des Tourismus, die weltweit überhaupt als Problem erkannt werden. Prostitution und speziell Kinderprostitution wurden nicht im Tourismusgewerbe erfunden. Die extremen Dimensionen, in denen sich dies aber heute z.B. in Thailand oder in Brasilien abspielt, sind nur durch den modernen Tourismus möglich. Einen Startschuss dazu gab das Auftreten der us-amerikanischen Soldaten, die in Thailand ihre Freizeiten vom Vietnam-Krieg ‚auslebten'.

Unbestreitbar schwer ist es, den Verlockungen der Reiseparadiese nicht zu folgen. Zum Glück gibt es ja für die bewussten Reisenden die gewissenschonende Möglichkeit des:

Ökotourismus

Natürlich gab es in den letzten Jahren, wie in anderen Industriebereichen auch, im Tourismus Versuche, ökologische Kriterien zur Geltung zu bringen. Ökoreisen boomen und sind in Mode. Wie in anderen Wirtschaftsbereichen, so wird mit der werbewirksam gemachten Vorsilbe ‚Öko-' auch im Tourismus oft Schindluder getrieben (Was z.B. ist ‚Öko' daran, Bioäpfel z.B. aus den USA hierher zu transportieren als gäb's hier keine?). Das Element, durch wenig erschlossene Landschaften zu ziehen, kannte der traditionelle Tourismus auch schon – und es ist meist nur eine Frage der Zeit, wann die Massen nachkommen. Und auch wenn man fair und mehr bezahlt, kann die Umkrempelung der Sozialsysteme mehr kaputt machen, als die Devisen den Menschen nutzen.

Der wichtigste Faktor jedoch ist insbesondere hier das Fliegen: Betrachtet man allein, welche Emissionen die Flugreise zum ‚Öko-Ziel' verursacht, so scheinen die weiteren Bemühungen um ökologische Gestaltung doch eher lächerlich. Dass die Öko-Bilanz von Menschen, die sich dem Umweltschutz verpflichtet fühlen, schlechter ausfällt als die ‚normaler' KleinbürgerInnen, liegt ganz stark daran, dass UmweltschützerInnen weit häufiger fliegen als der Durchschnitt der Bevölkerung. Das heißt natürlich nicht, dass es unsinnig sein muss, auf ökologische Verbesserungen zu achten und dass nicht VeranstalterInnen, die dafür sorgen, dass der Großteil der Urlaubsausgaben im Gastland bleibt, verantwortungsvoller und nachhaltiger handeln als die OrganisatorInnen von ‚All-Inclusive-Reisen', die dafür sorgen, dass mehr als zwei Drittel der Ausgaben ins Herkunftsland der TouristInnen zurückfließen.

Bleibet zu Hause...

Nein, dieser Artikel soll nicht die Verdammung aller Reisen zum Ziel haben. Natürlich haben viele der Pro-Argumente auch ihren Grund und wie schwer ist es doch, sich gesellschaftlichem Mainstream zu entziehen. Die zerstörerischen Dimensionen des heutigen flugzeuggestützten Massentourismus sollten es allerdings jeder und jedem nahe legen, gründlich nachzudenken, bevor man/frau losfliegt. Ein erster Schritt wäre ja schon eine Unterstützung der Gleichbehandlung des Flugverkehrs bezüglich diverser Steuern. Ein weiterer, auf Kurztrips zu verzichten. Es gibt übrigens auch Tester für Ökoreisen wie viabono, die in ihren Bewertungen die Flugproblematik berücksichtigen.

Warum?

Doch noch einmal interessiert der Trieb, der die Menschen ständig weiter fort zieht. Von Hans Magnus Enzensberger stammt eine der wenigen Theorien des Tourismus, die sich über die mehr oder weniger eloquente Verdammung des Massentourismus hinaus bewegen und nicht von eingefleischten TouristInnen geübt werden, die vor allem darüber traurig sind, dass nun so viele Leute sich an ihren Lieblingszielorten herumtreiben.

Tourismus ist danach eine Erscheinung, vielleicht auch ein Produkt der industriellen Gesellschaft, das einen Homogenitätsdruck erzeugt. Durch den Ausbau der Verkehrsmittel wur-

Foto: ©Klaus Malorny/Friedensmarsch entlang der Rhein-Main Air Base – anlässlich des 2. Golfkrieges (14.3.1991)

de einerseits ein Prozess der Homogenisierung möglich. Andererseits wurde mit den steigenden Transportkapazitäten scheinbar die Flucht aus der (sich verengenden) Welt für eine größere Anzahl von Menschen zu einer realistischen Perspektive. Enzensberger sagt dazu:

„Hinter der fieberhaften Begeisterung, mit der in den dreißiger und vierziger Jahren des vergangenen Jahrhunderts die englischen Eisenbahnen ausgebaut wurden, steht mehr als bloß der spekulierende Eifer der Kapitalisten. Die Eisenbahnmanie verrät bereits den heftigen Wunsch, dem Wohn- und Arbeitsplatz der industriellen Revolution zu entrinnen. Aber was das Netz der Verkehrsmittel zu gestatten schien, vereitelte es zugleich. Mit der Festigung dieses Netzes, das sie für die Touristen zu öffnen schien, schließt sich alsbald die Gesellschaft wieder. Wie der Igel im Märchen den keuchenden Hasen am Ziel des Wettlaufs immer schon höhnisch erwartet, so kommt dem Tourismus allemal seine Widerlegung zuvor. Diese Dialektik ist der Motor seiner Entwicklung; denn weit entfernt, den Wettlauf um den Preis der Freiheit resignierend aufzugeben, verdoppelt er nach jeder Niederlage seine Anstrengungen von neuem."

Hiermit haben wir, parallel zu den wachsenden Möglichkeiten des Transportes wohl eine wichtige Ursache dafür, dass die Reiseziele immer weiter weg entfernt liegen.

Literatur

Enzensberger, Hans Magnus: Einzelheiten I, Bewusstseins-Industrie, Frankfurt 1962

Touristen sind wie Devisen ... Infomappe: Zahlen und Einführendes zum weltweiten Tourismus, zusammengestellt von FernWeh – Forum Tourismus und Kritik, iz3W

Ein neues Flugobjekt am südhessischen Himmel

Das Kabarett-Ensemble „Die Überflieger" unterstützt mit seinem Programm „Flug&Trug" die Bürgerinitiativen der Flughafenausbau-GegnerInnen

„Die Überflieger" wollen der „totalen Aeroplanierung des Rhein-Main-Deltas" mit Witz, Humor und Satire begegnen. Die Idee hierzu wurde im Sommer 2000 geboren, beim ersten „Power to the People-Festival gegen Flughafenerweiterung". Die Ensemble-Mitglieder kommen aus Frankfurt, Gießen, Mainz, Darmstadt und der Mainspitze. Die Crew hat innerhalb eines halben Jahres ein komplettes Programm realisiert und tourt damit erfolgreich durch das Rhein-Main-Gebiet.

Die Stücke drehen sich rund ums Fliegen: Lieder, Satiren, ernste und heitere Szenen über Airport, Fraport und Fluglärm. Da singen und pöbeln grüne Nörgler, naive Hausfrauen, störrische Jugendliche und schlafgestörte Nachbarn, dozieren etablierte Besserwisser und zerstreute Professoren, da säuseln fraportgesteuerte ManagerInnen und lufthansageeichte FlugbegleiterInnen, durchgedrehte Zicken gehen in die Luft und arglose Kinder nerven ratlose Mütter. Todsichere Rezepte gegen Flugangst und Kabinenkoller werden gleich mitgeliefert. Als kleine Kostprobe rechts eine ihrer Liedbearbeitungen.

„Die Überflieger" haben keine kommerziellen Interessen. Sie engagieren sich in der Sache und beanspruchen bei von BIs organisierten Auftritten ausschließlich Fahrtkosten und Spesen. Der Rest der Eintrittsgelder geht an die örtliche Bürgerinitiative.

Wer Lust hat, „Die Überflieger" zu engagieren,
hier die Kontaktadressen:

Charles Gräber: Tel./Fax: 06144/41 2 06
e-mail: charles_graeber@web.de
Petra Bohn: Tel.: 06131/61 64 49

Foto: ©Klaus Malorny/Wasserwerfer in Position innerhalb der Startbahn-Festung (15.9.1995)

Was soll das? Gräber/Groenemeyer

Mein Pyjama klebt mir auf der Haut · Kann nicht schlafen – viel zu laut   Was soll das ?
Düsenjets in Reih und Glied · Ein Anblick, den man gerne sieht   Was soll das ?
Kerosin liegt in der Luft · Turbinenhonigsüsser Duft   Was soll das ?
Autofahr'n wird langsam teuer · Nur Flugbenzin gibt's ohne Steuer   Was soll das ?
Bei Smogalarm ist Fahr'n verboten · Doch was soll's – dann wird geflogen   Was soll das ?
Mit zwei Maßen wird gemessen · So'n Umweltschutz kannste vergessen   Was soll das ?

Womit hab ich das verdient – dass ihr mir um die Ohren fliegt – Meine Nerven sind schon völlig strapaziert
Zu eins zwei Maschinen pro Nacht – hätt' ich vielleicht nix gesagt
Hätt' mich zwar aufgeweckt – wahrscheinlich hätt ich's weggesteckt
Aber ihr habt ja – gleich auf Dröhnung gemacht

Dem Fortschritt wird Tribut gezollt · Der Lärmteppich wird ausgerollt   Was soll das ?
Der Wirtschaftsstandort muß sich lohnen · Wen kümmert's, dass da Menschen wohnen   Was soll das ?
Den Wettbewerb der Metropolen · Den wird nochmal der Teufel holen   Was soll das ?

Womit hab ich das verdient – dass ihr mir um die Ohren fliegt – Meine Nerven sind genügend strapaziert
Zu eins zwei Maschinen pro Nacht – hätt' ich vielleicht nix gesagt
Hätt' mich zwar aufgeweckt – wahrscheinlich hätt' ich's weggesteckt
Aber ihr habt ja – gleich auf Dröhnung gemacht

Und in den Ohren klingt's uns allen · Kein einz'ger Baum soll je mehr fallen – doch Börner ist lange her
Die Herren mit den dicken Benzen · Setzen auf Wachstum ohne Grenzen
Wer warnt, der bleibt ungehört · weil der bloß den Fortschritt stört

Womit hab ich das verdient – dass ihr mir um die Ohren fliegt – Meine Nerven sind genügend strapaziert
Zu eins zwei Maschinen pro Nacht – hätt' ich vielleicht nix gesagt
Hätt' mich zwar aufgeweckt – wahrscheinlich hätt' ich's weggesteckt
Aber ihr habt ja – gleich auf Dröhnung gemacht

Zuvor verspricht man viele Jobs · Und hinterher heißt's Ex und Hopp   Was soll das ?
Sind erst die Fakten betoniert · Wird wieder rationalisiert   Was soll das ?
Dann wäscht man sich die Unschuldshände · Und kassiert die Dividende   Was soll das ?
Sie nerven uns nicht bloß am Tage · Auch nachts weckt uns die Fliegenplage   Was soll das ?
Ich frag mich, wem der Lärmschutz nützt · Wird nicht der Lärm vor uns geschützt   Was soll das ?
Wir lassen uns nicht überlisten · Uns steckt man nicht in Lärmschutzkisten   Was soll das ?

Womit hab ich das verdient – dass ihr mir um die Ohren fliegt – Meine Nerven sind genügend strapaziert
Zu eins zwei Maschinen pro Nacht – hätt' ich vielleicht nix gesagt
Hätt' mich zwar aufgeweckt – wahrscheinlich hätt' ich's weggesteckt
Aber ihr habt ja – gleich auf Dröhnung gemacht

Prima Klima!

Klimabelastung und ökologische Auswirkungen durch den geplanten Ausbau des Frankfurter Flughafens

Hans-Ulrich Hill

Mit dem geplanten Ausbau des Frankfurter Flughafens wird eine Zunahme der Flugbewegungen um bis zu 200.000 Flüge aufs Jahr bezogen erwartet. Damit werden erhebliche Auswirkungen auf eine Reihe von Umweltfaktoren – etwa der Luftqualität, des Klimas und von Natur und Landschaft –, sowie nicht zuletzt auf die Lebensqualität der Anwohner im dicht besiedelten südlichen Hessen und Rheinland-Pfalz verbunden sein. Die Flughafen-Betreiber und ihre Lobby bei den Kommunal- und Landespolitikern schlagen diesen Zusammenhang einfach in den Wind, da ihnen die ‚Job-Maschine' Flughafen über alles geht. Hier bleibt nichts mehr übrig von den Beteuerungen der Politiker, die einerseits die UN-Konferenz von Rio 1992 mit ihrer Agenda 21 in Sonntagsreden preisen, andererseits den Ausbau des Flughafens fordern, um den ‚Wirtschaftsstandort Frankfurt' zu sichern. Im folgenden soll auf einige der zu erwartenden Verschlechterungen der Umweltqualität in der Umgebung des Flughafens eingegangen werden.

---

* Die in Klammern gesetzten Ziffern verweisen auf eine durchnummerierte Literatur-Liste, die am Textende zu finden ist.

1. Kohlendioxid-Emissionen

Ein Passagierjet vom Typ Boeing 737 verbraucht pro Stunde Reiseflug 16.000 Liter oder 13 Tonnen Kerosin[1, 20]*. Daraus entstehen etwa 40 Tonnen CO_2, die als Emissionen pro Stunde abgegeben werden. Um die nach dem Ausbau des Frankfurter Flughafens zusätzlich entstehenden Emissionen abzuschätzen, muss man einige vereinfachende Annahmen machen: wenn man von einer Zahl von mindestens 200.000 zusätzlichen Flügen und einer mittleren Flugdauer von 4 Stunden für alle von Frankfurt ausgehenden Füge ausgeht, kommt man auf eine CO_2-Menge in der Größenordnung von 24 Millionen Tonnen zusätzlicher CO_2-Emissionen jährlich. Neuere Prognosen, wie sie u.a. im Abschlussbericht des Mediationsverfahrens zum Flughafenausbau zitiert werden, sprechen aber bereits von insgesamt einer Million Flügen, die ab 2015 jährlich vom ‚Wachstumsfaktor Fraport' ausgehen sollen. Dann würde die Zahl der Flüge gegenüber 2000 gar um 600.000 zugenommen haben, und damit auch der dadurch verursachte zusätzliche CO_2-Ausstoß um etwa 70 Millionen Tonnen.

Insgesamt wurden 1990 in Deutschland durch menschliche Aktivitäten in Industrie, Verkehr und Energieverbrauch etwa 1.003 Millionen oder rund 1 Milliarde Tonnen (t) CO_2 in die Luft emittiert. Der Anteil des Verkehrs betrug 180 Megatonnen (180 Millionen Tonnen[2]). Der zusätzliche Ausbau des Frankfurter Flughafens würde zu einer Steigerung um weitere 70 Megatonnen (Mt) auf 250 Mt CO_2 führen, d.h. einem Anstieg der verkehrsbedingten CO_2-Emissionen um etwa 40 %!

Die Netto-Zufuhr von CO_2 in die Atmosphäre durch den Menschen weltweit wird mit 3 Milliarden t Kohlenstoff, entsprechend 10 Milliarden t CO_2, angegeben[1, 12]. Der Anteil der als Folge des Flughafen-Ausbaus zusätzlich produzierten geschätzten 70 Millionen t CO_2 an der gesamten durch menschliche Aktivitäten produzierten CO_2-Menge beträgt somit rund 0,7 %. Bei dieser Rechnung ist die durch Meerwasser-Absorption und Photosynthese gebundene CO_2-Menge bereits abgezogen. Diese CO_2-Menge wird erhebliche Auswirkungen auf den von allen Klimatologen übereinstimmend vorhergesagten Treibhauseffekt haben. Seit Beginn der Industrialisierung hat der CO_2-Anteil der Luft durch Industrie, Verkehr, Waldrodungen usw. um 25 % zugenommen. Im Jahr 1999 wurden weltweit 550 Millionen t CO_2 von Flugzeugen in die Luft geblasen, ein Anteil von 5,5 % bezogen auf die gesamte durch menschliche Aktivitäten produzierte CO_2-Menge[2]. Durch die Zunahme des Flugverkehrs infolge des Ausbaus des Frankfurter Flughafens würde der Anteil des Flugverkehrs an den gesamten menschlichen CO_2-Emissionen auf 620 Millionen Tonnen und damit auf etwa 6 % steigen.

Die Bundesregierung hat auf dem globalen Umweltgipfel von Rio großspurig die Verminderung des CO_2-Ausstoßes um 25 % bis zum Jahr 2005 verkündet. 1999 hätten die CO_2-Emissionen bereits um 17 % gesenkt werden müssen, um das CO_2-Minderungsziel zu erreichen. Tatsächlich lagen sie aber 1999 auf gleicher Höhe wie 1987, sie lagen damit 1999 um 20 % über dem vereinbarten Minderungsziel[18]. Die CO_2-Abgaben stiegen im Verkehrsbereich bis 1999 sogar um 26 % und lagen damit um 50 % höher als das diesem Sektor zugewiesene Minderungsziel. Mit dem Flughafenausbau in Frankfurt würde der Anteil des Flugverkehrs an den gesamten CO_2-Emissionen in Deutschland (ca. 1 Milliarde Tonnen pro Jahr) bezogen auf 200.000 bis 600.000 zusätzliche Flüge jährlich von etwa 10 auf 12-17 % zunehmen. Damit liegen die indirekt mit dem Ausbau des Frankfurter Flughafens verbundenen zusätzlichen CO_2-Emissionen in Größenordnungen, die das verordnete staatliche Minderungsziel geradezu ins Gegenteilige kippen.

2. Luftverschmutzung als Folge des Flughafenausbaus

Aufgrund des geplanten Baus der Nordbahn werden auch zusätzliche Belastungen durch Stickoxide erwartet. Pro Kilogramm (kg) des in den Düsenturbinen verbrannten Kerosins werden gemittelt 10 g oder 0,01 kg Stickoxide (NO_x) emittiert. Auf einem Flug über 5.000 km werden durchschnittlich 50 t Kerosin verbraucht und dabei rund 500 kg NO_x emittiert[1]. Bei der erwarteten Zunahme um 200.000 Flüge nach Errichtung der Nordbahn ist eine mittlere Menge von schätzungsweise 100.000 Tonnen Stickoxid-Emissionen anzunehmen. Desgleichen ergeben sich dieser Art eine Menge von 100.000 t emittierter Kohlenwasserstoffe. Bei angenommenen 600.000 zusätzlichen Flügen bis 2015 wäre demnach mit 300.000 t NO_x jährlich zusätzlich zu rechnen.

Es ist anzunehmen, dass sich die vom Autoverkehr der Frankfurter Innenstadt erzeugten Luftschadstoffe mit denen des Flugbetriebs am Flughafen summieren werden. Eine Studie der TU Darmstadt von 1998 geht davon aus, dass der Autoverkehr von und zum Flughafen bis zum Jahr 2010 um 50 % anwachsen wird. Die Zunahmen bei Flug- und Kfz-Verkehr verursachen eine proportionale Zunahme des Schadstoffausstoßes in der Flughafen-Region. Dabei muss bedacht werden, dass etwa $1/3$ der gesamten NO_x- und der anderen Schadstoffemissionen bereits beim Start der Flugzeuge abgegeben werden. Somit gelangen jährlich etwa 30.000 t NO_x zusätzlich in die Luft über dem Flughafen nach dessen Ausbau.

Dazu kommt noch die Belastung der Luft mit Kerosin, weil offenbar einige Flugzeuge vor der Landung einen Teil ihrer Treibstoffreserve in die Luft ablassen, wie Anwohner mehrfach gemeldet haben, die durch Kerosingeruch erheblich belästigt worden waren. Wenn auch nur jedes dritte landende Flugzeug eine Tonne Kerosin in die Luft ablässt, dann würde die Luft über Frankfurt mit bis zu 100.000 t Kerosin jährlich angereichert. Dazu kommen die Kerosin-Emissionen beim Auftanken der Flugzeuge und durch undichte Kerosin-Leitungen, die u.a. auch das Grundwasser unter dem Flughafen verunreinigen.

Diese Schadstoff-Belastung hat gesundheitsschädliche und ökologische Auswirkungen. Stickoxide sind vor allem im Hochsommer entscheidend an der Bildung des sogenannten ‚Sommersmogs' beteiligt. Zusammen mit der hohen UV-Strahlung der Sonne bildet sich bei hohen Temperaturen und austauscharmer Wetterlage ein ätzendes Schadstoffgemisch, bekannt auch unter dem Begriff ‚Los-Angeles-Smog' oder ‚Photosmog'. Dabei sind die Stickstoffoxide entscheidend für die Bildung des bodennahen Ozons sowie organischer Peroxide und Aldehyde. Die Ozonkonzentration erreicht dann schnell Werte von über 200 Mikrogramm pro Kubikmeter Luft ($\mu g/m^3$; bei Jahresmittelwerten von ca. 50 $\mu g/m^3$) und bei Smogwetterlagen (Hitze, Inversion, Windstille) gar Spitzenwerte über 300 $\mu g/m^3$.

Die im Photosmog gebildeten Stoffe gelten als hochtoxisch. Ozon zeigt bereits bei Konzentrationen über 200 $\mu g/m^3$ Schadwirkungen auf den Organismus, wie in vielen Studien nachgewiesen wurde (u.a. Umweltbundesamt, 1983). Dazu gehören u.a. auch irreversible Schäden in den Lungenbläschen sowie eine Zunahme von Infektionen der Atemwege. Eine deutliche Verminderung der Lungenfunktionen sowie der gesamten körperlichen Leistungsfähigkeit ist die Folge. Ab 200 $\mu g/m^3$ tritt verstärkter Hustenreiz und Augenreizung auf. Auch wird von zunehmenden Asthma-Beschwerden berichtet[13]. Außerdem gelten die organischen Peroxide wie z.B. das Peroxiacylnitrat (PAN) als typische, krebserregende Substanzen.

Der Photosmog schädigt auch Pflanzen und Wälder: Die vergifteten Blätter welken vorzeitig und sterben ab, Bäume werden geschwächt und erkranken z.B. durch verstärkten Pilzbefall – bis sie schließlich absterben. Die Waldschäden im Umkreis des Flughafens scheinen mit den Schadstoff-Emissionen am Flughafen zusammenzuhängen: Nach Darstellung des städtischen Forstamtes Frankfurt liegen sie in der Nähe des Flughafens weit über dem europäischen Durchschnitt. Bei über der Hälfte der Bäume seien mittlere und schwere Schäden festgestellt worden. Bei den Eichen im Rhein-Main-Gebiet etwa hat sich der mittlere Blattverlust (‚Blattverlust' bezeichnet die Verringerung der während der Vegetationsperiode entstehenden Blattmenge) seit 1984 auf 41 % fast verdreifacht. Demnach hat sich der Waldzustand im Rhein-Main-Gebiet und besonders in der Umgebung des Flughafens erheblich verschlechtert[14]. Mit dem Flughafenausbau und den damit zusätzlich entstehenden Schadstoffemissionen würde das Baumsterben weiter beschleunigt. Um so mehr ist es unverantwortlich, die 3 Millionen Quadratmeter Bannwald bei Kelsterbach für den Flughafen abzuholzen und damit dessen Luftreinigungs- und Klimaausgleichsfunktion auszulöschen. Damit würde die Häufigkeit von Smogsituationen im Rhein-Main-Ballungsgebiet zunehmen.

Nicht zu vernachlässigen sind die globalen Auswirkungen der Stickoxide auf die Stratosphäre, d.h. die Luftschicht oberhalb von 12.000 m. Dort sind die Stickoxide viel länger stabil als in Bodennähe. Verschiedenen Messungen zufolge hat die Stickoxid-Konzentration in der Reiseflughöhe zwischen 10.000 u. 12.000 m seit 1900 um 10-20 % zugenommen[8]. Daran ist der Luftverkehr mit bis zu 80 % beteiligt. Das NO_x bildet in der oberen Troposphäre Ozon, dessen Konzentration dort um 3-7 % angestiegen ist. Damit wird der Treibhauseffekt weiter beschleunigt. In der Stratosphäre hingegen, wo die Sauerstoffkonzentration geringer ist, baut das NO_x das Ozon ab und vergrößert das Ozonloch. Die Wissenschaftler streiten sich noch, ob dieser Ozonabbau durch NO_x den Ozon-Aufbau in der Troposphäre übertrifft. Tatsache ist jedoch, dass NO_x wesentlich an der Entstehung des Ozonloches der Stratosphäre über der Antarktis beteiligt ist. Die dadurch bedingte Zunahme der UV-B-Strahlung ist für Pflanzen, Tiere und Mensch schädlich. Die Waldschäden werden zusätzlich verstärkt, beim Menschen nimmt die Hautkrebsrate zu. Außerdem: Stickoxide haben in der Troposphäre über 20 Jahre betrachtet eine bis zu 770fache Treibhauswirkung wie CO_2, laut der Zeitschrift Nature[9].

3. Weitere ökologische Auswirkungen: Waldverlust, Zerstörung von Naturschutzgebieten und Beeinträchtigung der Vogelwelt

Seit der Festlegung des Hessischen Ministerpräsidenten auf die Nordwest-Variante am 19.8.2000 steht der Kelsterbacher Stadtwald auf der Abholzliste: 244 ha Flächenverbrauch sind geplant, davon 162 ha Wald. Die 162 ha dieses Waldes haben den Schutzstatus eines Bannwalds, so jedenfalls die aus dem Mediationsverfahren bekannten Daten. Noch nicht mal zwei Wochen später schiebt die Flughafen AG am 29.8.2000 mit einem Schreiben an den Darmstädter Regierungspräsidenten die Forderung nach weiteren 117 ha Flächenverbrauch nach, davon 97 ha Bannwald der südlichen Gemeinde Mörfelden-Walldorf. Dieser liegt teilweise im Naturschutzgebiet Mönchbruch, das durch den Bau der Startbahn West bereits verkleinert wurde. Der Flughafenausbau würde zusätzliche Infrastruktur-Einrichtungen, wie z.B. eine neue Wartungshalle für Großraumflugzeuge wie den Airbus A3XX notwendig machen. Hier bestätigt sich die Regel: eine Ausbaustufe bewirkt Forderungen nach dem weiteren Ausbau, eine unaufhaltsame Naturzerstörungsspirale kommt in Gang. Die neuen Flächenforderungen erweisen sich als bewusste Irreführung des Mediationsverfahrens. Viele Gutachten zu den ökologischen Auswirkungen des Ausbaus sind nun hinfällig. Die Ausbauforderungen steigern sich nun nahezu im Wochenrhythmus. Demnach muss in Kürze mit der weiteren Forderung nach der Südbahn, dann nach dem Flughafen Erbenheim, und irgendwann vielleicht auch nach einer Landebahn auf der Wilhelmstraße in Wiesbaden gerechnet werden. Wenn Zeppelinheim umgesiedelt wird, warum nicht auch Wiesbaden oder irgend eine andere Stadt? Was braucht es Lebensqualität in der Rhein-Main-Region, wenn es – noch – viele schöne Plätze in der Welt gibt, wo man hinfliegen kann?

Mit der bevorstehenden Abholzung eines Waldgebietes, das den Schutzstatus eines ‚Bannwaldes' besitzt, wird ein Präzedenzfall geschaffen, der gegen den Natur- und Waldschutz allgemein gerichtet ist und schon allein deshalb nicht hingenommen werden kann. Nach § 22 Abs. 2 des Hessischen Forstgesetzes ist „die Rodung und Umwandlung von Bannwald in eine andere Nutzungsart verboten." Erst am 1. April 1997 hatte der Regierungspräsident in Darmstadt 416,63 ha des Kelsterbacher Stadtwaldes zu Bannwald erklärt. Die Begründung des RP lautete wörtlich: „Durch die besondere Lage des Stadtwaldes Kelsterbach inmitten des Ballungsraumes Rhein-Main erfüllen die Waldflächen eine Vielzahl wichtiger Waldfunktionen, sodass weitere Waldverluste vor dem Hintergrund der Bedeutung dieser Waldflächen für das Allgemeinwohl nicht mehr hingenommen werden können."

Folgende ökologische Funktionen müssen nach dem Gutachten des Öko-Instituts [19] aufgegeben werden:

- der Verlust der Reinigungsfunktion des Waldes (Luftschadstoffe)
- der Verlust der klimatischen Ausgleichsfunktion und Luftregeneration für das Rhein-Main-Gebiet und insbesondere das hochbelastete Frankfurter Stadtgebiet
- der Verlust eines wertvollen Trinkwasser-Gewinnungsgebietes
- der Verlust der Erholungsfunktion des Waldes für die örtliche Bevölkerung
- Verlust von Lebensraum für eine große Zahl von Pflanzen- und Tierarten, sowie Beeinträchtigungen der ökologischen Funktionen des angrenzenden Naturschutzgebietes Mönchbruch.

Zu den ökologischen Folgen des zunehmenden Flugverkehrs nach dem Ausbau gehört auch die direkte Gefährdung des Vogelzugs und von Vogel-Brutplätzen. Beispielsweise geraten Kranich-Formationen auf ihrem Herbstzug nach Süden direkt in die Flugschneise der von Frankfurt im Minutentakt startenden Flugzeuge. Dabei lösen sich die Formationen stets auf und ordnen sich erst nach längerem Kreisen der Vögel neu[15]. Kraniche können in bis zu 1200 Metern Höhe ziehen, so dass die Gefahr einer Kollision mit Flugzeugen westlich von Wiesbaden durchaus gegeben ist. Jährlich ziehen im Frühjahr und Herbst im Raum Wiesbaden durchschnittlich 10.000 Kraniche. Die Gesamtzahl der Kraniche auf der westeuropäischen Zugroute, die quer durch Deutschland und genau über dem Rhein-Main-Gebiet verläuft, liegt bei etwa 100.000[17]. Entsprechend hoch ist das Risiko von Zusammenstößen mit Flugzeugen bei dem zunehmenden Flugverkehr am Frankfurter Flughafen anzusetzen, wenn auch die Flugsicherung vorgibt, mit ihrer Radarüberwachung angeblich auch den Vogelzug im Griff zu haben.

Dazu kommt noch die Gefährdung von Brutplätzen von Graureihern, Kormoranen und Saatkrähen in der Umgebung der Staustufe Eddersheim, die genau in der Einflugschneise der geplanten Nordbahn liegen würden. Nach Angaben der Staatlichen Vogelschutzwarte Hessen/Rheinland-Pfalz bestehe dann die Gefahr, dass die Vögel in die Triebwerke der anfliegenden Maschinen gerieten, was zu deren Absturz führen könne[16]. Offenbar wird eine zunehmende Gefährdung der Bevölkerung durch Flugzeugabstürze infolge von ‚Vogelschlag' von den Planern des Ausbaus billigend in Kauf genommen.

4. Der aktuelle Trend in der Verkehrspolitik und dessen Auswirkungen für die Umwelt

Nicht nur in Frankfurt, sondern überall in Deutschland und der Welt werden Flughäfen ausgebaut. Grund: Die Zahl der Flüge steigt mit zunehmender Tendenz an (s. nebenstehende Tabelle), bedingt offenbar durch ein steigendes Bedürfnis nach Kurztrips überall hin in der Welt: zum Shoppen nach New York am Wochenende, 4 Tage China von Hongkong bis Peking, zum Musical-Abend nach Paris und gleich wieder zurück. So wie abends durchs Fernsehprogramm zappt man sich von Reiseziel zu Reiseziel, man hat sich's ja verdient bei dem Alltagsstress.

Und diesem Bedürfnis passen sich die Reisebranche, die Fluglinien und die Infrastrukturen der Flughäfen an. Wenn Frankfurt da nicht mithalte, würden andere Flughäfen den Markt erobern, so begründet FAG-Chef Bender immer wieder die Ausbaupläne[3]. So sind es einerseits die ständig steigenden ‚Reproduktionsbedürfnisse', die einen immer größeren Aufwand an Ressourcen und Umweltbelastungen bedingen, und andererseits die angeblich natürlichen Wachstumsgesetze der Wirtschaft, die in einem sich gegenseitig verstärkenden Teufelskreis zu unermesslicher Umweltbelastung sich aufschaukeln.

Als Folge der Globalisierung und des dadurch sprunghaft erhöhten Welthandels steigt die Menge der zu transportierenden Güter dramatisch an[5]. Die Möglichkeit, Waren per Internet zu bestellen, treibt das Transportaufkommen in die Höhe, so dass es sich bis 2004 verzehnfachen wird. Das Just-in-Time-Management ermöglicht den Unternehmen die Einsparung des Baus von Lagerhallen. Flugzeuge und LKW werden somit zu beweglichen Lagercontainern, die sich dann auch rentieren müssen. Da die Nachfrage nach dieser speziellen Verkehrsinfrastruktur immer

Flugziele bzw. Abflug-Orte	Anzahl der Passagiere (Mio.)	Zuwachs in % zum Vorjahr
deutsche Flughäfen	66,9	6,8
Inlandsverkehr	20,9	5
Flüge ins Ausland	46,0	7,7
europäische Ziele	34,5	-
EU-Länder	26,6	9,8
Amerika	-	5,5
Asien	-	3,5
Afrika	27,2	-
Australien	48,0	-
Fracht	2 Mio. t	5,6

Tabelle: Die Zahl der Flugreisenden in Deutschland stieg 1999 weiter stark an[4].

mehr steigt, nimmt der Druck auf Regierungen und Flughafengesellschaften entsprechend zu, die Flughäfen weiter auszubauen. Sind deren Kapazitäten erst einmal vervielfacht, wird eine umweltfreundliche Reform dieses ökologisch irrsinnigen Verkehrskonzeptes immer unwahrscheinlicher.

Billigflüge aus der Provinz führen in Deutschland zu einem Boom der Regionalflughäfen, die fast alle nach dem Flughafenkonzept der Bundesregierung vom 30.8.2000 ausgebaut werden sollen, so auch Kassel-Calden in Nordhessen, wo sich bereits Widerstand der Anwohner formierte[6]. Nach einem ‚Thesenpapier zur Flughafenpolitik' des Bundesverkehrsministeriums von 1999 sollen ferner alle die Großflughäfen erweitert und die Startbahnen in der Provinz ausgebaut werden, um mehr Direktverbindungen von Verkehrs- und Regionalflughäfen zu schaffen. Damit werden alle bisherigen Bemühungen zur Verminderung von Inlandsflügen durch verbesserte Bahnanbindungen blockiert. Das gerade beginnende Umdenken zu mehr Sparsamkeit im Luftverkehr wird somit zurückgenommen. Auf diese Weise unterstützt die Bundesregierung ausdrücklich die Bemühungen der CDU/FDP-Landesregierung in Hessen für den Flughafenausbau in Frankfurt und übernimmt sogar die Theorie vom Arbeitsplatzgewinn, die durch einige Gutachten bereits widerlegt ist. Stagnation bedeute Rückschritt, heißt es im Flughafenkonzept, und die „Bedeutung des Standorts Deutschland für die Sicherung der Wirtschaftstätigkeit auf internationalen Märkten" soll die zu erwartende Natur- und Umweltzerstörung aufwiegen[11].

Fazit: Damit wird der aktuelle Trend deutlich, dass Regierungen aus angeblich natürlichen Sachzwängen der Globalisierung der Wirtschaft dem unbegrenzten Wachstum des Flugverkehrs den Vorrang geben vor anderen Regierungszielen wie dem öffentlichen Gesundheits- und Umweltschutz. So verabschiedet sich die rot-grüne Bundesregierung endgültig vom Umweltschutz und macht sich zum Handlanger derjenigen Kräfte der Gesellschaft, für die das unbedingte Wirtschaftswachstum auf Kosten von Natur- und Umweltschutz ein Dogma darstellt. Die grüne Bundestagsfraktion muss sich den Vorwurf gefallen lassen, aus opportunistischen Gründen ihres Machterhalts von ihren früheren programmatischen Grundsätzen abgegangen und ihrer grünen Basis am Ort des Flughafenausbaus in den Rücken gefallen zu sein.

Literatur

(1) **Dirk Matzen**: Tatort Himmel – Der Flugverkehr zerstört die Umwelt. Verlag Die Werkstatt, 1991, S. 26, 32 f.; und Deutsche Gesellschaft für Luft- und Raumfahrt, zit. in: Flugverkehr – Wachstum auf Kosten der Umwelt, Broschüre VCÖ, VCD (Hrsg.), Wien 1997

(2) **Bach, W., Gößling, S.**: Klimaökologische Auswirkungen des Flugverkehrs. GR 48 (1996), S. 54-59

(3) **Start frei**, Zeitung der FAG, Extra-Ausgabe Sommer 2000, S. 2

(4) **WK**, 26.2.00 (AP): Immer mehr Flugreisende

(5) **Spiegel** 22, 29.5.00: Paketflut in der Nacht

(6) **WK**, 26.6.00, und **WK**, 31.8.00, dpa: Mehr Flüge und mehr Jobs – Flughafenkonzept der Bundesregierung

(7) **Greenpeace-Magazin** 4, 2000, S. 50-51

(8) **Robin Wood**: Broschüre „Der Traum vom Fliegen", Nov. 1997, S.12

(9) **Johnson, C., Henshaw, J., McInnes, G.**: Impact of Aircraft and Surface Emissions of Nitrogen Oxides on Tropospheric Ozone and Global Warming. Nature 355 (1992), S. 69-71

(10) **VCD-Presse-Information** vom 5.12.98 unter http://www.apc.de/vcd/pe971205.htm

(11) **WK**, 26.6.00, dpa

(12) **Spektrum d. Wissenschaft**: Juni 1989

(13) **WK**, 31.8.00, mt

(14) **WK**, 9.11.00, dpa; und **Hess. Landesregierung** (Hrsg.): Waldzustandsbericht Hessen, 2000

(15) **NABU und HGON Wiesbaden**: Kranichzug-Zählung im Raum Wiesbaden, im Internet unter: http://ww.main-rheiner.de/homepage/hans-ulrich.hill/kranich2.htm

(16) **WK**, 9.11.00, dpa; **Hessischer Rundfunk**: 3. Fernsehprogramm, Hessenschau 8.11.00

(17) **Mewes, Nowald**: Prange: Kraniche – Mythen, Forschung, Fakten. G. Braun-Verlag, Karlsruhe, 1999. Hrsg. Deutsche Lufthansa

(18) **Umwelt und Prognose-Institut e.V.**: UPI CO2-Bilanz, UPI-Bericht 33, 2000, siehe unter http://www.upi-institut/upi33.htm

(19) **Öko-Institut Darmstadt**: Ergebnisse der Arbeiten zu Ö14: Natur, Wald, Kleinklima. Endversion der Mediationsgruppe vom 28.1.2000

(20) siehe auch im Internet die interessante Seite zum Thema Flugverkehr und Klima der Hamburger BI gegen Fluglärm unter www.fluglaerm.de/hamburg/klima.htm, sowie weitere Internetseiten zum Thema Klima und Flugverkehr: http://www.ethz.ch; http://www.flugverkehr.ch; http://www.bund.net

„Ich hätte mit einem Molli niemals diesen Zorn auf mich ziehen können wie mit meinem Fotoapparat"

Warum politische Fotografie staatliche Verfolgung nach sich ziehen kann

Fragen an Klaus Malorny von Thomas Klein im Mai 2001

Wann hast Du angefangen zu fotografieren? Zu welcher Zeit entstanden die ersten Bilder im Startbahn-Wald?

Im Herbst 1981 erzählte mir mein Freund Benno, dass im Startbahn-Wald ein Hüttendorf gebaut wird. Danach bin ich mit einigen Leuten raus in den Wald und habe mir das angesehen.

Im Wald, mitten auf der zukünftigen Trasse, hatten verschiedene Ortsgruppen Hütten gebaut. Die erste war die Walldorfer Hütte – ein großes Rundhaus mit vielleicht 15 m Durchmesser. Es stand auch eine Kirche dort und viele Hütten der verschiedenen Ortsgruppen.

Es gab eine Schreiberei, ein großes Küchenhaus und ein Haus, in dem Kleider gelagert wurden, aus Kleiderspenden. Ein Teil der Hütten war in den Boden eingelassen, andere waren 10 m hoch in den Bäumen.

Bist Du zu dieser Zeit schon in einer BI aktiv gewesen?

Nein. Mit Benno hatte ich an einem Stadtteilentwicklungsplan-Kurs teilgenommen. Da gab es 1978 Gruppen, die sich im Bürgerhaus trafen, um Stadtplanung zu machen, die dann zum Teil sogar umgesetzt wurde. In Frankfurt a. Main gab es wohl die erste verkehrsberuhigte Straße, hier in der Adolfstraße, als Ergebnis dieses Kurses. Mit Benno bin ich raus in den Wald gefahren, habe mir eine Kamera von einem Freund geliehen und habe so wieder angefangen zu fotografieren.

„Kamera geliehen" heisst, Du bist damals kein Fotograf, schon gar nicht einer mit einem professionellen Anspruch gewesen?

Richtig. Ich hatte bestimmt 30 Jahre nicht fotografiert. Mein Vater war Leica-Fotograf; aus dieser Zeit kannte ich die Leica. Mein Freund, mit dessen ausgeliehener Kamera ich zunächst in den Wald ging, hatte auch eine Leica. Mit der sind die ersten Fotos entstanden. Und weil ich ja noch nicht routiniert fotografieren konnte, habe ich mir dann die gleiche Leica gekauft, damit ich von ihm Tipps bekommen konnte. So sind 1981 die ersten Bilder vom Hüttendorf entstanden.

Daran gemessen, dass Du in den Jahren danach tausende von Filmen voll geknipst hast und heute Deine Bilder sogar in Foto-Galerien gezeigt werden, muss Dich die Atmosphäre im Hüttendorf und die Art, wie sich Menschen hier gegen ein Großprojekt zur Wehr gesetzt haben, ganz

Foto: unbekannter Kollege / Archiv Elke und Klaus Malorny, Klaus bei der Arbeit (o. Datum)

offenkundig fasziniert haben – und zwar so sehr, dass bemerkenswerte Fotos entstanden?

Ja, das Hüttendorf war eine faszinierende Angelegenheit. Es war, schon aufgrund des Baumaterials, ein völlig anderer Baustil, insgesamt sehr ökologisch. Allerdings im Winter sehr zugig und nur sehr primitiv geheizt. Doch nicht nur baulich war dort alles vollkommen anders. Auch die Form des Zusammenlebens war eine andere, als wie wir das so in unserer Straße gewöhnt sind. Die Belange des Hüttendorfes wurden in Sprecherräten und in täglichen Sitzungen besprochen. Es gab eine richtige, basisdemokratische Politik.

Insgesamt waren das Zusammenhänge ganz anders als das, was wir gemeinhin kennen. Es gab dort ein bunt gemischtes Volk: Lehrer, die von dort aus morgens in die Schule fuhren. Studenten, die Semester haben ausfallen lassen, um sich dort ganz einzubringen. Man hat dort seine Karriere und seinen Beruf danach ausgerichtet bzw. hinten an gestellt. Das wäre heute gar nicht mehr vorstellbar – bei dem Karrierestreben und der Abhängigkeit vom Arbeitsplatz, keine Chance einen neuen zu finden und all diese Dinge. Die machen den Widerstand von damals und heute auch so unterschiedlich.

Das Hüttendorf wurde natürlich auch getragen von Walldorfer Bürgern, die Dachpappe raus brachten, die Bauholz stifteten und vieles andere mehr. Das war die andere ‚Fraktion'. Darunter waren zum Beispiel auch Frauen, die vor den Sonntagsbesuchen – das Hüttendorf war ja sonntags ein Anlaufplatz, ein Treffpunkt und eine Stelle, um sich zu informieren – gründlich samstags im Hüttendorf aufräumten. Mit Gummihandschuhen sind die dann zugange gewesen und haben dort sauber gemacht.

Das führte durchaus zu Konflikten. Denn es lebten dort ja nicht nur Leute, die sozusagen freiwillig dort waren, sondern auch solche, die keine Wohnung hatten. Und das Putzen wurde dann teils auch als Eingriff in einen selbstbestimmten Lebensstil begriffen.

Das Ganze positiv formuliert: Es gab eine Dich und viele andere faszinierende, heterogene Zusammensetzung, ein Zusammenleben und Zusammenkommen von Menschen, die normalerweise nichts oder zumindest wenig verbindet. Nochmals zum Punkt Fotografieren: Wann ist das für Dich gekippt, wann war es kein ‚mal Fotos schießen' mehr? Und daran anknüpfend, die Frage: Hast Du Deine Fotos auch verkauft?

Zunächst einmal: Wirklich politische Fotografie ist nur politisch, wenn sie kein Geld abwirft in dieser Gesellschaft. Die von mir gemachten Bilder sind von der Gesellschaft weder gewollt, noch gefragt. Sie müssen störend sein und schon deshalb ist es schwierig damit Geld zu verdienen. Es sei denn, man hat das Foto von irgendeinem Attentat drauf, z.B. das Foto von dem Schützen, wie der da steht und die zwei Polizisten im Startbahn-Wald erschießt – also die Ereignisse von 1987. Da wurden mir 50-70.000 Mark geboten. Aber ich hatte das Foto nicht und ich hätte es auch nicht verkauft. Verkauft habe ich Startbahn-Bilder praktisch nie. Es hat mal das ein oder andere Honorar gegeben, wenn irgendein Foto wichtig war, aber das hatte mit Geld verdienen im Grunde nichts zu tun.

Aber es gab doch sicher Bemühungen von Zeitungen an bestimmte Fotos heranzukommen. Das Beispiel von den Schüssen 1987 hast Du schon genannt, dann gab es ja si-

cher auch Fälle, wo Du sagen konntest, es ist im Interesse der Startbahn-Bewegung, wenn dieses Bild veröffentlicht wird?*

Natürlich. Aber ich habe auch eine Schere im Kopf. Ich zensiere das was von mir rausgeht, allein von der Auswahl des Fotos, welches ich mache, zu welchem Termin ich gehe, welche Aktion ich mir ansehe, was ich auf einem Bild festhalten will. Und genauso verhält es sich mit einem Foto, das ich herausgebe an irgendeine Zeitung, weil es mir wichtig erscheint, dass es veröffentlicht wird, und ich die Chance habe, dass es wirklich erscheint.

Dann überlege ich mir noch mal, ob ich das wirklich heraus gebe, und lege auf jeden Fall die Textzeile fest, die das Foto haben soll. Das ist mir ganz wichtig: Dass die Fotos nicht „gedreht" werden, denn man kann Fotos durch eine entsprechende Textzeile auch inhaltlich drehen.

Die Frage hatte auch den Hintergrund: Wenn Du als Journalist oder Fotograf arbeitest, bist Du ja normalerweise froh, wenn Deine Sachen veröffentlicht werden, wenn ein Honorar herausspringt – darauf bist Du aber nie angewiesen gewesen?

Nein. Ich habe ja meinen Beruf, ich bin Goldschmied und restauriere seit einigen Jahrzehnten Antiquitäten. Davon lebe ich. Das Fotografieren ist politisches Wollen. Ein Hobby kann man es nicht nennen. Ich habe mich da schon sehr professionalisiert, damit die Bilder eine bestimmte Qualität haben. Nur gute Bilder haben eine Chance veröffentlicht zu werden.

Aber selbst inhaltlich gute Bilder werden nicht allzu oft veröffentlicht. Ein Beispiel: Ich hatte durch die Fürsprache von einem Freund einmal die Möglichkeit ein paar Fotos in eine der großen Agenturen zu bringen. Der dortige Redakteur war begeistert. Der sagte: „Sowas muss man mal veröffentlichen." Aber dessen Boss hat nur getobt „Wir sind doch hier kein politisches Seminar!" Und ich bin hochkant mit meinen Fotos wieder rausgeflogen, weil die Bilder zu sehr Tendenz zeigten, weil sie meine politische Auffassung zu den Vorgängen an der Startbahn widerspiegelten. Das war für die Presse, die unsere normale Gesellschaft bedienen soll, unverdaulich.

Deine Fotos sind, das ist sehr deutlich, aus einem bestimmten Blickwinkel entstanden, der dafür steht, dass Du Teil der Bewegung gewesen bist.

Richtig. Das ist die für mich entscheidende Frage. Ob man geschützt aus der zweiten Reihe hinter der Polizei die Demonstranten fotografiert, oder ob man mitten zwischen Steine werfenden Demonstranten steht, den Wasserstrahl der Wasserwerfer in der Fresse und dann mit dem Fotoapparat festhält: Was kommt von der Gegenseite. Wie reagiert der Staat auf unser Neinsagen.

War es schwierig die Filme aus dem Startbahn-Wald heraus zu bekommen? Du warst ja bei der Polizei schon bald bekannt, auch gehasst. Du bist selbst verprügelt worden und hast sicher gelegentlich Mühe gehabt Deine Filme zu ‚retten'? Welche Erfahrungen hast Du hier mit der Polizei gemacht?

Klar ist: Das Fotografieren solcher politischen Anlässe unterliegt gewissen Regeln, gewissen gesetzlichen Vorgaben und die Polizei legt diese Regeln sehr eng aus und fühlt sich durch Fotografen in ihrem Vorgehen gestört. Das ist der erste Punkt, warum alle, die sichtbar die Polizei kritisch fotografieren, sehr stark angegangen werden.

Das erste Mal, dass mir ein Film im Startbahn-Wald weggenommen wurde, da war ich erst vier, fünf Wochen mit der Kamera unterwegs. Ich war in eine Gruppe Zivilpolizisten hineingeraten. Die sahen aus wie Startbahngegner, sie hatten Helme auf und die gelben Friesennerze an. Sie trugen Palästinensertücher und hatten Äste und Knüppel in den Händen. Die sahen so richtig wild nach Startbahngegner aus. Sie ‚rochen' aber irgendwie anders. Und diese Gruppe habe ich fotografiert. Es hat dann gar nicht lange gedauert und ich wurde festgenommen und der Film wurde mir abgenommen. Nach einigen Wochen mussten sie mir den Film wieder geben, ich hatte ja eigentlich nichts Verwerfliches fotografiert. Aber sie haben ihn erst einmal kassiert. Und das ist mir dann in den späteren Jahren nicht mehr passiert.

Ab diesem Zeitpunkt habe ich besser aufgepasst. Wenn ich das Gefühl hatte, ich habe auf dem Film irgendetwas, was mich interessiert, was wichtig ist, dann habe ich dafür gesorgt, dass ich den Film bei einer Durchsuchung nicht habe. Ich habe z.B. Filme an Leute weitergegeben. Da muss man natürlich genau darauf achten, wer da in Frage kommt: Es gibt welche, die haben ein so unscheinbares Auftreten, dass sie durch die dickste Polizeikontrolle kommen. Oder – wenn gar niemand mehr da war, wenn man mitten im Wald steht, dann habe ich auch Filme versteckt, im Boden vergraben.

Gab es denn Situationen, wo Du ganz allein der Polizei gegenüber gestanden hast?

Ja, in Hanau. Anlässlich einer Nukem/Alkem-Demo, also einer Demonstration gegen die Atomfirmen. Da hat ein Polizist über die Köpfe der Demonstranten Warnschüsse abgegeben, weil er nicht wollte, dass die in Richtung Wald gehen. Die Polizei wollte, dass die auf der Straße laufen. Und wir wollten durch den Wald eine Abkürzung nehmen.

Und so stand der Polizist mit einem Kollegen an seinem Auto, die Autotür stand offen, mit gezogener Pistole, beide Hände an der Waffe. Der hat dann auf mich gezielt, und ich auf ihn – mit meiner Kamera. In dieser Situation, ich hatte ein Blitzlicht drauf, ich wusste: Wenn ich jetzt fotografiere, sieht er das.

Der Polizist rief zu mir rüber: „Kommen Sie her, wir wollen den Film!" Und dann habe ich hinüber gerufen: „Das ist nicht!" Und so standen wir uns gegenüber. Er im Anschlag, ich im Anschlag, dann habe ich abgedrückt und bin getürmt. Den Film habe ich natürlich sehr schnell raus genommen und im Wald vergraben und ein paar Stunden später geholt.

Das Bild kam dann abends in der Hessenschau. Im Fernsehen war es als Hintergrund zu sehen, vor dem dann der Innenminister in der Hessenschau erklärte, eine Gruppe von Chaoten hätte ein Polizeiauto angegriffen. Das Auto sei umringt gewesen von Chaoten und deswegen hätte der Polizist Warnschüsse abgegeben. Dieses Bild im Hintergrund war natürlich ‚eckig' für die, das hat die enorm gestört.

Wegen solcher Situation und solcher Bilder war ich bei der Polizei ein sehr gehasster Mann. Es ist erstaunlich, zu welch einem scharfen Mittel ein solches Foto, der Vorgang des Fotografierens werden kann. Ich hätte mit einem Molli niemals diesen Zorn auf mich ziehen können wie mit meinem Fotoapparat.

Du hast, indem Du auch Polizei-Übergriffe festgehalten hast, der Staatsmacht einen Spiegel vorgehalten – und der Blick in den Spiegel hat offenkundig ungemein provoziert. Neben einschlägigen Erfahrungen mit der Polizei hast Du auch zweifelhafte mit der Justiz machen müssen – was ist Dir da besonders in Erinnerung geblieben?

Die Justiz ist erst einmal verantwortlich für Hausdurchsuchungen, die die Polizei durchführt, zumindest dann, wenn nicht „Gefahr im Verzug" ist. Dann kann die Polizei auch überraschend kommen. Genau dieser Fall ist mal nach einem umgesägten Mast eingetreten.

Damals ist nach dem GAU in Tschernobyl hier irgendwo in Hessen ein Strommast umgesägt worden. Und unter denen, die diese Aktion durchführten, war eine Startbahngegnerin. Bei dieser Sache ist die Frau durch Stromschläge so schwer verletzt worden, dass sie schwerste Verbrennungen hatte und schlechte Chancen, das Ganze zu überleben.

Diese Schwerverletzte ist damals, von den anderen, die an der Aktion beteiligt waren, hier sozusagen angeliefert worden: Ich bekam mit, dass sie mit einem Mal bei mir im Hof lag und ich dachte sofort: „Jetzt gibt es nur eins: Sofort ins Krankenhaus oder sie stirbt." Diese Frau war in einem schrecklichen Zustand, das war eine der schwierigsten Situationen, die ich je erlebt habe. Und nachdem ich sie ins Krankenhaus gebracht hatte, war kurze Zeit später die Polizei en masse im Hof. In solchen Situationen kommt die Polizei, ohne dass sie dir einen Hausdurchsuchungsbefehl zeigt.

Nun zur Justiz: Bei mir wurde eine Zeit lang immer mal wieder versucht, irgendwelche Beweisfotos zu bestimmten Aktionen zu holen. In solchen Fällen stellt ein Richter einen Hausdurchsuchungsbefehl aus und dann kommen Staatsanwaltschaft und Polizei und legen los. Das hat etliche Male stattgefunden. Ich hatte meine Filme in der Regel nicht im Haus und ich habe natürlich nicht jede Straftat, die es gab, fotografiert und natürlich gab es auch andere Leute an der Startbahn, die mal ein heikles Foto gemacht haben. Insofern haben die Durchsuchungen nichts ergeben, sie haben immer ins Leere gegriffen.

Irgendwann hatte sich das dann auch bei der Justiz herumgesprochen – das war so auch in den Akten zu lesen –, dass es bei mir nichts zu holen gibt.

Dir ist ja sogar mal ‚der Prozess' gemacht worden ...

Ja, das stimmt. Sie wollten mich ganz offenkundig als Fotograf, als Bilderlieferant, loswerden. Das wurde mit allen Mitteln versucht. Aber das hat nicht geklappt. Prügel hat nicht richtig funktioniert und irgendwann kamen sie wohl auf die Idee, es mal mit einem Prozess zu versuchen.

Also, es wurde ein Prozess gegen mich angestrengt „wegen Aufrufs zum Totschlag." Ich soll dazu aufgerufen haben, zwei Männer eines privaten Sicherheitsdienstes „totzuschlagen". Der Hintergrund: Zum hundertsten Sonntagsspaziergang wurde aus der Startbahn-Bewegung heraus ein Strommast umgelegt, der für die neue RWE-Trasse, zur Umgehung der Startbahn notwendig geworden war.

Es gab mal den BI-Beschluss: Alles was die Betreiber der Startbahn in den Wald bringen, versuchen die Startbahn-Gegner wieder hinaus zu schaffen. Die Mauer wurde dabei am meisten angegangen, aber es ging bei der Umsetzung dieses Beschlusses auch gegen Beleuchtungsanlagen, und das richtete sich dann auch mal gegen einen Maststumpf, also einen noch nicht fertigen Strommast. Da ist in der Startbahn-Bewegung eine neue Methode entwickelt worden. Bei früheren politischen Aktionen wurden Masten, wenn die weg sollten, gesprengt. Das war eine technisch kriminelle und gefährliche Herangehensweise, dabei hatten sich Menschen ja sogar aus Versehen in die Luft gesprengt. Aus der Startbahn-Bewegung heraus wurde eine Methode entwickelt, mit der eine solche Aktion mit fast haushaltsüblichen Mitteln zu machen war, nämlich mit einer ganz gewöhnlichen Eisensäge.

Zum 100. Sonntagsspaziergang wurde der Mast entsprechend vorbereitet, also nachts die vier Füsse abgesägt, und Sonntag nachmittags mit einem Seil einfach umgelegt. Das war eine ungeheuer wirkungsvolle Aktion. Und seitdem stand dann an jedem dieser Maststümpfe Bewachungspersonal der Flughafen AG (FAG). Diese Leute hat man sich dann sonntags angeschaut.

Irgendwann standen wir einmal, vielleicht so dreißig, vierzig Leute, zwei dieser Wachmänner gegenüber. Der eine lümmelte am Auto mit einer Dose Cola und der andere stand – seine Hund an der Leine – mit dem Rücken an das Auto gelehnt.

Zunächst standen wir uns nur gegenüber, doch dann ließ der eine den Hund los. Ich hatte vorher diese absurde Situation, wie diese zwei den Mastrumpf eifrig bewachen, fotografiert – und auf einmal sehe ich durch den Sucher, wie der Hund angelaufen kommt. Ich dachte, jetzt geht er an mich, aber er ging meinem Freund neben mir an die Hose, und das habe ich dann natürlich auch fotografiert.

Ich hatte gerade Weitwinkel eingestellt, also so richtige ‚Chaoten-Optik' – gab total schiefe Bilder. Aber es war alles zu sehen. Der Hund an der Hose, und der Hundeführer im Hintergrund war auch zu sehen. Außerdem auch noch das Auto, wo der andere immer noch mit seiner Dose Cola herumlümmelte. Mit diesem Bild ist Peter, der vom Hund gebissen wurde, gegen die FAG vorgegangen. Er stellte Strafanzeige wegen Loshetzen des Hundes, wollte Schadensersatz, was man dann eben so macht.

Die FAG hatte durch das Foto in den Akten meine Adresse und reagierte mit einer Strafanzeige gegen mich: Wegen „Aufruf zum Totschlag". Nun, das ist dann schon ein Offizialdelikt. Da muss der Staatsanwalt ermitteln, ob er will oder nicht. Ich habe mir die Bilder dann noch einmal angeschaut und habe nur gegrinst.

Mit welcher Begründung haben die denn Strafanzeige wegen „Aufrufs zum Totschlag" gestellt – sie müssen sich doch dabei irgendetwas gedacht haben? Das Ganze ist zwar offenkundig völlig absurd, aber wie kamen sie auf diesen Unsinn?

Die Begründung lautete in etwa so: Hundert Chaoten hätten mit Knüppeln und Betonbrocken diese zwei Wachmänner angegriffen und der Peter habe ein Messer in der Hand gehabt. Es sei versucht worden, das Auto umzuwerfen. Das habe schon auf zwei Rädern gestanden, und zu dieser irren Behauptung

Foto: ©Klaus Malorny/Besuch am Bauzaun der Startbahn West (29.8.1982)

gehörte dann noch, dass ich die anderen zu diesen vermeintlichen Taten ermutigt hätte.

Tja, und so gab es tatsächlich sogar noch einen Prozess. Zunächst in Groß-Gerau, im dortigen Gericht. Das Ganze fing damit an, dass die Startbahn-Gegner die Türen des Gerichts aushängten, weil der Saal zu klein war. Als die vom Gericht gemerkt haben, dass der Prozess so nicht laufen kann, sind wir alle umgezogen in den großen Sitzungssaal des Landratsamtes: Als Protestzug, mit Transparenten vorneweg, das war wirklich irre.

Dann haben wir zunächst in dem Landratsamt getagt, und, da das ganze Theater über drei Tage ging, anschließend noch in der Turnhalle. Wir saßen da oben, wo normalerweise die Funkenmariechen tanzen, das Publikum saß unten im Saal und bekam ein ganz besonderes Schauspiel geboten.

Um es kurz zu machen. Am Ende kam ein Freispruch heraus, weil schnell klar wurde, dass die Anschuldigungen nicht stimmen konnten. Meine Fotos zeigten eine Cola-Dose schräg auf dem Autodach stehen, bis zum letzten Moment, auch nach dem Hundebiss. Wenn das Auto wirklich jemand auch nur angefasst hätte, wäre die sofort runtergefallen. Ich habe vor dem Prozess gedacht: „Das Ganze macht doch Öffentlichkeit gegen die Startbahn und gegen die Herangehensweise der Betreiber. Die müssen sich doch die Bilder mal ansehen und merken, dass sie da mit Zitronen handeln." Aber das war wohl nicht der Fall.

Mein Anwalt wollte wer weiss was für Zeugen laden. Ich habe damals gesagt: „Das machen wir nicht. Ich habe die Fotos. Und das probieren wir nur damit. Kein Beweisantrag, nichts."

Auf den Bildern war die schräg auf dem Dach stehende Cola-Dose zu sehen, keine Knüppel, keine Betonbrocken – und so wurde ich mit Antrag vom Staatsanwalt in diesem Theater freigesprochen. Es hat da jeder seine Rolle gespielt, der Anwalt, der Richter, das Publikum, ich auch. Ich nehme mir heute allerdings übel, dass ich nicht sofort nach dem Freispruch gleich runter ins Publikum oder einfach aus dem Saal gegangen bin.

Mein Idee war eigentlich: Eine Urteilsbegründung für einen solch absurden Prozess habe ich mir nicht anzuhören.

Mein Anwalt war sehr dagegen, der sagte: Du musst vielleicht noch viele Prozesse mit diesem Gericht führen und hat mich gebeten, da oben sitzen zu bleiben. Heute würde ich einfach gehen, dieses absurde Theater würde ich mir dann nicht bis zum Ende antun.

Zu welchen Anlässen, außer an der Startbahn, hast Du noch fotografiert; anders gefragt: Hattest Du Deine Kamera immer dabei, auch bei anderen Demos, Aktionen, Kundgebungen?

Ich habe mich zunächst in erster Linie als Demonstrant, als Kritiker dieser Gesellschaft und erst in zweiter Linie als Fotograf begriffen. Das große Plus bei der Startbahn-Bewegung war, dass wir, anders als manche Ein-Punkt-Bewegungen einen breiteren Blickwinkel hatten. Es gab damals eine ganze Menge kritischer Ansätze: gegen Atomkraft, gegen Krieg, zu Menschenrechtsfragen, die eben nicht nur die Startbahn betrafen. Und für mich ging es darum solche Kritik auch im Foto ‚herüberzubekommen', das festzuhalten.

Ich habe bei der in Wiesbaden gezeigten Ausstellung Startbahn-Bilder ausgewählt. Aber man könnte auch eine Ausstellung mit Wackersdorf-Bildern machen oder zur US-Air-Base, zu Ramstein oder auch zu Mutlangen.

Ich habe zusammen mit Prominenten auch mal vor dem Pershing-Stützpunkt in Mutlangen gesessen. Das war eine völlig andere Herangehensweise als an der Startbahn, mehr theoretisch, man saß halt da, mehr war da nicht. Aber das hat natürlich auch Wirkung. Das war ein Stil, der mir ebenfalls gefallen hat. Ich bin da offen in den Austragungsformen.

Nun zu einem anderen Punkt: Du hast Akteure dabei fotografiert, wie sie z.B. Steine geworfen und illegale Sachen gemacht haben. Das zeigt ja nicht nur, dass Du oft mitten im Geschehen warst, sondern es ist ja auch ein Vertrauensbeweis derjenigen, die sich da von Dir haben fotografieren lassen – zumindest dann, wenn sie das mitbekommen haben. Denn diese Fotos wären unter Umständen, wenn Polizei und Justiz sie in die Hände bekommen hätten, mit negativen Folgen behaftet gewesen.

Natürlich hatte ich irgendwann den Ruf, dass ich mit den Filmen versuche, für die Bewegung nützlich umzugehen. Es war auch klar, dass ich kein Polizei-Spitzel bin.

Außerdem waren an der Startbahn die illegalen Aktionen nicht ein so großes Geheimnis. In der bereits angesprochenen Ausstellung, die in Wiesbaden zu sehen war, hingen lauter Fotos von nicht angemeldeten Demonstrationen. Die Fotos zeigen spontane Aktionen, keine mit der Polizei verabredeten Sachen. Ich habe sogar unbewusst kein Foto herausgesucht vom sog. ‚Nackten-Samstag'.

Das ist mir erst hinterher klar geworden. Dass war eine Aktion, die war mit der Polizei abgesprochen. Obwohl wir, das Gros der Demonstranten, das nicht wussten. Das war eine Gruppe von vielleicht fünfzig Leuten, die das in der Hand hatten, und die Aktion an diesem Tag umgebogen haben, im Sinne der Absprache mit der Polizei …

… das Ganze hatte damals dann nur noch einen rein symbolischen Charakter?!

Genau, sie haben eine symbolische Aktion daraus gemacht. Vorgesehen war ursprünglich aber etwas anderes: Dass die gesamte Menge der anwesenden Menschen, die an diesem Tag im Wald war, auch über den NATO-Stacheldraht geht, den Bauplatz besetzt. Dieser Bruch mit der geplanten Aktion hat in meinem Unterbewusstsein wohl Spuren hinterlassen – ich habe die Fotos dieser Aktion bei meiner Auswahl, gar nicht bewusst, heraus gelassen.

Zu den Aktionen an der Startbahn: Viele Fotos sind bei ungeplanten Aktionen entstanden. Das Mauerstreben-Knacken war einfach ‚sonntäglicher Alltag', oder dass auch mal ein Molli über die Mauer flog. Dahinter standen keine Riesenplanungen, das war immer möglich. Genau diese Spontaneität muss man der Startbahn-Bewegung zugute halten.

Ungewöhnlich dabei war ja auch die Akzeptanz, unterschiedlichste Aktionen mitzutragen; also sich nicht in verschiedene Fraktionen, die sich von einander distanzieren oder dergleichen, aufspalten zu lassen.

Die Aktionen wurden sogar zum Teil soweit tatsächlich mitgetragen, dass auch die Walldorfer Bürger, die sich mit ihren Fahrrädern an den Sonntagsspaziergängen beteiligten, zum Hassobjekt der Polizei wurden. Da gibt es wirklich Bilder, wo zu sehen ist, wie Polizisten auf ein Fahrrad einprügeln, weil das im Weg steht. Also, wenn die losgelassen sind, prügeln die auf alles ein, sogar auf ein Fahrrad.

Damals gab es eine breite soziale Zusammensetzung der Bewegung und eine Herangehensweise, die war schon sehr ungewöhnlich, etwas ganz Besonderes.

Wenn Du sagst, da gab es eine Vielfalt, sicher auch eine grosse Entschlossenheit – siehst Du heute noch Vergleichbares?

Bis vor wenigen Wochen hätte ich gesagt: Ich erwarte so etwas im Moment nicht. Doch der Atommülltransport im Frühjahr 2001 im Wendland hat mich eines Besseren belehrt. Ich bin erstaunt gewesen, was für wirkungsvolle und sichtbare Aktionen da gelaufen sind.

Dass es da einer schafft, durch die Polizeikette zu kommen und auf den Zug zu klettern, um nur mit seiner Person da oben drauf zu stehen und zu sagen: „Ich will das hier nicht, und die Polizei ist mir wurscht, ich stehe hier trotzdem." Das ist eine Form von Protest gewesen, die habe ich momentan gar nicht erwartet. Das gilt auch für die Aktion, wo sich die vier Leute im Gleisbett einbetoniert haben. Das hat schon wieder hoffen lassen.

Vielfach wird ein Niedergang sozialer Bewegungen ‚diagnostiziert'. Richtig ist dabei sicher, dass heute, anders als in den siebziger oder achtziger Jahren, relativ wenige Menschen auf die Straße gehen und wir uns nicht gerade in einer Hochzeit gesellschaftspolitisch intervenierender, sozialer Bewegungen befinden.
Du hast gerade von Dingen gesprochen, die Dir Hoffnung gemacht haben. Dann lass uns doch auch noch über den aktuellen Konflikt um den geplanten Ausbau des Frankfurter Flughafens reden. Über Hoffnungen und Befürchtungen – Deine Einschätzung?

Das Mittel, wie jemand demonstriert, drückt auch seine Betroffenheit aus, oder anders gesagt: Drückt aus, wie wichtig mir eine Sache ist. Wenn mir eine Sache sehr wichtig ist, dann schreib ich das nicht nur irgendwo, sondern dann versuche ich auch sichtbar zu machen, dass ich dagegen bin. Wenn ich gegen Pershings bin und das ganze politische Geseiere um den NATO-Doppelbeschluss als eine verlogene Angelegenheit betrachte und ich bekomme Wind davon, dass diese Raketen schon in Deutschland sind, dann versuche ich das aufzudecken: Und dann ist es mir scheissegal, ob das eine Spionageaktion oder dergleichen ist.

Bei dem heutigen Widerstand gegen eine neue Landebahn ist mir die Betroffenheit – im Verhältnis zur Angst um die Arbeitsplätze – zu gering. Da stimmt irgendetwas nicht. Wir doktern noch zu sehr an Symptomen herum. Diese geplante Landebahn ist ein Symptom für eine viel schwerwiegendere Angelegenheit.

Wenn wir nicht die Globalisierung thematisieren und nicht die Frage aufwerfen, ob wir eine Wirtschaft nur führen können mit Wachstum, wenn wir das nicht hinterfragen im Verhältnis zum Flughafen und zur geplanten Landebahn und nur den Lärm und die Wertminderung der Häuser hier als Grund für unseren Protest sehen, dann ist mir das zu dünn. Das ist zu dürftig und führt dann auch zu dieser etwas schmalbrüstigen Herangehensweise. Schon allein das oft zu sehende Plakat: Ein Flieger so groß wie ein Schmetterling vor einem Männchen, das ein Kind gemalt haben könnte, mit einem großen Herz am richtigen Fleck. Und dieses kleine Männchen ist in der Lage den Flieger mit der Hand abzuhalten, das ist mir als Symbol etwas zu verspielt.

Das ist Symptom für eine Herangehensweise, mit der ich nicht viel anfangen kann. Allerdings sind wir ja bei dem Protest, rein vom Ablauf der Geschichte her, noch sehr am Anfang. Wir wissen ja noch nicht einmal wo die Piste gebaut werden soll, es gibt noch keinen mit einem bestimmten Ort verbundenen Punkt, an dem wir ansetzen können, außer natürlich gegen das ganze Wirtschaftssystem, aus dem heraus diese neue Bahn nötig wird.

Was Du hier teils angesprochen hast, möchte ich unter dem Stichwort bzw. unter der Fragestellung „Hat hier eine Entpolitisierung stattgefunden?" nochmals vertiefen. Im Moment geht es bei dem Protest viel um Lärm und auch um die Wertminderung des eigenen Häuschens. Es geht bis jetzt noch weniger darum, was da politisch und ökonomisch eine Rolle spielt, das findet sich am Rande, aber bis jetzt stehen andere Dinge noch sehr im Vordergrund ...

... ja, es fehlt ein kritische Analyse zu Wirtschaft mit zwangsläufigem Wachstum – Globalisierung – Fertigung in Billiglohnländern – Ozonloch usw., aber diese kritische Analyse ist bei dem derzeitigen Konsumverhalten und der Angst um den Arbeitsplatz von breiten Schichten der Gesellschaft nicht zu erwarten.

Ein Beispiel dafür, dass bisher auch eine große Vorsicht bei den Aktionen an den Tag gelegt wird, die zu diesem Bild passt, war die ‚Pyjama-Aktion' am Flughafen. Eine an sich ganz harmlose Aktion – sie stieß aber auf Bedenken bei einzelnen BI-Vertretern, die im Vorfeld die Befürchtung äußerten, das Ganze könne ‚schlecht ankommen', da könne irgendetwas passieren, was nicht näher ausgeführt wurde. Überrascht Dich, dass selbst solch wenig spektakuläre Aktionen auf große Bedenken stoßen?

Ich habe da persönlich meine Erfahrungen gemacht: Bei den ersten BI-Treffen gegen die neue Landebahn war ich noch zugange, doch es zeigte sich schnell: Es gibt eine ungeheure Angst vor der ‚Gewalt'. Und die führte dazu, dass wir bei uns in der BI-Niederrad viele Abende diskutiert haben, ob wir das alte Zeichen der Startbahn-Bewegung – ein Mensch mit aufgerissenen Augen und verzerrtem Gesicht, der die Ohren zuhält, über ihm ein Flieger – wieder auf unsere Flugblätter drucken.

Es wurde nach langem Hin und Her beschlossen: das wird gedruckt. Trotzdem hat die Gruppe, die dann mit dem Druck der Flugblätter beauftragt war, diesen Beschluss ignoriert, das Symbol fand sich also nicht auf unseren Papieren. Das war einerseits Schiss vor dem, was aus der Startbahnbewegung einst geworden war, was an Widerstand und auch Gewalttätigkeiten am Ende herausgekommen ist – erinnert sei hier an die zwei toten Polizisten. Außerdem war das Bestreben, in bürgerliche Kreise hereinzukommen, so groß, dass man sogar schon gegen dieses Symbol gekämpft hat.

Einigen sitzt heute die Angst im Genick, dass es z.B. wieder zu einer Blockade des Flughafens kommen könnte, wie das damals mal der Fall war. Das war übrigens eine der schönsten Aktionen der Startbahn-Bewegung, wo es darum ging, mal nachzusehen, ob der Flughafen denn wirklich so klein ist ...

Ich denke, es kommt wieder zu solchen Aktionen, wenn wir ernsthaft ‚Nein' sagen, wenn wir auffallen wollen. Wenn wir Sand im Getriebe sind, kommt außerdem die Gewalt von selbst. Denn dann muss sich der Betreiber, der Staat, die Polizei, die müssen auf ein konsequentes ‚Nein' reagieren. Das geht nicht ohne Gewalt ab oder man verzichtet darauf, zu stören, wirklich Sand im Getriebe zu sein.

Zu dem Punkt, wo es bei der Startbahn-Bewegung gekippt ist – Du hast es angesprochen: die Schüsse an der Startbahn, zwei tote Polizisten. Das war ein Bruch und hat tiefsitzende Ängste zur Folge gehabt – war diese Tat ein ‚Bruch' in der Geschichte, der bis heute nachwirkt?

Ja, es ist ja bekanntlich 1987 an einem 2. November – der Tag der Hüttendorf-Räumung, an die jedes Jahr mit einer Demo erinnert wurde – im Wald aus den Reihen der Demonstranten geschossen worden. Das war eine Sache, die war von der Startbahn-Bewegung weder geplant, noch erwartet, noch vorgesehen, noch irgendwie kalkulierbar gewesen. Das war die Tat, wenn wir uns das Gerichtsverfahren vor Augen halten, eines Einzelnen. Damit müssen wir leben. Es hat der Startbahn-Bewegung unendlich geschadet, sie ist damit eigentlich am Ende gewesen.

Mit anderen Worten, es gab eine große Akzeptanz bei unterschiedlichen Formen des Protests und des Widerstandes, aber eine bestimmte Grenze ist dabei für viele nicht überschritten worden. Mit den Schüssen hat diese Grenzüberschreitung stattgefunden. Die Aktionsformen in den Jahren zuvor waren sehr unterschiedlich, aber konnten von der Startbahn-Bewegung immer wieder ‚getragen' werden?

Aktionsformen sind ja immer auch abhängig von dem Stand der Geschichte. Dass man nicht gleich mit einem ‚Tyrannenmord' anfängt, wenn gar kein Tyrann da ist, das ist doch klar. Und solange die Polizei uns nicht prügelt, würden wir, zumindest wir von der BI, in der Regel auch keine Mollis werfen oder das gut finden. Wenn man sich aber im Grunde bei jeder legitimen Demonstration vor der Polizei wehren oder Abstand halten muss, dass die da einen nur wegen eines Halstuches vor dem Mund nicht festnehmen und ähnliches, dann sind zum Abstand halten andere Dinge nötig.

Außerdem haben wir in dieser Zeit Themen aufgegriffen, die irgendwo auch die ‚Staats- bzw. Machtfrage' stellen – bei Fragen von Krieg und Frieden, Atomkraft oder auch Startbahn ging es dem Staat darum, mit aller Macht etwas durchzusetzen. Wenn man da gründlich ‚Nein' sagt, gibt es auf die Ohren. Das ist fast unvermeidbar und nicht jeder ist da so geduldig, dass er sich da einfach auf die Ohren hauen lässt. Ich habe mich mit meiner Kamera gewehrt, andere haben sich mit einem Molli gewehrt.

Kleiner Ausblick: Gegenwärtig wird versucht, auch mittels solcher Verfahren wie der Mediation und bestimmter Dialogrunden, Protestpotential frühzeitig einzubinden, um damit dem drohenden Konflikt so weit wie möglich Schärfe zu nehmen. Ein erfolgreicher Versuch? Oder wird diese ‚Einbindungsstrategie', dieses vermeintliche Mitreden und Mitbestimmen können, schnell an seine Grenzen stoßen?

Ich kann mir nicht vorstellen, was bei diesem Konflikt eine Mediation soll. Es gibt schwanger oder nicht schwanger, eine neue Landebahn oder eben keine. Eine halbe Landebahn nützt den Betreibern nichts, also was soll das. Und ob das Ding innerhalb des Zauns gebaut wird – nach dem Motto: Hinterm Zaun dürfen die das, ein alter SPD-Beschluss – oder außerhalb, da kann es doch keine Kompromisse geben. Der Lärm kommt so oder so, die zusätzlichen Flugbewegungen kommen so oder so. Entweder wird das Ding gebaut, und dann geht das gegen unseren Willen, oder es wird nicht gebaut, und dann geht es gegen den Willen der Betreiber.

Die Betreiber haben eine ungeheure Macht, schon allein bei der Frage des Gewaltmonopols und all dieser Dinge. Die werden das, wenn sie es darauf anlegen, immer durchsetzen können. Es muss von vorneherein klar sein, dass wir nur ein historisch notwendiges ‚Nein' einbringen, dass wir sagen: „Wir wollen das nicht!" Aber das wird mit größter Wahrscheinlichkeit nicht viel nutzen. Wer das nicht so sieht, handelt sich einen Haufen Frust ein.

Zu der Hoffnung, auf juristischem Wege etwas zu erreichen, bietet der Bau der Startbahn West reichlich Anschauungsmaterial – wie sich große Hoffnungen letztlich als Illusionen erwiesen. Es gibt gegenwärtig dennoch in den BIs auch solche Einschätzungen, auf diesem Weg weiter zu kommen. Das Argument, heute sei hier eher etwas zu verhindern als vor zwanzig Jahren, kommt gelegentlich hinzu – siehst Du das auch so?

Normen und Gesetze, Emissionswerte orientieren sich an dem Bedarf der Betreiber – „der Laden muss laufen" –, und daran werden Verfahren und Urteile ausgerichtet. Da ist nicht viel zu erwarten. Es ist eine hervorragende Methode, um Zeit zu gewinnen, um die Sache aufwendig zu machen. Dies und massenhafter Protest hatte in der Vergangenheit unter Umständen schon Konsequenzen: Also, die atomare Wiederaufbereitung findet z.B. nicht in Deutschland statt und da kann man sich fragen, ob das nur wirtschaftliche Gründe hat, oder ob das auch mit den Protesten hierzulande zu tun hat – das werden wir nie ganz klar kriegen.

Aber zum Laufen bringen die ihren Laden immer – damit sage ich natürlich nicht, dass Protestaktionen sinnlos sind. Unser ‚Nein' hat ja trotzdem seine Berechtigung.

„Und ich hab' gedacht, ich steh' in unserem Wald"

Wackersdorf: eine etwas andere Kaffeefahrt

Regine Balkmann

Der folgende Erlebnisbericht ist dem 1986 erschienenen Buch „Bevor das Leben unerträglich wird ..." – Frauen erzählen von ihrem Kampf gegen Natur- und Umweltzerstörung (Klartext-Verlag, Essen)* entnommen.

Im Rahmen der sogenannten ‚Wald-Uni', einem Versuch Frankfurter Professoren, den Kampf gegen die Startbahn West auf ‚wissenschaftlicher' Ebene, doch nicht im ‚Elfenbeinturm' zu unterstützen, trafen sich in Mörfelden seit dem 25.11.1981 über einen Zeitraum von dreieinhalb Jahren zweiwöchentlich Frauen, um erzählend die oftmals neuen Lebenserfahrungen aus dem Startbahnwiderstand zu reflektieren. Dieses Erzählen sollte auch dazu dienen, Anderen und ‚Aussenstehenden', die eigenen Konflikte, Veränderungen und Ängste, und auch den Spaß, Freude und Erfolge im gemeinsamen Streiten darzustellen. Das aus dem Erzählprojekt entstandene Buch wurde dieserart zu einem unglaublich eindrucksvoll warmherzigen und aufregend authentischen Zeugnis, mit dem in bester Weise die Geschichte dieser Widerstandsphase gegen den Flughafenausbau, so wie sie nicht nur von Frauen und Männern aus Mörfelden-Walldorf erlebt wurde, nachvollzogen werden kann.

Zweimal sind Frauen und Männer aus Walldorf und Mörfelden gemeinsam nach Wackersdorf zur geplanten Wiederaufbereitungsanlage für abgebrannte Kernbrennstäbe gefahren, um die dortige Bevölkerung praktisch, emotional und mit dem Schatz eigener Widerstandserfahrungen zu unterstützen.

Die Idee, nach Wackersdorf zu fahren, ist ganz spontan an der Startbahnmauer entstanden. Ein paar Mörfelder Männer haben gesagt: „Ach, wir könnten eigentlich mal nach Wackersdorf fahren." Und da hat eine Frau geschrien: „So seht ihr aus, ihr alleine. Wir Frauen fahren mit!" Das war kurz vor Weihnachten '85. Wir haben einen Bekannten, da hat der Schwager ein Busunternehmen. Der hat den Bus organisiert. Am 29. Dezember sind wir geschlossen da runtergefahren.

Vorher haben wir noch in Mörfelden und Walldorf gesammelt, Lebensmittel, Decken usw. Wir wussten ja noch, wie es bei uns an der Startbahn gewesen war.

Für die Fahrt am 29. Dezember hatten wir eine ganz schöne Ladung zusammengebracht. Aber wie die Sachen zum Hüttendorf in Wackersdorf bringen? Wir hatten keine Ahnung, wie weit das vom Busparkplatz weg ist. Die jungen Leute aus dem Hüttendorf haben sich die Sachen aufgeladen und wie eine Kamelkarawane sind wir zum Hüttendorf gezogen. Die Sachen auf dem Rücken. Die Polizei hat gleich vorne gestanden. Ich habe das Start-

---

* Das seinerzeit u.a. durch den Frankfurter Germanistikprofessor Walter Raitz herausgegebene und von Peter Härtling mit einem Vorwort ausgestattete Werk soll zur Jahresmitte 2002 in einer Neuausgabe bei der Trotzdem Verlagsgenossenschaft erscheinen.

Foto: ©Klaus Malorny/Die spinnen, die Römer, Wackersdorf (o. Datum)

bahnschild ausgepackt, damit die gleich sehen, woher wir kommen. Ein Polizist hat gemeint, wir wären mit dem Schild in Wackersdorf am verkehrten Platz. Da habe ich dem zugerufen: „Die Startbahn ist überall!" Dann sind wir weitergezogen. Es ging durch den Matsch, Erinnerungen sind wachgeworden. Unsere Hütte, mit Leuten aus Mörfelden und Walldorf, hat natürlich als erste ganz vorne gestanden, mit dem Knüppellöwen als Fahne. Als wir in unsere Hütte hineinkamen, das war ganz schlimm: Wie es bei uns war, die haben im Nassen gelegen, alles morastig. Da haben wir erst mal unseren Leuten die Koltern gegeben und die anderen Sachen alle.

Als wir weiter gegangen sind, haben wir anfangs keine Polizisten gesehen. Wir haben uns dann alles angesehen. Da haben auch Leute für das Hüttendorf gekocht, denen habe ich gezeigt, wie man Karotten schneidet. „Ihr schneidet ja mehr weg als nötig", habe ich gesagt, „kommt mal her!" Dann habe ich die Karotten geschält.

Die Leute im Hüttendorf waren wie bei uns gemischt, auch viele Ältere, Kinder, Hunde – alles wie gehabt.

Als wir weitergezogen sind bis zur Eisenbahnlinie, da haben die Polizisten auf der anderen Seite des Bahndamms gestanden. Die Wackersdorfer hatten nicht den Mut gehabt, etwas gegen sie zu sagen. Wir haben die gleich angegangen. Das Schönste war, da ist ein Polizeihubschrauber über uns weggeflogen, der hat Flugblätter abgeworfen – Polizeiinfos. Da habe ich geschrien: „Gott, was seid ihr so human. Das Klopapier schmeißt ihr in den Wald!" Ein Polizist hat mich mit großen Augen angeguckt. Aber ich war in Fahrt: „Du brauchst gar nicht so zu gucken. Schön, das Klopapier liegt hier im Wald." Das waren die Polizisten nicht gewöhnt, so angegangen zu werden.

Ich meine, ich habe das auch erst an der Startbahn gelernt, so mit der Polizei umzugehen. Ich nehme mir auch heute noch vor, wenn ich an die Startbahn gehe: „Heute bist du ruhig." Aber wenn ich die sehe, da kommt es mir einfach hoch. Mancher Polizist, der reizt mich schon, wenn ich den nur angucke. In Wackersdorf, da stand so ein Dicker, zu dem habe ich gesagt: „Kerl, wärst du doch bei der Müllabfuhr, dann hättest du jetzt wenigstens Feierabend!"

Die Wackersdorfer haben unsere Art nicht verstanden. Ende 1985 wollten sie von uns – den Chaoten von der Startbahn – nichts wissen. Einer hat mich gebeten, ich solle doch still sein, das sei doch die Polizei. Ich habe zu dem gesagt: „Die kennen wir, vor denen sind wir nicht mehr ruhig." Gedacht habe ich, die müssen erst mal ihre Hiebe bekommen, dann werden sie schon sehen. Wir haben ja anfangs an der Startbahn auch immer versucht, zu schlichten und die jungen Leute zurückzuhalten. Aber heute kann man das gar nicht mehr.

Da fällt mir noch eine andere Geschichte ein. Wir sind an dem WAA-Gelände entlanggelaufen und ich muss sagen, entweder hat der liebe Gott uns so lieb, oder was? Hat er sich gefreut, dass wir gekommen sind? Auf jeden Fall ist auf einmal eine Fontäne im Wald hochgeschossen. Ganz von selbst. Ein Hydrant war hochgegangen. Das war die Zuleitung zu den Wasserwerfern. Das war ein Bild wie für die Götter. Ein junger Kerl neben mir hat gesagt: „Das Wasser ist doch teuer." Da habe ich gesagt: „Wenn du erst einmal nassgespritzt bist, dann denkst du nicht mehr, das war teuer."

Die waren noch unbedarft. Aber mittlerweile haben die in Wackersdorf das auch gelernt. Vor kurzem war ein Wackersdorfer hier auf einer Veranstaltung in Walldorf, der hat gesagt: „Der Ochs von Bayern muss erst ins Horn gezwickt werden, damit er was merkt. Und das ist mittlerweile geschehen."

Foto: ©Klaus Malorny/Einer von etlichen Sonntagsspaziergängen zum Objekt des Widerstandes (10.3.1985)

Schneller – höher – stärker: Olympia 2012, Eintracht Fraport und der Flughafenausbau

Metropolenkonzepte für die Rhein-Main-Region

Rolf Engelke

Sportmetaphern haben eine lange Tradition, wenn es gilt, vermeintliche Grundkonsense für Politik und Ökonomie zu popularisieren. In einem Interview mit der Extra-Nummer (Sommer 2000) von „Start frei" - einem Werbeblättchen des Flughafenbetreibers für „seine Nachbarn" in der Region - gab der damalige Trainer von Eintracht Frankfurt, Felix Magath, angeblich folgende fundamentale Erkenntnis aus der Welt des Sports zum besten. Auf die Frage: „Wie beurteilen Sie die Pläne, den Flughafen Frankfurt auszubauen?", wurde Magath die Antwort in den Mund gelegt: „Genau wie sich die Eintracht ständig auf neue Gegebenheiten einstellen muss, muss auch der Flughafen mit der Zeit gehen. Unsere Konkurrenten heißen Schalke 04, Borussia Dortmund oder Bayern München - die des Flughafens Amsterdam, London und Paris. Wenn man da den Anschluss verpasst, ist man ganz schnell in der 2. Liga." Magath musste bald nach dieser „Meinungsäußerung" seine Trainerkoffer in Frankfurt packen; mittlerweile spielt die Eintracht - zu allem Unheil auch noch gesponsert durch Fraport - wirklich in der 2. Bundesliga. Konkurrenten sind nicht mehr die großen Münchner Bayern, sondern SV Babelsberg, FC Schweinfurth und Mainz 05, und selbst die in Frankfurt meist ungeliebten Offenbacher Kickers sind bedrohlich nah auf den Pelz gerückt.

Einmal ernstgenommen: Lag Magath mit seiner Wahrnehmung über den Gang der Dinge - im harten Geschäft des Profifußballs wie in der Geschäftswelt überhaupt - trotz des sportlichen Desasters, das ihn und seine Eintracht wenig später traf, wirklich „voll daneben"? Oder zielte er doch auf weit verbreitete Stimmungen in der Region? Das Selbstbild des hart kämpfenden und trotz übermächtiger Gegner nie verzagenden „Praktikers" aus dem Wirtschaftsleben dürfte Magath zumindest doch recht genau getroffen haben. Und für die Ideologen und PR-Agenturen, die am politischen Konsens für den geplanten Flughafenausbau arbeiten, gehört das Bild von Frankfurt, das als etwas zu klein geratener „global player" im Überlebenskampf gegen die nie ruhende Konkurrenz der realen europäischen Weltstädte London und Paris steht, zweifellos zu den wirksamsten Spots.

Der kapitalistische Kern der Metropole

Tatsächlich muss Frankfurt am Main - die Kernstadt der Rhein-Main-Region - heute mit einiger Berechtigung als „europäische World City der ersten Ordnung" begriffen werden. Insbesondere als „Knotenpunkt" im internationalen Finanzgeschäft und dessen hier konzentrierten Steuerungsfunktionen wird Frankfurt von Stadtsoziologen mittlerweile „global city"-Status zuerkannt. Die traditionelle Rolle der Stadt als Handelsort am Fluss mit Messe, Börse und Banken hat sich im Laufe der letzten 20 Jahre dahingehend gewandelt, dass Frankfurt sich vom Finanzzentrum der BRD - bereits um 1950 als heimliche „Wirtschaftshauptstadt" der BRD bezeichnet - zu einem „Entscheidungszentrum innerhalb der internationalen Ökonomie" entwickelt hat. „Hier wird die deutsche Ökonomie gemacht", so der Soziologe Roger Keil, hier werden strategische Entscheidungen der europäischen Politik konzipiert und exekutiert (Europäische Zentralbank) und mit der globalen Ebene koordiniert. Frankfurt hat sich also zu einem der strategischen Orte entwickelt, von denen aus „die weltweiten Kapitalkreisläufe und industriellen Produktionsprozesse koordiniert werden." (RONNEBERGER, WELTSTADT und QUARTIER, S. 99).

Die materielle Basis für diesen Entwicklungssprung Frankfurts zur world city trotz relativ geringer EinwohnerInnenzahlen von Stadt plus Region im Vergleich mit den europäischen Konkurrenten (London, Paris) oder gar den internationalen mega cities (New York, Los Angeles, Tokio, Hongkong, Sao Paulo...) liefert die in Frankfurt konzentrierte Zitadellenökonomie: „Eine vom Finanzsektor beherrschte Dienstleistungsökonomie, global vernetzt durch Börse, Messe und Flughafen, bildet die Basis für die fortschreitende Verflechtung Frankfurts in den Weltmarkt." (NOLLER/RONNEBERGER, Die neue Dienstleistungsstadt, S. 66) „Zitadelle" ist dabei weniger ästhetische Metapher; sie umfasst als Begriff nicht primär die beeindruckende Frankfurter Metropolen-Skyline der Bankentürme, der Messe- und Hotelhochhäuser mit ihren verspiegelten Fassaden. Als Zitadelle ist der Ort weltweiter politisch-ökonomischer Interventionen zu begreifen, ein Ort, der sich gegen das „gemeine" Publikum abschottet; von hier aus werden Attacken gegen die KonkurrentInnen geplant und organisiert. Hier finden Übergabeverhandlungen statt und zu guter Letzt hofft man hier „Siege" zu feiern – über die konkurrierenden Metropolen wie über unterworfene „Sozialpartner".

In Frankfurt basiert die Zitadellenökonomie (nach NOLLER/RONNEBERGER bzw. RONNEBERGER/KEIL) in ihrem Kern auf

▸ der „Kapitalfabrik", den über 420 Kreditinstituten, davon über 270 ausländische (Stand von 1994); die Stadt weist damit die höchste Bankenkonzentration des europäischen Festlands auf und hat selbst Paris in dieser Hinsicht hinter sich gelassen. Mehr als die Hälfte des deutschen Geld- und Kapitalverkehrs wird hier abgewickelt;

▸ der im Zeitalter von „shareholder value" wachsende Bedeutung gewinnenden Börse, die - in noch nicht endgültig geklärter Weise - mit der Londoner Börse kooperieren wird;

▸ einem eher postindustriellen Distrikt, den „unternehmensorientierten Dienstleistungen", konzentriert um Banken, Flughafen und Messe, über 200 Agenturen und Unternehmensberatungen, außerdem Marktforschungsinstitute, überregional agierende ImmobilienmaklerInnen sowie weitgehend global orientierte, hoch spezialisierte Anwaltskanzleien;

▸ einer „kapitalen Fabrik" klassischer Art, der in der Region ansässigen und besonders auf den Weltmarkt hin orientierten Industrie mit fortgeschrittener technologischer Basis: Computer- und Softwarebetriebe, Elektrotechnik, Maschinen- und Anlagenbau, nicht zuletzt und immer noch, wenn auch von abnehmender Relevanz, Chemie und Automobilbau.

Das „internationale Erfolgsmodell" von Frankfurt fußt außerdem auf einer fortschreitenden Integration der gesamten Rhein-Main-Region von Aschaffenburg bis Bad Kreuznach, die u.a. mit einem Set von global operierenden Unternehmen der Logistik-Branche die Ökonomie der global city komplettiert. Mit allein 80 High-Tech-Unternehmen und 30.000 Arbeitsplätzen bei nur 20.000 EinwohnerInnen ist die Gemeinde Eschborn „Musterdorf" an der Peripherie der Kernstadt, so dass das Schlagwort von der „Eschbornisierung" der Region die Runde macht (FR, 16.11.2001). Diesen Sachverhalt umschreibt auch der Begriff der polyzentralen Metropolenregion, kreiert von dem überregional agierenden Architekturbüro um den „Meisterplaner" Albert Speer Jr., den die politische Elite Frankfurts bemüht, um so manche Nachteile ihrer offensichtlichen Provinzialität ausgleichen.

gern-Metropole zur zweiten Natur geworden" (BARTELHEIMER, S. 73).

Durch ein besonders hohes Maß an (Selbst-)Überschätzung der „Möchtegern-Metropole" fielen dabei schon in den 80er Jahren die damaligen grün-alternativen, kulturellen Eliten auf. Die Selbstinszenierung ihres – untergegangenen – Sponti-Stadtblättchens „Pflasterstrand" als „Metropolenmagazin" sollte (halb-)ironisch den eigenen Anspruch auf Gestaltung der vermeintlichen Weltstadt programmatisch anmelden. In der Präambel der Frankfurter rot-grünen Koalitionsvereinbarung von 1989 endlich konnten sie den „Metropolenmythos" definitiv zum Minimalkonsens für jede künftige Kommunalpolitik Frankfurts festschreiben, der seitdem von den herrschenden urbanen Eliten getragen wird: „Die internationale europäische und multikulturelle Metropole Frankfurt, Ort einer liberalen bürgerlichen Tradition, (...) Zentrum einer intellektuellen Avantgarde, wagt heute einen neuen Weg in die Zukunft, der lebendige Traditionen und die Moderne miteinander verbindet" (nach BARTELSHEIMER, ebd.).

Foto. ©Klaus Malorny/Eine Aktion der Initiative ‚Hessen vorn', an der Startbahn West (30.9.1984)

Auf der politisch-planerischen Ebene existiert die anvisierte „Metropolenregion" aber erst in äußerst bescheidenen Ansätzen und ist in ihrer konkreten Ausgestaltung immer noch Gegenstand kontroverser, recht provinzieller Debatten, in denen sich Lokalfürsten gegen ihre Vereinnahmung durch die Herren der Zitadelle zur Wehr setzen. Von den europäischen Weltstädten London oder Paris ist Frankfurt heute jedenfalls noch fast ebenso weit entfernt wie der Stadtpark von Eschborn vom Jardin du Luxembourg. Aber: „Hochstapeln ist in unserer kleinen Möchte-

Mit diesem schon beinahe bizarren Metropolenpathos setzten sich die rot-grünen GestalterInnen Frankfurts deutlich von ihrer Vergangenheit als 68er-„outcasts" und fundamentale KritikerInnen der herrschenden Verhältnisse ab, die das „unwirtliche" Mainhattan immer mit Namen wie „Bankfurt" oder „Krankfurt" belegt hatten. Aber auch wenn die Luftballons der metropolitan ambitionierten Frankfurt-MacherInnen schon immer viel (heiße) Luft enthielten, der Mythos der von den politischen wie den kulturellen Eliten beschworenen „boomenden Metropole

Frankfurt-Mainhattan" hat auch einen realen materiell-ökonomischen Gehalt: das konzentrierte ökonomische Potenzial der Region.

Headquarter-Ökonomie und Flughafenausbau

Die Bedeutung der Zitadellenökonomie, von Stadtsoziologen im Hinblick auf die Unterwerfung der Region unter Verwertungskriterien der globalen Ökonomie kritisch analysiert, wird von Seiten der herrschenden Elite zum Non-plus-ultra jeder weiteren positiven gesellschaftlichen Entwicklung stilisiert: „Von entscheidender Bedeutung ist schließlich die Rolle Frankfurts und der Region als 'Headquarter' großer, vor allem international operierender Industrie-, Handels- und Dienstleistungsunternehmen", so der langjährige Frankfurter IHK-Präsident und Flughafenausbau-Mediator Niethammer (FR, 23.7.1995). Und er fügt hinzu: Diese Betriebe seien „ganz überwiegend nicht zuletzt deshalb hier, weil der Frankfurter Flughafen die erforderlichen Verbindungen bietet." Wenn bei der Niethammer'schen Bewertung (auch) dessen Position als PR-Manager eben dieser Zitadellenökonomie in Rechnung zu stellen ist, so ist gleichwohl der Flughafen Rhein-Main realer Bestandteil des kapitalistischen Headquarters - und zwar nicht der unwesentlichste. Der Flughafenkomplex ist mit seinen ca. 60.000 Arbeitsplätzen gleichermaßen nationaler wie internationaler Verkehrsknotenpunkt - „Gateway to Global Markets" - und selbst wichtiger Standort für international operierende Unternehmen, darunter v.a. Betriebe, die kontinuierlich auf internationale Geschäftsbeziehungen angewiesen sind, wie Touristik, Unternehmen im Logistikbereich oder europäische Vertriebs- und Servicezentralen (nach NOLLER/RONNEBERGER, S. 67f).

Bei den politischen Repräsentanten gilt der Luftverkehr wegen seiner expansiven globalen Dynamik – seit Jahrzehnten steigende Fracht- und Fluggastzahlen – als synonym für Fortschritt überhaupt: „Neben dem Internet erscheint das Flugzeug als zentrales Sinnbild der Globalisierung. Es symbolisiert weltweite Mobilität als ein neues Kennzeichen ökonomischer, gesellschaftlicher und kultureller Strukturen." (SACK, S. 293). Die Zukunft der hessischen Metropole und deren ökonomischer Basis ohne Airport und Airportwachstum sieht beispielsweise der hessische Ministerpräsident Roland Koch ganz düster, Rhein-Main total im Abseits: „Das Entwicklungszentrum der Opel AG oder die Bankenstadt Frankfurt haben ohne einen sich weiter entwickelnden Flughafen keine Zukunft. Frankfurt wird zum Beispiel nur mit einem Top-Flughafen zu einem Internet-Zentrum, ohne ihn geht die Entwicklung an dieser Stadt vorbei." (Interview mit R. Koch in „Start frei" extra, Herbst 2000).

Wenn man von den populistischen Vereinfachungen und der gegen die AusbaukritikerInnen zielenden offenkundigen politischen Marketing-Absicht Kochs absieht, so trifft sich der materielle Kern seiner Argumentation doch mit den nüchternen stadtsoziologischen Analysen über die infrastrukturellen Bedingungen, die die global city konstituieren: „Ohne Hochtechnologien und Flughäfen wären die Headquarter Economies Frankfurts (...), welche regionale Produktionsstrukturen direkt in die Weltwirtschaft integrieren, in ihrer heutigen Gestalt undenkbar geblieben." (KIPFER/KEIL, S. 79). Ja, das „wahre" Zentrum Frankfurts scheint sich mittlerweile immer mehr an die räumlichen Grenzen der Kernstadt zu verschieben: an den Flughafen selbst. „Dort, am Modem der globalen Wirtschaftsströme, schlägt das Herz der städtischen Ökonomie, laufen die Kraftlinien der Weltstadt tatsächlich konkret zusammen." (RONNEBERGER/KEIL, S. 63).

Die geplante Flughafenerweiterung würde einen weiteren Schub für diese Verlagerung metropolitaner Strukturen bedeuten und zugleich einen bedeutsamen Geländegewinn Frankfurts im Hinblick auf seine internationale Positionierung markieren. Denn im globalisierten Kapitalismus bestimmt die dichte „Verknüpfung mit dem internationalen Luftverkehrssystem (...) die Einbettung [der jeweiligen Metropole] in das internationale Städtesystem" (SACK, S. 296). Ob ein Scheitern der Ausbaupläne zugleich einen Abstieg der Rhein-Main-Region aus der „ersten Liga" der Weltökonomie bedeuten würde, wie die Propagandisten des Ausbaus orakeln, ist damit aber noch lange nicht ausgemacht.

Global City – ein Erfolgsprojekt ohne Brüche?

Die politische Durchsetzung der grundlegenden Strukturen, die die heutige global city Frankfurt kennzeichnen, verlief keineswegs reibungslos. Das Projekt „Weltstadt Frankfurt" war (und ist?) gesellschaftlich und politisch umstritten. In den 70er und 80er Jahren war die Stadt nicht nur „Knotenpunkt" sich beschleunigender ökonomischer Konzentrations- und Umstrukturierungsprozesse, sondern zugleich „zentraler Ort" sozialer Unruhen gegen die unmittelbare Unterordnung der Infrastruktur von Stadt und Umgebung unter die Interessen der Kapitalverwertung und die Planungsvorhaben für die künftige global city. Protestbewegungen entwickelten sich insbesondere gegen die Umwandlung von Wohnquartieren in Standorte der headquarters sowie gegen den mit der Startbahn 18 West exekutierten Ausbau des Flughafens zum Airport mit Weltgeltung. „Die sozialen Auseinandersetzungen in Frankfurt/M. kristallisierten sich in den letzten Jahrzehnten meist an Punkten, wo Stadtentwicklung und Wachstum besonders hervortraten (…), wenn eine Veränderung des urbanen Charakters anstand. Die Umwandlung von Wohnraum in Büros, die Vernichtung von Wald für die Erweiterung des Flughafens und die Zerstörung von Stadtrandlandschaften durch Expansionspläne der Kernstadt haben häufig die städtische Gesellschaft (…) polarisiert. (…) Die sozialen Kämpfe um die Startbahn West waren von einigen der zentralen Konflikte gekennzeichnet, die typisch für die Formation einer World City sind: dem Eindringen superstruktureller Arrangements in die Lebenswelten und Ökologien der Stadtregion; dem Einschluss von Frankfurt Rhein-Main in ein zunehmend globalisiertes Produktionssystem; der Entmachtung der lokalen Bevölkerung zugunsten von Interessen des globalen Kapitals und der völligen Unterordnung der Region unter diese Interessen. In gewisser Weise kann die Startbahnbewegung als Widerstand gegen die sich herausbildende Superstruktur der World City verstanden werden." (RONNEBERGER/KEIL, Außer Atem – Frankfurt nach der Postmoderne, S. 346f, S. 296)

Freilich gingen die „entscheidenden Schlachten" gegen die Formierung der global city verloren. Im Unterschied zu den gesellschaftlichen Startbedingungen der Häuserkampfbewegungen der 70er Jahre und der Anti-Startbahn-18-West-Bewegung hat heute jede soziale Bewegung gegen die Expansionspläne der global orientierten Flughafenökonomie von der Realität einer globalen Vernetzung der Rhein-Main-Region auszugehen. Forderungen nach Grenzsetzungen für die der global city immanenten expansiven Kräfte bleiben gleichwohl legitim – und notwendig –, auch wenn derartige Abwehrkämpfe die expansive Grundstruktur der weltmarktorientierten Wirtschaftsweise wohl nicht in die Schranken verweisen können.

Wegen der fundamentalen Bedeutung des Airports für die weitere Expansion der Zitadellenökonomie kann heute aber keine soziale Bewegung politische Perspektiven entwickeln, die als „Ein-Punkt-Bewegung" ausschließlich gegen lokale, bzw. regionale Emissionen und Belästigungen des Luftverkehrs agiert. Dem Globalisierungsdiskurs, in dem sich die Befürworter des Flughafenausbaus ja bewusst bewegen, kann sich eine soziale Bewegung nicht dadurch entziehen, dass sie die globale Bedeutung des Luftverkehrs schlicht bestreitet. Eher sollten sich die Bürgerinitiativen als „metropolitanes Element" der globalisierungskritischen Bewegung verstehen. Dies hieße aber zugleich, das Augenmerk auch auf andere Superprojekte der Stadt- bzw. Regionalentwicklung zu richten, die aufgrund der Standortkonkurrenz unter den global cities von den Planungsstäben in der Region und den politischen Entscheidungsträgern vorangetrieben werden. Dies gilt beispielsweise für die gigantischen Planungen Frankfurter „Europa-Viertel" (urban entertainment center) oder die Pläne für eine neue Hochhaus-„Generation". Auch die „Durchsetzung des gigantischen Projektes Bahnhof 21" (s. auch SÄLZER, S. 31), der projektierte Umbau des Frankfurter Hauptbahnhofs zu einem monströsen unterirdischen Fernbahnhof, steht in engstem Zusammenhang mit dem Ausbau Frankfurts zur internationalen Dienstleistungsmetropole, die mit dem Bahnhof 21 einen internationalen „flotten Umschlagplatz von Menschen, Informationen und Wissen" benötigt. Dieses letztgenannte „Weihnachtsgeschenk" der Bundesbahn für die Region, so der damalige Frankfurter Planungsdezernent Wentz (SPD), kostenmäßig mit 2,9 Mrd. DM bewertet (FR, 19.12.1998), soll nach den Absichten der Planer nicht nur infrastrukturelle Mängel Frankfurts beheben, sondern zugleich Defizite des „Standortmarketings" angehen. Gerade auf diesem Feld habe die Rhein-Main-Region „im internationalen Vergleich erheblichen Nachholbedarf" (Wiesbadener Kurier, 23.5.2001), so Bärbel Schenker, Geschäftsführerin der „Wirtschaftsinitiative Rhein-Main".[1] Die widersprüchliche Beschreibung von Frankfurt Rhein-Main als „Wirtschaftsriese" und zugleich „Imagezwerg" (FR, 13.1.2001), die die Strategen der Stadt- und Regionalentwicklung schon seit geraumer Zeit quält, versprechen last but not least die Frankfurter Ambitionen für Olympia 2012 als weiteres metropolitanes „Superprojekt" aufzulösen.

Olympia 2012 – ein Identifikationsprojekt für die „polyzentrale Metropolenregion"

Anlässlich der hessischen Kommunalwahlen im Frühjahr 2001 ließ Innenminister Bouffier die Bewerbung Frankfurts für die Olympischen Spiele 2012 als weiteren Versuchsballon für ein regionales Superprojekt mit globalen Ausmaßen starten. Für das Image der „Metropolenregion" sei eine Olympiade trotz hoher Kosten nahezu unentbehrlich; es werde einen wirtschaftlichen Entwicklungssprung für die gesamte regionale – nicht nur die sportliche – Infrastruktur bringen und zugleich die Identifikation der Bürger mit ihrer Region stärken. Miesmacherei könne dabei nicht geduldet werden, so Bouffier anlässlich der Vorstellung dieses Projekts im März 2001: „Was wir im Grundsatz brauchen, ist Begeisterung und Aufbruchstimmung in Deutschland und insbesondere in der Region. Oder alle Bedenkenträger treten zusammen und diskutieren die Frage, ob die Bushaltestelle von A nach B wirklich verlegt werden kann. Dann werden wir im internationalen Wettbewerb keine Rolle spielen." (Wiesbadener Kurier, 8.3.2001). Ein zögerliches Bedenkentragen, ob ökologisch oder globalisierungskritisch begründet, trage laut Bouffier bereits den Keim der Standortschädigung in sich.

Mit seiner Olympia-Initiative lief der hessische Innenminister bei der politischen Elite der Region offene Türen ein: Partei- und institutionenübergreifend signalisierten alle „Verantwortlichen" breite Zustimmung und versprachen sich Geländegewinn in der Standortkonkurrenz und einen kräftigen „Schub für die Region", so der grüne Abgeordnete Tarek Al-Wazir (Wiesbadener Kurier, 26.10.2001). Ministerpräsident Koch erhob die Olympia-Idee zum identitätsstiftenden Vorhaben für die politisch zerklüftete Rhein-Main-Region: „Eine Region, die Schwierigkeiten damit hat, sich selbst zu finden, braucht ein paar gemeinsame Visionen." Olympia eigne sich in besonderer Weise als „Katalysator für ein Rhein-Main-Regionalbewusstsein." (FR, 10.5.2001). Der Multifunktionär der hessischen Wirtschaft und Flughafenausbaumediator Niethammer erklärte in seiner Funktion als Präsident der genannten „Wirtschaftsinitiative Frankfurt Rhein-Main" unbedingte Unterstützung für das metropolitane Projekt. Neben neuen Sportstätten und verbesserter Infrastruktur hebe Olympia 2012 das internationale Prestige des Rhein-Main-Gebietes: „Es entstehen Dinge, die sonst nie entstehen könnten." (Wiesbadener Kurier, 9.5.2001).

Im Oktober 2001 stellten die Unternehmensberatung Arthur Andersen und das Architekturbüro Jourdan ihre „Machbarkeitsstudie des Projekts Olympia 2012" der Öffentlichkeit mit dem erwarteten Ergebnis vor: Frankfurt-Rhein-Main ist im „Turnier der Standorte" in der Lage, die Olympiade gegen nationale und internationale Konkurrenz an Land zu ziehen. Das Vorhaben wird finanziell derzeit auf ca. 3,2 Mrd. DM beziffert. Schon bei der Vorstellung seiner olympischen Idee hatte Bouffier geäußert, es gäbe seiner Auffassung nach „nicht viele Länder, die den logistischen Aufwand überhaupt leisten könnten." Schließlich sei das Sport-Event ein „gigantisches Monopoly" (Wiesbadener Kurier, 8.3.2001), eine Terminologie, die recht genau beschreibt, was auf die Menschen zukommen könnte, wenn die „dezentrale Metropolenregion" Frankfurt sich zum Olympia-

---

[1] Zusammenschluss von bedeutenden hessischen Unternehmen, Wirtschaftsverbänden und Kommunen, der schwerpunktmäßig Konzepte der Aufwertung des metropolitanen Charakters der Region entwickelt und deren öffentliche Darstellung betreibt.

Standort mausert: Neue Luxushotels in der „Schlossallee", Mietenexplosion in der „Turmstraße" der wenig Betuchten. Olympische Vorgänger wie Barcelona, Atlanta oder Sidney erwiesen sich als Experimentierfelder fundamentaler Umstrukturierung: von der Totalsanierung von Wohnquartieren im Interesse von Großinvestoren, der damit verknüpften Vertreibung von sozial benachteiligten Teilen der Bevölkerung, bis hin zu rücksichtslosen Ausbaumaßnahmen der Verkehrsinfrastruktur wie z.B. der Flughäfen, und das, ohne auf sozial und/oder ökologisch motivierte „Bedenkenträger" Rücksicht zu nehmen.

Auch der Bewegung gegen den geplanten Flughafen-Ausbau wird von der Pro-Olympia-Fraktion von Anfang an demonstriert, wohin die Reise geht und wer dabei im Abseits stehen wird: „Für Olympia braucht die Region den Ausbau", so Jürgen Hartwig, Vorsitzender des Unternehmerverbandes Frankfurt Rhein-Main.[2] Schon jetzt entwickelt die Allianz der Betreiber des Flughafenausbaus eine Argumentation, die das „Zukunftsprojekt Olympia" an die geplante Erweiterung des Rhein-Main-Flughafens koppelt: „Ein begeistertes Engagement für Olympia lässt sich nicht mit einem Engagement gegen den Flughafen-Ausbau vereinbaren", so Hartwig (FAZ, 25.10.2001) anlässlich einer Tagung der genannten Wirtschaftsinitiative, denn die olympischen Spiele seien nun mal kein „Wandertag"; schließlich kämen alle Olympioniken und die erhofften Besucherströme aus aller Welt mit dem Flugzeug ins globale olympische Dorf.

Metropolenregion im globalen Kontext – keine raumlichen und zeitlichen Grenzen

„Auf die Wachstumsmaschine aus FAG [jetzt Fraport], Messegesellschaft, Zentralbanklobby, Handelskammer, Kulturindustrie etc. ist immer Verlass, wenn es darum geht, (...) die Einordnung [Frankfurts] in ein internationales Netz voranzutreiben" (KEIL, S. 185) und die Einpassung aller sozialer Bedürfnisse in den Prozess der kapitalistischen Globalisierung als die Maßgabe politischen Handelns zu definieren. Auf politisch-propagandistischem Terrain ist nach den Niederlagen der sozialen Bewegungen in den 70er und 80er Jahren und der Einbindung der Grünen in das herrschende politische Kartell das Projekt „World City-kennt-keine-Grenzen" Konsens der Eliten Frankfurts wie der gesamten Region. „Die Weltstadt-Propaganda ist selbst materieller Teil des Umbaus der Stadt" (KEIL, S. 184) und der seiner regionalen Umgebung: „Wachstum findet nicht nur in Form realer Bürotürme und Museen [und weiterer Start-/Landebahnen] statt, sondern die Idee des Wachstums, eingepackt in die Idee der Weltstadt, wird in den Köpfen eingepflanzt", so der Regionalplaner Lorenz Rautenstrauch.

Die Konsensstrategie des „Standort, Standort über alles..." beherrscht auch (nahezu) alle politischen Parteien in der Region. In der Art des monotonen Gleichklangs der Verlautbarungserklärungen à la IHK durchzieht sie beispielsweise die grundlegende Schrift der SPD Hessen-Süd zur Umstrukturierung der Region, das Jordan'sche Positionspapier zum „Regional-Kreis Rhein-Main": „In der konkreten Perspektive eines in einer ganzheitlichen Konzeption dynamisch sich entwickelnden Standorts Rhein-Main-Region liegt auch die mögliche regionale Antwort auf die aktuellen Probleme der Globalisierung wirtschaftlicher Konkurrenz (...) Die Rhein-Main-Region kann ihre Zukunft nur sichern, wenn sie in Zeiten weltweiter Unternehmensstrategien ihre Vorzüge als attraktiver, zum innovativen Engagement einladender Standort pflegt und weiterentwickelt ..." usw. usf. Unisono die Position der Frankfurter Jungliberalen zur regionalen Standortsicherung: „Die Rhein-Main-Region mit ihrer Kernstadt Frankfurt spielt eine herausragende Rolle in der Konkurrenz der Regionen Deutschlands und Europas. (...) Für das Land Hessen bedeutet dies, der besonderen Funktion der Rhein-Main-Region als Wirtschaftsstandort und europäischem Finanz- und Dienstleistungszentrum Rechnung zu tragen." (zit. nach Ansichten zur Region, Bd. 6, hg. v. Umlandverband Frankfurt, 1997). Bekenntnisse zur bedingungslosen Standortlogik „Pro Rhein-Main" in der „Konkurrenz der Regionen" dürfen aber auch in CDU- oder Grünen-Parteiprogrammen nicht fehlen: Zur Kom-

---

2) Der Verband vertritt neben 120 Marketing-, Telekommunikations- und Dienstleistungsunternehmen auch 50 internationale Fluglinien.

munalwahl 2001 äußerte der Sprecher der Frankfurter Grünen Paulsen, die Stadt müsse „alle Möglichkeiten nutzen, den Standort und das Gründungsklima zu verbessern." (FR, 24.8.2000). Um im Wettstreit der Metropolenkonkurrenz bestehen zu können, empfahl er, das „Profil Frankfurts als Stadt der neuen Technologien zu schärfen", indem die Politik durch regional abgestimmte Maßnahmen der Wirtschaftsförderung potenziellen Existenzgründern der global orientierten Branchen unter die Arme greift. Politik reduziert sich auf Optimierung der Standortbedingungen des „Unternehmens" Stadt bzw. Region.

Begrenzungen des Spielraums der Headquarter Economy, zu dessen Kern selbstverständlich auch der Rhein-Main-Flughafen gehört, lassen sich „angesichts des immer gnadenloseren Standortwettkampfes", so CSC Ploenzke-Chef Stolorz (FR, 24.6. 2000), nur als ein anachronistischer Reflex oder lokalborniete Eigenbrötelei begreifen. Stattdessen fordert die Wachstumskoalition weitere Entgrenzungen und treibt die Politik zu weiteren Vorleistungen im Kampf um die Spitzenplätze im europäischen Wettbewerb an. Unter dem Motto „Rhein-Main-Gebiet fit machen für Europa" fand im September 1999 eine Veranstaltung der bereits erwähnten „Wirtschaftsinitiative Frankfurt Rhein-Main" im Frankfurter Hilton statt, auf der Strategien für die Steigerung der Wettbewerbsfähigkeit der Region diskutiert wurden (FR, 29.9.1999). Der ehemalige Prognos-Geschäftsführer Lutzky stellte hier Überlegungen in den Raum, von der sich die anwesende Prominenz von Wirtschaftsminister Posch bis zu IHK-Präsident Niethammer „äußerst beeindruckt" zeigte. Lutzky erläuterte, dass Frankfurt in der internationalen Geschäftswelt aller metropolitanen PR zum Trotz immer noch das Flair einer „netten Kleinstadt mit Banken im Hintergrund" habe. Durch die Entwicklung der „polyzentralen Struktur" der Region könne sie ihr „unterentwickeltes externes Image" durchaus noch steigern und Positionsgewinne im „Standortwettbewerb" erzielen. Dabei dürfe – entgegen den Behauptungen so mancher PR-Manager – die Bedeutung der „weichen Standortfaktoren" aber nicht überschätzt werden: Bei den Ansiedlungsentscheidungen von künftigen Investoren seien letztlich die „harten, rentabilitätsentscheidenden Faktoren" ausschlaggebend. „Marktvolumen und Umsatzpotenzial, Arbeits-, Grundstücks- und Bürokosten, Steuern, öffentliche Gebühren und finanzielle Förderungen – solche Faktoren können im Business-Plan direkt auf das Ergebnis durchgerechnet werden. Für das Konzern-Controlling haben rechenbare Argumente jedenfalls stärkere Durchschlagskraft als subjektiv gefärbte Bewertungen von qualitativen Faktoren." Einen strategischen Vorteil könne sich die Region durch die visionäre Option verschaffen, sich als „24-Stunden-Wirtschaft" „neue Dimensionen des Lebens und Arbeitens jenseits vorgegebener Zeitfesseln zu eröffnen" und sich damit als rund um die Uhr funktionierender „Gateway zu den Weltmärkten" zu profilieren. Gegen die Gestaltung eines Zeit und Raum überwindenden Wirtschaftsregimes à la Lutzky müssen Forderungen nach Begrenzung der Flugbewegungen oder gar eines „rigiden" Nachtflugverbots als vollkommen „unzeitgemäß" zurückgewiesen werden; ihnen kann allenfalls der „Wert einer Antiquität" eingeräumt werden. Als Mittel „politischer Regulierung in einer entterritorialisierten Konkurrenzsituation" (Sack, S. 303) gelten Begrenzungen in welcher Form auch immer als Beitrag zum drohenden „Kapazitäts-Infarkt" (J. Weber, Lufthansa) und werden konsequenterweise als prinzipiell standortgefährdend abgelehnt.

Globale Armut reist in die Metropolen – oder: Standortsicherung vs. Ghettoisierung

Es stellt sich die Frage, inwieweit es angesichts des offensichtlichen Interesses führender Vertreter der hessischen Wirtschaft und insbesondere der Flughafenbetreiber an einer Politik umfassender Deregulierung der Metropole einen Sinn ergibt, wenn sich Bürgerinitiativen gegen die Flughafenerweiterung positiv auf das Bild der im internationalen Standortwettbewerb erfolgreichen Global City Frankfurt Rhein-Main beziehen, wie dies immer wieder in BI-Publikationen geschieht. So beispielsweise im BI-Info 47, wo die „eingleisige Denkweise der Flughafenplaner" deswegen kritisiert wird, weil diese den „Standortvorteil ... des funktionierenden Wirtschaftsraums rundum" ad absurdum führe. Wie kann ein auf den „Krieg der Standorte" ausgerichteter Wirtschaftsraum, in dem schon heute die ökologischen Belastungen an bestimmten Orten zerstörerische Ausmaße annehmen, „funktionierend" genannt werden?

In Texten der BIs werden nicht selten, wenn es um die negativen Folgen des Flughafenausbaus geht, in geradezu apokalyptischen Visionen die Bilder bedrohlicher Slums und wuchernder Kriminalität beschworen, die in „unsere" heilen, vom Fluglärm noch weitgehend unversehrten (Eigenheim-)Siedlungen eindringen. „Es wird mittelfristig eine Slum-Bildung einsetzen, d.h. die soziale Mischung der Wohnbevölkerung wird aufgebrochen, denn immer mehr Menschen flüchten in ruhigere Wohngebiete. Zurück bleiben die unteren Einkommensschichten, Problemgruppen und Randgruppen; sie stellen schließlich die Mehrheit der Bevölkerung. – Folge: Steigende Kriminalität, Ghettobildung, Abgleiten der Kommune in ihrer gesamten Leistungsfähigkeit und ihrem Image", so einer der BI-Sprecher (W. Ehle, in: FR, 31.01.2000). Wahrlich ein Gemälde sozialen Zerfalls, das sich nicht selten mit Schreckensmeldungen über drohenden Wertverfall von Wohneigentum und sinkende Mieteinnahmen verbindet. Vergessen sollte man nicht, dass schon heute - nicht flächendeckend, aber in Form eines gefleckten Leopardenfells übers Land verteilt – Armutsregionen im Rhein-Main-Gebiet existieren. Denn: „Der Aufstieg zu einer World City oder Global City bedeutet nicht nur Prosperität und Wohlstand, sondern auch wachsende soziale Polarisierung. Mit dem Ausbau der Headquarter Economy kommt es in den Metropolen zu einer Dualisierung und Segmentierung des Arbeitsmarktes in einen hochqualifizierten Sektor und in einen Niedriglohnbereich." (NOLLER/RONNEBERGER, S. 35).

Nicht nur New York mit South Bronx und Harlem oder der Gürtel der Trabantenstädte rund um Paris sind Agglomerationen sozialer Desintegration, wie sie einmal als typisch für Metropolen der Dritten Welt galten. Selbst in Deutschland, lange als „Hochburg sozialer Homogenität" gepriesen, lassen sich vergleichbare Entwicklungen zumindest in Ansätzen beobachten. „Frankfurt am Main ist nicht nur das bundesdeutsche Zentrum der Finanzwirtschaft und einer der dynamischsten Orte der Entwicklung und Anwendung neuer Dienstleistungstechnologien, sondern ebenfalls hochgradig mit sozialen Problemen befrachtet." Und auch „im Frankfurter Gallus-Viertel oder am Frankfurter Berg verfestigen sich informelle Wirtschaftsweisen und soziale Strukturen, die kaum noch gesellschaftliche Teilhabechancen eröffnen, und in denen die meisten Menschen die Hoffnung auf eine Integration in das gesellschaftliche Gefüge schon längst aufgegeben haben." (NEYER, S. 34)

Diese sozialen „Randgruppen" konzentrieren sich weniger in den innenstadtnahen Wohngebieten, sondern eher in den abgelegenen Wohngegenden. Insbesondere in die randstädtischen Siedlungen des (ehemals) sozialen Wohnungsbaus der 60er und 70er Jahre werden diejenigen abgedrängt, die sich das Mietniveau der gentrifizierten Innenstadtlagen nicht mehr leisten können. „Daneben entstehen weitere ‚Armutsinseln' in alten Arbeiterwohngebieten, die durch ihre Lage (Trennung vom Stadtkern durch natürliche Barrieren) und teilweise hohe Lärm- und Emissionsbelastungen durch Industrieanlagen [und Verkehrsinfrastruktur] für einkommensstarke Haushalte nicht attraktiv sind." (KECSKES, S. 228) Die angedeuteten Entwicklungstendenzen, die für alle metropolitanen Regionen typisch sind, schlagen sich in Frankfurt in der Weise nieder, dass hier – einzigartig unter allen westdeutschen Großstädten – „gleichzeitig die Zahl der Beschäftigten und die Zahl der Armen überdurchschnittlich schnell ansteigen." (BARTELHEIMER, S. 89) In der Groß-Stadt Frankfurt, der „Armutsmetropole einer ganzen Region" (BARTELHEIMER, S. 76), aber auch in verschiedenen Orten seiner Umgebung bilden sich „in wachsendem Maße marginalisierte Räume heraus". „Hand in Hand mit der Aufwertungsspirale von Wohnquartieren geht somit eine Abwertungsspirale anderer Viertel: Beide Prozesse sind nicht voneinander zu trennen." (KECSKES, S. 228). Denn die Entscheidungszentralen der global city benötigen neben dem hochqualifizierten Dienstleister auch das schnell verfügbare, austauschbare Dienstpersonal, das von den Arbeitsplatz-„Angeboten" der Metropole angezogen wird.

Inmitten der „Weltstadt" treffen also auf engstem Raum „Metropole und Peripherie zu einem sozial schizophrenen Gebilde aufeinander." (NEYER, S. 32). Zum gut verdienenden Management der weltmarktorientierten Rhein-Main-Region mit Kleinfamilie, Mittelklassewagen für gehobene Ansprüche, Eigenheim und Garten gehören unvermeidlich die in Ghettos abgeschobenen, miserabel entlohnten türkischen Arbeiterinnen der Putzkolonnen und der pakistanische Blumenverkäufer, der Schnittrosen aus Kolumbien oder Kenia in Frankfurter Restaurants anbieten muss, um „über die Runden" zu kommen. Eines ist ohne das Andere nicht zu haben. Eine Bürgerinitiativenbewegung aber, die die Zumutungen des Flughafenbetriebs erst dann zur Kenntnis nimmt, wenn durch Fluglärm bürgerliche Besitzstände in Gefahr geraten, und die sich vornehmlich den Interessen der Besitzenden an Wahrung ihrer durch soziale „Fremdkörper" möglicherweise bedrohten Idylle verpflichtet sieht, wird zu einer „Partei der Besserverdienenden" im „Kampf um die sozialen Räume". Sie trägt – bewusst oder unbewusst – selbst zur Verschärfung der sozialen, häufig rassistisch aufgeladenen Konflikte in der Region bei.

Einfache, eindeutige Schlussfolgerungen lassen sich aus den beschriebenen Tatbeständen zunehmender sozialer Desintegration bei zunehmender „Unwirtlichkeit" der Region nicht ziehen. Forderungen nach einer Regionalentwicklung, die selbst auf der metropolitanen Ökonomie basieren und den gesellschaftlich widerspruchsvollen Charakter der in den „Krieg der Standorte" einbezogenen Global City ignorieren, können nur reaktionär enden. Gleichwohl ist der Anspruch auf Begrenzung der Expansion der metropolitanen Headquarter und ihrer belastenden Infrastrukturen berechtigt, wie er sich gegenwärtig u.a. im Kampf gegen die Flughafenerweiterung zuspitzt. Eine soziale Bewegung aber, die als pure „Anti-Lärm-Bewegung" und beflissene Mitgestalterin der Metropolen-Ökonomie der Ausgrenzung von Menschen nur zusehen und deren Abschiebung in Ghettos mittragen würde, kann keine Perspektive für gesellschaftliche Emanzipationsprozesse entwickeln, sie bräuchte selbst von ihren „Ein-Punkt-GegnerInnen" nicht ernst genommen zu werden.

Literatur

Bartelheimer, Peter: Rot-Grün. Versuch einer Zwischenbilanz. In: Gotthard Fuchs/Walter Prigge u.a.: Frankfurter Aufklärung. Politische Kulturen einer Stadt, Ffm: Campus 1997, S. 73-95

Kecskes, Robert: Sozialräumlicher Wandel in westdeutschen Großstädten. In: Jürgen Friedrichs (Hg.): Die Städte in den 90er Jahren, Opladen/Wiesbaden: Westdeutscher Verlag 1997, S. 213-243

Keil, Roger: Globalität, Lokalität – Frankfurter Verhältnisse, in: Mythos Metropole, Ffm: Suhrkamp 1995, S. 178-194

Maier, Dieter: Ungebremster Flugverkehr. Transportwege des Weltmarkts belasten das Ökosystem Erde, in: epd – Dritte Welt-Informationen, H. 9/10, 1994

Neyer, Jürgen: Mega Schizos. Die globale Armut reist in die Metropolen, in: IZ3W, 218/1996, S. 32ff

Noller, Peter/Ronneberger, Klaus: Die neue Dienstleistungsstadt. Berufsmilieus in Frankfurt am Main, Ffm, Campus 1995

Ronneberger, Klaus/Keil, Roger: Morgenland in Tomorrowland, in: Kommune 3/1991, S. 62-65

Ronneberger, Klaus/Keil, Roger: Außer Atem – Frankfurt nach der Postmoderne, in: Hanruedi Hitz/Roger Keil u.a. (Hg.): Capitales Fatales. Urbanisierung und Politik in den Finanzmetropolen Frankfurt und Zürich, Zürich, Rotpunkt 1995

Ronneberger, Klaus/Lanz, Stefan/Jahn, Walther: Die Stadt als Beute, Bonn: Dietz 1999

Sack, Detlef: Glokalisierung, politische Beteiligung und Protestmobilisierung. Zum Mediationsverfahren Flughafenerweiterung Frankfurt am Main, in: Klein, Ansgar u.a. (Hg.): Globalisierung, Partizipation, Protest, Opladen, Leske & Budrich 2001, S. 233-254

Sälzer, Christian: bahn exklusiv: ausschluß inklusive, in: diskus, Frankfurter StudentInnen Zeitschrift, H. 1/2 1998, S. 29-36

Chronisches Wuchern

Ausbau ohne Halt? – Eine Chronik zum Rhein-Main-Flughafen 1988-2001

Petra Schmidt

Der im Januar 1988 von der FAG erlangten Erlaubnis, im Süden des Flughafens Wald fällen zu dürfen, waren bereits vielfältige Aktivitäten des Flughafenbetreibers im zurückliegenden Jahr vorausgegangen.

Ein Stück Wald, das 1980 von der Stadt Flörsheim erworben worden war, hatte sie gegen 77 ha Wald vom Land Hessen getauscht. Die FAG kam damit zu einem großen zusammenhängenden Areal südlich des Flughafens. Befürchtet wurde, dass eine neue Bahn in diesem Waldstück gebaut werden oder eine Parallelbahn verschoben werden könnte. Der Wald wird später noch als Bannwald ausgewiesen.

Nach der Erhöhung der Luftkapazitäten durch den Bau der Startbahn 18 West, hatte die FAG unverzüglich in den Ausbau der Infrastruktur auf dem Boden investiert. So war ein neues Terminal in Planung, das spätere Terminal Ost oder Terminal 2. In der Nordwest-Ecke des Flughafens wurden 13 ha Wald gefällt und neu bebaut. „Notwendig" wurde diese Maßnahme, weil im Osten des Flughafens Gebäude für das neue Terminal weichen müssen. Außerdem stellte die FAG im Juli 1987 den Antrag, weitere 28 ha Wald im Süden des Flughafens fällen zu dürfen. Es sollten dort weitere Betriebsgebäude, hauptsächlich für den allgemeinen Flugverkehr, errichtet werden. Der Regionale Raumordnungsplan von 1986 sah hier noch Wald vor. Etwa 12 ha der Fläche gehörten noch nicht der FAG, sondern dem Land Hessen. Dieses Areal liegt außerhalb des Flughafenzauns. Die Stadt Mörfelden-Walldorf wurde über das Ausbauvorhaben nicht informiert. Erst dank gezielter Indiskretionen, durch die der Schriftwechsel zwischen FAG und hessischer Landesregierung dem Magistrat in Mörfelden-Walldorf zugespielt worden war, erfuhr die Kommune hiervon. Unbeantwortet blieb die Frage, ob diese Rodungen mit dem Planfeststellungsbeschluss von 1971 vereinbar sind. Dort war festgelegt worden, dass auch innerhalb des Flughafengeländes Wald erhalten bleiben soll. Die FAG erhielt jedoch lediglich die Auflage, für den Waldverlust außerhalb des Flughafengeländes Aufforstungen vorzunehmen. Befürchtungen wurden laut, dass durch den Ausbau der bodenseitigen Infrastruktur eine Erweiterung der Start- und Landebahnen forciert würde.

1988

Februar: Die FAG bemüht sich um Verhandlungen mit den USA, damit Gelände der Rhein-Main Air Base für die Erweiterung des Flughafens genutzt werden kann.

März: In der Presse wird über die Willensbildung im hessischen Kabinett (CDU/FDP-Koalition) berichtet. Ergebnis: Wenn die europäische Nachfrage im Luftverkehr weiter steige, müsse man eine neue Landebahn bauen. Natürlich folgen sofort die Dementis aus der Politik. LH-Chef Ruhnau hingegen fordert eine neue Start/Lande-Bahn. Der scheidende FAG-Vorstand Erich Becker kann sich für das Jahr 2000 eine vierte Bahn vorstellen. Auch Hessens Wirtschaftsminister Schmidt (FDP), der nun dementiert, sagt am 18.10.88 in einer Regierungserklärung, es gebe in Bezug auf eine neue Bahn keine Denkverbote.

Mai: Die Führungsspitze der LH fordert verstärkte Verhandlungen mit den USA zum Abzug von der Air Base. Dahinter steckt die Hoffnung, die freiwerdenden Flächen zum Bau einer dritten Parallelbahn nutzen zu können. Der Waldtausch, die gründliche Räumung von Munition auf dem Gelände einer möglichen dritten Parallelbahn, die Verlegung des Hengstbachs, sowie die Einzeichnung eines Tunnel vom Terminal Mitte bis zur Air Base im General-Ausbau-Plan der FAG von 1985 nähren solche Vermutungen. Eine Südbahn war schon in den 60er Jahren eine der Alternativ-Planungen zur 18 West. Allerdings wird die politische Lage allgemein so eingeschätzt, dass bis zum Jahr 2000 eine neue Bahn nicht durchsetzbar ist, da sich das politische Klima noch weitgehend von den Auseinandersetzungen um die Startbahn West geprägt zeigt.

September: Ministerpräsident Wallmann dementiert ausdrücklich, dass es Verhandlungen mit den USA bezüglich eines Abzugs von der Air Base gebe. Ebenso dementiert wird der angebliche Rückkaufpreis von 231 Millionen DM. Die Gerüchteküche, wer mit wem über was geredet hat, kocht über.

November: Auch in Wiesbadener Ministerien denkt man angeblich über eine dritte Parallelbahn nach. Sie wurde vom Flugverkehr her als optimale Lösung beschrieben, wegen der hohen Lärmbelastungen verschiedener Städte jedoch verworfen (bis zum Mediationsverfahren 1999/2000). Die DFS begrüßt diese Idee und ist der Meinung, die Probleme durch den Quer-Startverkehr mit der 18 West durch Flexibilität in den Griff kriegen zu können. Wallmann dementiert selbstverständlich diese Überlegungen – zumindest für die nächste Zeit. FAG-Chef Stauber ist der Meinung, bis zum Jahr 2000 werde man mit dem momentanen Bahnensystem auskommen.

1989

September: FAG-Chef Stauber spricht in der Aufsichtsratssitzung von der Notwendigkeit, über das Jahr 2000 hinaus über neue Kapazitätsgewinne nachzudenken. Der Frankfurter Oberbürgermeister Hauff sagte in der gleichen Sitzung, er halte es in den nächsten fünf Jahren für nicht möglich, eine Diskussion über eine weitere Start- und Landebahn positiv abzuschließen. Ministerialdirigent Bauer vom Verkehrsministerium fügte hinzu: jede Region ist zu ihrer Zeit belastbar, diese Zeit jedoch müsse richtig gewählt sein. Niemand wisse, ob es vielleicht in fünf bis sechs Jahren so weit sei. Der FAG-Vorstand wird beauftragt, Untersuchungen über die Kapazitätsgewinne über das Jahr 2001 hinaus anzustellen – dabei Erbenheim und eine neue Bahn in den Blick nehmend.

1990

Mai: Mit Veränderung der weltpolitischen Verhältnisse taucht wieder die Forderung auf, die Air Base für zivile Zwecke einzusetzen. Auch die Möglichkeit, den Flughafen Wiesbaden-Erbenheim zu nutzen, ist bei der FAG in Prüfung.

Juli: Die Flugsicherung befürchtet ab 1995 erhebliche luftseitige Engpässe auf dem Frankfurter Flughafen. Sie möchte deshalb eine langfristige Perspektive erarbeiten, in der auch eine vierte Bahn miteinbezogen wird.

Foto: ©Klaus Malorny/Groß-Demo an der US-Air Base, die als Drehscheibe für den 2. Golfkrieg fungierte (13.1.1991)

1991

Januar: Bei den Landtagswahlen in Hessen am 20.1. verliert die CDU/FDP-Koalition ihre Mehrheit. SPD und Grüne bilden die neue Regierungskoalition. Der Koalitionsvertrag sieht eine Gesamtbelastungsstudie für das Rhein-Main-Gebiet vor, in der die Auswirkungen des Flugverkehrs dargestellt werden. Der Flughafen wird auf seine derzeitige Fläche begrenzt.

Juni: Um teilweise bis zu 150 m nach Süden soll die Okrifteler Straße im Süden des Flughafens zwischen Radarturm und Untertunnelung verlegt werden. FAG-Sprecher Busch dementiert, dass es sich dabei um eine Maßnahme für eine südliche Parallelbahn handele. Es gelte der Aufsichtsratsbeschluss von 1990, keine weitere Bahn auf Rhein-Main zu errichten. BI und Stadt Mörfelden-Walldorf bleiben misstrauisch. Die Aufregung in der Kommune ist groß. Der Bau der Startbahn West begann u.a. mit der Verlegung und Untertunnelung der Okrifteler Straße. Es kommt die Frage auf, was genau die Koalitionsvereinbarung zwischen SPD und Grünen beinhaltet. Festgeschrieben ist darin die Begrenzung des Flughafens auf seine derzeitige Fläche. Der FAG gehört aber auch Gelände außerhalb des umzäunten Betriebsgeländes. Für weitere Unruhe sorgt die Nachricht, es habe geheime Verhandlungen zwischen Kreis Groß-Gerau und FAG zur Verlegung der Okrifteler Straße gegeben. Es folgt das übliche Dementi, diesmal vom Ersten Kreisbeigeordneten Baldur Schmitt (SPD).

September: Umweltminister Joschka Fischer versichert, der Zaun bilde die Grenze.

Oktober: Die Straßenverlegung ist vom Tisch. SPD und Grüne riskieren an dieser Stelle keinen Ärger in der Koalition in Hessen. Die Grünen tolerieren dafür Ausbaumaßnahmen innerhalb des Zauns. Das Frachtzentrum, die spätere Cargo City Süd (CCS), für das man angeblich die 12 ha außerhalb des Zauns dringend benötigt hat, wird nun innerhalb des Flughafengeländes realisiert. 50 ha werden dafür benötigt, ca. 30 bis 35 ha Wald müssen dafür fallen. Das Gelände ist an die Air Base verpachtet, wird aber an die FAG zurückgegeben.

1992

Januar: In der Fortschreibung des Generalausbauplans von 1985 ist auch die völlige Verfügbarkeit über die Air Base mit einbezogen (313 ha). Vorher wurde schon über die Rückgabe von 60 bis 80 ha verhandelt. Es wird eine Vorstudie erstellt, die die bisherigen Studien zur Umwelt- und Gesundheitsbelastung im Rhein-Main-Gebiet zusammenfasst. Auf die Gesamtbelastungsstudie, die darauf folgen sollte, wartet man bis heute.

1993

Oktober: Die Landtags-Grünen stimmen der Cargo City Süd zu. Der Waldverlust sei durch die Koalitionsvereinbarung gedeckt.

Dezember: Beinahe die Hälfte der US Air Base (130 ha von 303 ha) wird bis Ende 1997 geräumt und der FAG zur Verfügung gestellt. Trotz dieser Ankündigung beharrt die FAG darauf, ihre Pläne zur Cargo City Süd umzusetzen, ungeachtet des Waldverlustes. Als Begründung wird „Zeitdruck" genannt. Berichten zufolge wird der erste Teil der Air Base schon zum 1.2.1994 frei. Die FAG hält an ihren ursprünglichen Plänen zum Bau der Cargo City Süd fest.

1994

Februar: Die FAG hat bereits 30 ha von der US-Luftwaffe erhalten, weitere 31 ha bekommt sie in diesen Tagen zurück. Auf diesem Gebiet entsteht die CCS. Den Rest (ca. 100 ha) erhält die FAG Schritt für Schritt zurück. Die Option auf das ehemalige Caltex-Gelände zwischen Kelsterbach und Raunheim wird von der FAG aufgegeben – nicht aber Erbenheim.

März: Das Raumordnungsverfahren zur CCS wird eingeleitet.

Mai: Die BI Mörfelden-Walldorf veranstaltet am 7.5. im überfüllten evangelischen Gemeindezentrum Walldorf einen Informationsabend zur Cargo City Süd. SPD- und CDU-Fraktion in Mörfelden-Walldorf stimmen dem Bau von CCS unter bestimmten Auflagen zu (Schließung der Okrifteler Straße für Schwerlastverkehr, der dann noch zunehmen wird, neuer Autobahnanschluss).

Juni: Verkehrsminister Lothar Klemm (SPD) erscheint zur Diskussion mit 300 BürgerInnen in der Stadthalle Walldorf. Es kommt erwartungsgemäß zu keiner Annäherung der Positionen. Der Grüne Rupert von Plottnitz stellt sich der Auseinandersetzung im Bürgerhaus Mörfelden. Er ist überrascht über die Massivität des Protestes und bezweifelt, dass sie dem Koalitionspartner SPD bekannt ist.

Juli: Eine gemeinsame Fahrraddemonstration gegen Umweltzerstörung führt am 3.7. zur geplanten CCS, der neuen ICE-Trasse, dem neuen Flughafenbahnhof und zum ehemaligen Caltex-Gelände. Verschiedene Organisationen (BI, BUND, Umweltbüro, u.a.) haben dazu aufgerufen unter dem Motto: „Von Cargo City zu Cargo City".

Im Bürgerhaus Mörfelden findet über mehrere Tage die Anhörung zum Raumordnungsverfahren der CCS statt. Es wurde von Seiten der Ausbaubetreiber behauptet, dass der Lärm nicht mal um ein Dezibel zunehmen werde. Diese Behauptung wird 1996 durch Messungen des BUND (Kommentar der FAG: „Ein ursächlicher Zusammenhang zwischen den Rodungen und den genannten Messwerten kann nicht hergestellt werden.") und im Jahr 2000/2001 durch die Messungen der Firma deBAKOM im Auftrag der Stadt Mörfelden-Walldorf widerlegt werden.

September: Pfarrer und Vikare des evangelischen Dekanats Groß-Gerau protestieren in einem Brief an die FAG gegen die Rodung von 30 ha Wald für die CCS.

Oktober: Die BI Mörfelden-Walldorf veranstaltet am 5.10. eine Protestaktion an der Okrifteler Straße in Walldorf gegen den zunehmenden Schwerlastverkehr. Sie warnt davor, dass Lärm und Verkehr durch die CCS noch zunehmen werden.

Vor dem Zaun an der Air Base, dort, wo die Cargo City Süd entstehen soll, finden am 9.10. eine Demonstration und eine Kundgebung gegen die drohende Rodung von 30 ha Wald statt. Es nehmen 600 Menschen daran teil. Mehrere SprecherInnen erklären, dass der Ausbau der CCS und die Rodung von 30 ha Wald im Zusammenhang mit der geplanten Vernichtung von weiteren 150 ha Wald im engeren Rhein-Main-Gebiet für Industriesiedlungen und Verkehrsbauten zu sehen sei (ICE-Trasse, Südumgehung, Erweiterung Sehring, Ausbau Flughafen Egelsbach). Während unten Reden gehalten werden, kreist oben ein Polizei-Hubschrauber. Auffallend ist das massive Polizeiaufgebot während der Kundgebung, die Personen- und Autokontrollen im Vorfeld. Der Bürgermeister von Mörfelden-Walldorf, Bernhard Brehl, hingegen begrüßt den Polizeieinsatz gegen „Terroristen-Gruppen", die dort angeblich aufgetaucht seien. In den folgenden Monaten finden zahlreiche Sonntagsspaziergänge mit Kuchenstand am Gelände der geplanten CCS statt. Die BI ruft zu mehreren Kundgebungen auf.

Der Kreisbeigeordnete der Grünen im Kreis Groß-Gerau, Folkmar Schirmer, mutmaßt, dass es zwischen Mörfelden-Walldorf und Kelsterbach einerseits und der FAG andererseits einen Deal gibt: beide Kommunen halten bei der CCS still und erhalten dafür wohlwollende Behandlung bei der Südumgehung und beim Abholzen des Ticona-Waldes. Schirmer wird für diese Äußerung von Kommunalpolitikern heftig angegriffen. 2 Jahre später erklärt der aus Mörfelden-Walldorf stammende SPD-Politiker Jürgen May: „Es war immer ein Paket. Wenn wir Cargo City laufen lassen, erwarten wir vom Land, dass die Ortsumgehung eine entsprechende Unterstützung findet." (Mai 1996)

Das Terminal 2 wird am 24.10. eröffnet; am 28.10. führt die BI Mörfelden-Walldorf dort zum Missfallen der FAG eine Transparentaktion „Kein Wald für Cargo City" durch.

November: Die Bäume für das CCS sollen noch in diesem Jahr gerodet werden, um das Thema aus dem Landtagswahlkampf raushalten zu können. Wirtschaftsminister Klemm lehnt eine geforderte umfassende Umweltverträglichkeitsprüfung ab, da dadurch der Bau der CCS verschoben würde. Vor der Staatskanzlei in Wiesbaden findet am 21.11. eine Protest-Kundgebung mit Transparenten und Motorsägenlärm statt. Demonstranten übergeben Ministerpräsident Eichel die „Goldene Kettensäge". Eine Delegation redet mit ihm – ohne Erfolg.

Die ersten Bäume für die CCS werden einige Tage später gefällt. Die BI hat für den Tag X eine Alarmkette ausgelöst. Abends protestieren 150 Menschen auf einer Kundgebung am Walldorfer Bahnhof gegen die Fällaktion. Dabei werden auch die Landtags-Grünen kritisiert, die den Bau der CCS als durch die Koalitionsvereinbarung gedeckt ansehen. Nach der Kundgebung gehen zahlreiche Teilnehmer noch zum Rodungsgelände. Dort kommt es zu einer kurzen Auseinandersetzung zwischen Polizei und einigen Personen, bei denen nicht klar ist, auf welche Seite sie gehören.

Dezember: Auf einer Kundgebung am Gundhof werden zahlreiche zivile Polizeikräfte bemerkt. Die BI rät wegen befürchteter gewalttätiger Auseinandersetzungen davon ab, nach der Kundgebung an das Gelände der CCS zu gehen. Eichel besucht das Altenhilfezentrum Mörfelden und wird von Transparenten gegen das CCS empfangen. Unter dem Motto „Kein Meter Wald für Cargo City" ruft die BI Mörfelden-Walldorf dazu auf, mit Zollstöcken den Abstand von Walldorf zum Flughafen zu messen. Bis zu den ersten Häusern im Walldorfer Norden sind es noch 400 m Luftlinie.

1995

Januar: Die BI Mörfelden-Walldorf stellt für den Landtagswahlkampf Forderungen auf: Aufforstung der Rhein-Main Air Base, Begrenzung des Rhein-Main-Flughafens auf 300.000 Flugbewegungen im Jahr, Schluss mit dem Flächenverbrauch für den Flughafen, kein Ausbau von Egelsbach, kein Ausbau von Erbenheim zum Verkehrsflughafen, generelles Nachtflugverbot von 22 - 6 Uhr u.a.

Februar: Nach der Landtagswahl am 19.2.95 bilden SPD und Grüne erneut eine Koalition.

März: Es entsteht seit langem wieder ein BI-Info: „Neues vom Fluchhafen". Es ist das siebenundzwanzigste BI-Info, das seit 1980 herausgegeben wird. Im Bürgerhaus Zeppelinheim findet eine Veranstaltung der evangelischen Kirche statt mit dem Thema „Wachstum ohne Grenzen?". Auf dem Podium sitzen u. a. Vertreter von BUND, UVF, FAG.

April: Die US-Air-Force hat dem Flughafen bereits zu Beginn des Monats 100 ha Fläche überlassen. Die FAG hat bis zu diesem Tag immer wieder behauptet, dass es bis 1997 dauern würde, bis sie das Gelände erhalten würde und sie mit dem Bau der CCS nicht so lange warten könne. Es wurde immer wieder gefordert, die CCS notfalls auf dem freiwerdenden Gebiet zu bauen – ohne Waldverlust. Niemand glaubt, dass die FAG nicht schon vor drei bis vier Monaten gewusst hat, dass sie den Teil der Air Base so rasch bekommen würde. Statt dessen wurden so schnell wie möglich die Bäume gefällt, um Fakten zu schaffen. Die Forderung, auf dem FAG-Gelände selbst Aufforstungsflächen bereit zu stellen, wird von der FAG mit dem Hinweis, man halte sich streng an die Koalitionsvereinbarung zwischen Rot/Grün (Ausbau auf dem Gelände gestattet), abgebügelt.

1996

Juli: Das erste Speditionsgebäude von Cargo City Süd wird eröffnet. Die Auflagen für den Bau der CCS wurden nicht erfüllt. So fehlen z.T. die Unterpflanzungen auf 60 m Tiefe im angrenzenden Bannwald. Auch der vier Meter breite Baum- und Gehölzstreifen innerhalb des Geländes fehlt. Die angrenzenden Wohngebiete werden in keiner Weise vor dem Lärm geschützt, der durch Cargo City Süd verursacht wird. Tatsächlich erhöht sich der Lärmpegel mit dem Bau von CCS um 10 Dezibel. Im TÜV-Gutachten im Raumordnungsverfahren wurde nur eine Zunahme um ein Dezibel prognostiziert.

1997

November: Jörgen Möllegaard, Sprecher der Barig (Board of Airline Representatives, einem Zusammenschluss von in der BRD tätigen Luftfahrtgesellschaften) fordert anlässlich der Einweihung der Verlängerung des Flugsteigs D eine neue Start- und Landebahn auf dem Rhein-Main-Flughafen. Lufthansa-Vorstandsvorsitzender Jürgen Weber schließt sich in einem Spiegel-Interview der Forderung an. Bei einem Wirtschaftsgespräch beim „Binding-Abendschoppen" kam ebenfalls die Rede auf eine neue Bahn. Die ersten Reaktionen der Politik wiegeln vorsichtig ab. Wie schon so oft in der Geschichte der Flughafenerweiterung stellen sich die Dementi wenig später doch als unwahr heraus. Der hessische Ministerpräsident Eichel hält zwar eine weitere Startbahn für nicht durchsetzbar, spricht aber gleichzeitig über einen „vernünftigen Ausgleich der Interessen". Regierungssprecher Schmidt-Deguelle (SPD) sieht zur Zeit keine Notwendigkeit für das Projekt; Verkehrsminister Klemm ist der Meinung, Wachstum könne innerhalb des Zaunes ausreichend stattfinden. Auch die FAG wiegelt ab: wer eine neue Start- und Landebahn will, muss sagen, wo er sie bauen möchte. FAG-Vorstandschef Bender betont, er wolle den Konsens mit den EinwohnerInnen der Region. FAG-Sprecher Schwalm meint, es gebe derzeit keine konkreten Pläne für eine neue Bahn bis zum Jahr 2005, was noch nicht einmal allzu sehr gelogen ist, da eine neue Piste ja erst im Jahr 2006 eingeweiht werden soll, wie sich später herausstellt. Die FAZ verweist zu diesem Zeitpunkt schon auf frühere Alternativ-Planungen zur 18 West, bei der eine Variante 2000 m südlich des bestehenden Parallelbahnsystems lag. Die FAZ geht davon aus, dass diese Bahn (modifiziert) bei der konkreten Planung eine Rolle spielen wird. Außerdem wird über Nordbahn und Erbenheim spekuliert.

Dezember: Die BI Mörfelden-Walldorf führt eine Informationsveranstaltung zu möglichen Trassenverläufen der neuen Bahn in der Stadthalle Walldorf durch. Die BI geht zu diesem Zeitpunkt davon aus, dass als Ziel die Parallelbahnspreizung angestrebt wird, sowie die Nutzung von Erbenheim. Anlass zu der Vermutung gibt die Sanierung des Rollweges S (s. auch Generalausbauplan 1995). Im Stadtparlament Mörfelden-Walldorf wird eine Resolution gegen den Flughafenausbau verabschiedet. Der CDU geht der Text zu weit, SPD, Grüne und DKP stimmen zu.

Die Lufthansa plant den Bau eines neuen Verwaltungszentrums. Die FAG bietet ein Gelände von 13,2 ha an – davon ca. 8 ha Wald, westlich und östlich der Anbindung der Querspange Kelsterbach am Airportring. In einem Vertrag von 1968 zwischen der Stadt Kelsterbach und der FAG wurde festgelegt, dass der Wald als Lärmschutz erhalten bleiben soll. Das Gebiet gehört zwar mittlerweile der Stadt Frankfurt, doch ist sie in die Rechte und Pflichten des ursprünglichen Vertrages eingetreten. Trotzdem wird der Flächennutzungsplan geändert, der Wald wird in Gewerbefläche umgewandelt.

1998

Januar: Der FAG-Pressesprecher Schwalm bezeichnet die Pläne zum Bau einer vierten Start- und Landebahn im Süden des bestehenden Parallelbahnsystems als wildeste Spekulation. Er behauptet, als Option blieben nur eine Erweiterung im Norden und Erbenheim.

Verschiedene SPD-Politiker fordern einen Dialog mit allen Interessensgruppen und einen breiten Konsens in der Region. Nur dann sei eine Lösung tragfähig. Eichel kündigt an, die Landesregierung werde einen umfassenden Dialog über die Zukunft des Flughafens (!) in Gang setzen. Er hat einen Kreis von Persönlichkeiten eingeladen, um darüber zu beraten, wie die Diskussion in sachlicher Form organisiert werden kann (Teilnehmer sind u.a. OB Roth, IHK-Chef Niethammer, DGB-Hessen-Chef Hooge, Kurt Oeser, FAG-Chef Bender, der Schriftsteller Peter Härtling). Diese Arbeitsgruppe wird später das Mediationsverfahren vorschlagen.

Im vollbesetzten Saal im Palmengarten-Haus findet eine Veranstaltung der Frankfurter Rundschau statt. Auf dem Podium sitzen u.a. Kurt Oeser und die Oberbürgermeisterin von Frankfurt, Petra Roth, die verspricht, es werde mit ihr keine Nordbahn im Schwanheimer Wald geben.

Februar: Der SPD-Unterbezirksvorstand fasst einen Beschluss gegen eine neue Bahn im Schwanheimer Wald. Der Landesvorstand der SPD Hessen (Vorsitzender: Hans Eichel) ist der Meinung, dass die Diskussion über die Flughafenerweiterung in der Landespartei noch offen sei. Diese Haltung richtet sich gegen den Unterbezirk Hessen Süd und die Frankfurter Parteigenossen, die eine Position gegen die neue Landebahn festklopfen möchten. Die BI Mörfelden-Walldorf stellt Forderungen für den Dialog der Landesregierung: Eine Obergrenze der Flugbewegungen, ein Nachtflugverbot von 22 - 6 Uhr, der Zaun als Grenze und kein weiterer Waldeinschlag.

Der Grüne Tom Koenigs spricht sich für eine Flughafenerweiterung innerhalb des Zauns aus. Der Fraktionsvorsitzende im Landtag, Alexander Müller, ist für eine Verlagerung des Flugverkehrs auf andere Flughäfen. Der Kurzstreckenverkehr soll auf die Bahn, die freiwerdenden Slots sollen mit Interkontinentalflügen aufgefüllt werden. Eine Begrenzung des Flugverkehrs wird nicht gefordert. Der DGB Hessen schließt sich der Linie der Landes SPD an: man will einen angeblich offenen Dialog, um sich offiziell nicht festlegen zu müssen.

Im Hessischen Fernsehen nutzen zahlreiche AusbaugegnerInnen die Sendung „Stadtgespräch", um gegen die Flughafenerweiterung Stellung zu beziehen.

März: Die Sonntagsspaziergänge, die seit 1982 an der Südost-Ecke der Startbahn 18 West stattfinden, bekommen erneuten Zulauf. Am 1.3. wird ein Tor in der Startbahnmauer aufgebrochen. Daraufhin werden in einem überzogenen Polizeieinsatz zwei Personen am Kuchenstand festgenommen. Der Polizeieinsatz erstreckt sich bis hinein nach Walldorf. Erst abgestritten, dann doch bestätigt: Nicht mal die Totenruhe ist der Polizei heilig. Beamte halten sich auf dem Friedhof versteckt und kanzeln rüde einen Friedhofsbesucher ab, der sie zur Rede stellt. Auf der folgenden Bürgerversammlung in Mörfelden-Walldorf wird der Polizeieinsatz von Bürgern kritisiert. Kommentar der BI: Der Dialog hat begonnen.

Zum ersten Mal trifft sich das Forum „Keine Flughafenerweiterung – für ein Nachtflugverbot von 22 - 6 Uhr". An diesem Abend, dem 5.3., wird das Bündnis der Bürgerinitiativen gegründet. Beteiligt sind: Interessensgemeinschaft gegen Fluglärm, Bunte Hilfe Frankfurt, BUND Offenbach, Offenbacher Verein gegen Flugverkehr, BI Luftverkehr Offenbach, Erzhäuser Bürgerinnen und Bürger gegen Fluglärm, BI gegen Flughafenerweiterung Mörfelden-Walldorf, Arbeitskreis Umweltschutz Wiesbaden, BUND Jugend Hessen, BUND Mörfelden-Walldorf, Schutzgemeinschaft Deutscher Wald Frankfurt, BI Flörsheim, BI Bergen-Enkheim, Frankfurter Bürger gegen Fluglärm, Vertreter von Grünen und der Wählerinitiative Kelsterbach. Das Forum hat die Einschätzung, dass der „Runde Tisch" von Ministerpräsident Eichel nur dazu dienen soll, die Flughafenerweiterung möglichst geräuschlos durchzusetzen und lehnt ihn von daher ab.

Jahres-Parteitag der SPD am 20./21.3.: die Frankfurter SPD schließt eine neue Bahn nicht mehr von vornherein aus. Auf dem Parteitag kommt es zu heftigen innerparteilichen Auseinandersetzungen. Um die Konfrontation zu dämpfen, wird beschlossen, einen Arbeitskreis zur Frage der Flughafenerweiterung einzurichten. Der Arbeitskreis soll Experten anhören, Argumente zusammentragen und dem nächsten Parteitag Lösungsvorschläge zum Ausbau des Flughafens vorschlagen – in ca. einem Jahr, d.h. nach den Landtagswahlen. Der alte Beschluss des Unterbezirksvorstandes gegen eine neue Landebahn im Frankfurter Stadtwald wird faktisch gekippt – auch wenn es offiziell heißt, er gelte weiter. Durchgesetzt wurde der angeblich offene Dialog. Am 21.3. findet auch eine erste Demonstration gegen den Flughafenausbau statt. Der Aufruf dazu kommt vom BUND, dessen Landesversammlung sich in Frankfurt-Schwanheim trifft. Noch geht es ausschließlich um eine Landebahn im Schwanheimer Wald.

April: Am ersten Sonntag im April kommt es an der Startbahn West zu zahlreichen Personenkontrollen und diversen Platzverweisen unter Androhung von zwölf Stunden Haft. Die BI Mörfelden-Walldorf kritisiert diesen Eingriff in die Versammlungsfreiheit. Bürgermeister Brehl hingegen begrüßt die Polizeipräsenz. Auch er ist an diesem Sonntag im Wald und bekommt von Mitgliedern der BI für seinen Law-and-Order-Einsatz einen Sheriffstern angeheftet. Einige Tage zuvor hat sich Bürgermeister Brehl mit der Polizeiführung aus Mörfelden-Walldorf, Groß-Gerau, Frankfurt-Süd und Vertretern aller Fraktionen im Stadtparlament getroffen. BI, BUND, die Interessensgemeinschaft gegen Fluglärm und die Schutzgemeinschaft Deutscher Wald sagen ihre Teilnahme ab.

Mai: Der Schwanheimer Wald wird zum Trinkwasserschutzgebiet erklärt.

Bei einer Veranstaltung der Grünen im Bürgerhaus Mörfelden berichtet die Grüne Elizabeth Schroeter, Mitglied des Europa-Parlaments, über das Mediationsverfahren zum Ausbau des Flughafens Berlin. Sie rät davon ab, an solch einem Verfahren teilzunehmen: Es koste viel Zeit und bringe nichts. Die Ergebnisse sind rechtlich nicht bindend. Eine Mediation mache nur Sinn bei der Frage des „Wie" und nicht des „Ob". Sei letzteres Gegenstand des Verfahrens, gebe es immer Gewinner und Verlierer. Eine „Win-Win-Situation" sei da nicht möglich. Kurt Oeser schaut kurz in die Veranstaltung herein und erläutert seine Position. Leider geht er nach seiner Stellungnahme gleich wieder, so dass die Kritik von Elizabeth Schroeter ihn nicht erreicht.

Als Ausbauvariante wird die Nordbahn von der FAG favorisiert, weil Terminals, Tanklager und Reparaturwerften im Norden des Flughafens dafür gut nutzbar sind. Eine Südbahn oder eine Parallelbahn zur 18 West sei aus technischen Gründen nicht realisierbar, auch eine Spreizung der Parallelbahnen sei unmöglich, so FAG-Vorstandsbeauftragter Volker Zintel.

Die US-Luftwaffe ist bereit, die Air Base für 300 Millionen DM komplett zu räumen. FAG-Sprecher Busch meint dazu, der Abzug der USA würde das Hauptproblem der mangelnden Kapazität nicht lösen. Der vor der Air Base gelegenen Rollweg „Sierra" könne nicht zu einer neuen Bahn ausgebaut werden (kein -

Parallelbahnbetrieb möglich). Einer noch weiter im Süden liegenden Bahn wäre die Cargo City Süd im Weg, außerdem läge dann Zeppelinheim direkt unter der Einflugschneise. Der Platz könne aber für ein drittes Terminal genutzt werden oder es könnten Bürofunktionen vom Norden nach Süden verlegt werden.

Der von Eichel ins Leben gerufene Gesprächskreis beschließt am 14.5. die Einleitung eines Mediationsverfahrens. Die Grünen stimmen in Gestalt von Staatssekretär Rainer Baake zu. SPD und Grüne haben sich darauf verständigt, um einen offenen Konflikt im Wahlkampf zu vermeiden. Die offizielle Sprachregelung der SPD lautet, man habe keine neue Landebahn beschlossen, sondern nur beschlossen, zu prüfen. Auch die OB von Frankfurt, Petra Roth, stimmt der Mediation zu. In dem Gremium sollen u.a. Bürgerinitiativen, Umweltverbände, Abgesandte der Wirtschaft, FAG, DFS, LH, Gewerkschaften und das Bundesministerium Verkehr vertreten sein. Ziel sei es, bis Ende 1999 zu klären, „unter welchen Voraussetzungen der Flughafen Frankfurt dazu beitragen kann, die Leistungsfähigkeit der Wirtschaftsregion Rhein-Main im Hinblick auf Arbeitsplätze und Strukturelemente dauerhaft zu sichern und zu verbessern, ohne die ökologischen Belastungen für den Siedlungsraum außer acht zu lassen". Nicht Mensch und Umwelt stehen im Mittelpunkt, sondern der Flughafen.

Ministerpräsident Eichel knüpft gar die Hoffnung an die Mediation, sie würde das Planungsverfahren verkürzen, da wichtige Gutachten durch sie schon in Auftrag gegeben werden könnten. Ein Ziel der Mediation besteht darin, Auseinandersetzungen wie an der Startbahn 18 West zu vermeiden, so verschiedene Mediations-Teilnehmer wie FAG-Chef Wilhelm Bender oder Kurt Oeser. Der ehemalige Umweltbeauftragte der evangelischen Kirche, Kurt Oeser und der IHK-Präsident Niethammer werden zu Mediatoren ernannt. Sie bestimmen später den dritten Mediator, Klaus Hänsch. Er ist SPD-Abgeordneter des Europäischen Parlaments und war zeitweise dessen Präsident.

Die Teilnahme Oesers am Mediationsverfahren an herausragender Stelle führt zu heftigen Auseinandersetzungen in der BI Mörfelden-Walldorf und zu Diskussionen im Bündnis. Die Enttäuschung über Kurt Oeser macht sich in seinem Wohnort Mörfelden in herber Kritik Luft. Bemerkenswert am Mediationsverfahren ist außerdem die wissenschaftliche Begleitung durch das Öko-Institut, was faktisch einer Unterstützung der Mediation und damit der Ausbaubefürworter gleichkommt.

Juni: Im Wahlprogramm-Entwurf der Grünen für die Landtagswahlen ist die Grenze des ökologisch vertretbaren Wachstums im Rhein-Main-Gebiet bezüglich des Flughafens schon lange erreicht. Der Entwurf richtet sich auch gegen den Ausbau innerhalb des Zauns. Eine Kapazitätssteigerung wird abgelehnt, eine Reduktion der Flugbewegungen gefordert, ebenso wie ein Nachtflugverbot von 22 - 6 Uhr. Der Landesvorstandssprecher der Grünen, Tom Koenigs, geht auf Distanz zu dem Entwurf. Die Mitgliederversammlung der Grünen in Marburg stimmt über das Landeswahlprogramm ab: Eine Erweiterung außerhalb des Zauns wird abgelehnt, aber auch die Reduzierung der Flugbewegungen auf 300.000 wird gestrichen. Es gibt eine grundsätzliche Zustimmung zum Mediationsverfahren, nur solle es anders organisiert werden. Die hessische CDU spricht sich erstmals öffentlich für den Bau einer weiteren Landebahn aus. Eine vierte Bahn sei nur außerhalb des umzäunten Geländes realisierbar.

Die 17 BIs aus dem Bündnis haben nach sechs Wochen Diskussion beschlossen, an der Mediation nicht teilzunehmen. Die Formulierung des Mediations-Zieles lässt den Schluss zu, dass der Ausbaubeschluss schon in den Köpfen ist. Das Verfahren ist ein reines Akzeptanz-Management. Auch die Umweltverbände lehnen eine Teilnahme an der Mediation ab. Es gehe nur noch um das „Wie", nicht um das „Ob" des Ausbaus. Die Parteien in Wiesbaden lassen nicht erkennen, dass sie sich an das Mediationsergebnis halten werden. Ministerpräsident Eichel fordert Umweltorganisationen und BIs auf, an der Mediation teilzunehmen und versteigt sich gar zu der Behauptung, jeder setze sich ins Unrecht, der da nicht mit diskutiere.

Juli: Der Präsident der evangelischen Kirche in Hessen und Nassau, Prof. Peter Steinacker, wünscht ebenso wie der hessische DGB-Vorsitzende Dieter Hooge und der Mediator Kurt Oeser die Teilnahme der Naturschutzverbände und BIs am Mediationsverfahren. Außerdem wird eine interne AG eingesetzt, um innerhalb der Kirche die Diskussion zu führen.

Die Mediationsgruppe tagt zum ersten Mal.

August: Die Bürgerinitiativen treffen sich mit der Mediationsrunde, um auszuloten, wie ernst ihre Bedenken genommen werden. Auf Seiten der Mediatoren tut sich nichts. Die Kritik der BIs verhallt ungehört. Folglich sehen sie keine Grundlage dafür, sich an der Mediation doch noch zu beteiligen. Allein die Offenbacher Vereinigung gegen Fluglärm nimmt am Mediationsverfahren teil, gegen das Votum der inzwischen 19 anderen BIs. Ministerpräsident Eichel versucht, die BIs und Naturschutzverbände in einem Brief umzustimmen. Das Verfahren sei ergebnisoffen, ökologische und ökonomische Fragen würden gleichrangig behandelt (was von der Fragestellung her schon nicht stimmt und im Laufe des Verfahrens ad absurdum geführt wird).

September: Der Präsident der IHK Frankfurt, Frank Niethammer, fordert eine zusätzliche Landebahn. Als Mediator hätte er die Aufgabe, neutral zu bleiben. Die BI Kelsterbach ruft zum Picknick an der Landebahn auf. Zu Spaziergang und Führung durch den Wald kommen ca. 400 TeilnehmerInnen. Der Verbandstag des Umlandverbands Frankfurt hat keine klare Linie in Sachen Flughafenausbau. „Keine Denkverbote", „Offene Diskussion", „Abwarten, was das Mediationsverfahren bringt", sind die Schlagworte von SPD, CDU, FDP. Die BIs verneinen schliesslich endgültig ihre Teilnahme am Mediationsverfahren.

Oktober: Auch der BUND sagt seine Teilnahme am Mediationsverfahren ab. Ein Parteitag der SPD bekräftigt mit großer Mehrheit frühere Beschlüsse gegen die neue Piste. Armin Clauß und Rita Streeb-Hesse appellieren vergeblich, doch das Mediationsergebnis abzuwarten.

Die SPD-Führungen in Frankfurt und im Land versuchen, diesen Beschluss in der Folgezeit zu relativieren: Es sei nur eine von vielen Äußerungen, die Partei könne beschließen, aber die Regierung entscheide. Keine der Landtagsparteien legt sich auf einen Standort fest, aber CDU, FDP und SPD wollen den Ausbau. In einer Landtagsdebatte offenbart Armin Clauss ein erstaunliches Demokratieverständis: Wer nicht am Mediationsverfahren teilnehme, habe per se Unrecht. Außerdem habe er Zweifel an der demokratischen Struktur der Verbände.

November: Der Grünen-Landeschef Tom Koenigs will vor der Wahl kein Garzweiler begründen und sich deshalb nicht mal auf den Zaun als Grenze für den Flughafen festlegen – entgegen den Aussagen im Wahlprogramm. Der drohende Flughafenausbau sei kein Knackpunkt für eine rot-grüne Koalition. In der Frankfurter Rundschau wird erstmals die Kelsterbacher Bahn, d.h. die Nord-West-Bahn, als mögliche Variante genannt. Kelsterbachs Bürgermeister Engisch erhält diese Information nur aus der Presse und ist dementsprechend verärgert. Es handelt sich um 280 ha Wald, der im April des Vorjahres als Bannwald ausgewiesen wurde. Umgesiedelt werden müsste das Gewerbegebiet Kelsterbach Süd sowie das RWE-Umspannungswerk. FAG-Sprecher Schwalm behauptet, es gäbe keine Kelsterbacher Variante und sie werde bei der FAG auch nicht diskutiert. Der Widerruf dieses Dementis kommt wenig später: FAG-Pressesprecher Klaus Busch räumt ein, es gebe viele Varianten, darunter auch die Kelsterbacher.

Das Bündnis der Bürgerinitiativen besucht anlässlich des Internationalen Flugaktionstag am 6.11. das Flughafen-Terminal und verteilt Flugblätter und „Tickets". Motto: Luftverkehr als Klimakiller.

Innerhalb der Kirche beginnt der Konsultationsprozess. Auftakt ist eine Veranstaltung mit 180 Kirchenvorständen in Neu-Isenburg. Bürgerinitiativen protestieren und verteilen Flugblätter. Der Grund: Die Kirchenoberen haben ein Papier als Argumentationshilfe erarbeitet, in dem nach Meinung der BIs vor allem Pro-Ausbau-Argumente zu finden sind. Außer Kirchenmitarbeitern war nur noch ein Mitglied der Wirtschaftsförderung Frankfurt an der Ausarbeitung beteiligt. Weder Bürgerinitiativen noch Naturschutzverbände wurden von der Kirche um ihre Meinung gefragt.

Die TeilnehmerInnen des Landesparteitags der SPD in Wiesbaden werden vor den Rhein-Main-Hallen von zahlreichen AktivistInnen mit Transparenten und Trillerpfeifen begrüßt. Die SPD geht ohne klare Aussage zur Flughafenerweiterung in den

Wahlkampf. Sie will die „Weiterentwicklung" des Flughafens. Eichel meint aber, die Entscheidung über den Ausbau falle erst nach der Mediation. Tatsächlich dient das Gerede von „Dialog" und „Ergebnisoffenheit" allein dazu, den in den Köpfen zahlreicher Politiker längst beschlossenen Ausbau zu legitimieren. Der Arbeitskreis der SPD, im Frühjahr beschlossen, hat sich bisher nur zweimal getroffen. Kritik kommt aus den eigenen Reihen. So wird die Verschleppungstaktik beklagt und dass in dem Kreis nur die Haltung der Landesregierung referiert werde.

1999

Januar: „Wer jetzt noch schläft, kann bald nicht mehr schlafen" – unter diesem Motto findet die erste gemeinsame Großveranstaltung des Bündnisses der Bürgerinitiativen in Mörfelden mit Redebeiträgen und Musik statt. Mehr als 500 Menschen kommen. Einseitigkeit, fehlende Daten, mangelnde Überprüfbarkeit, mangelndes Problembewusstsein, keine Teilnahme der Betroffenen – die Pfarrer des evangelischen Dekanats Frankfurt-Süd (Oberrad, Sachsenhausen, Niederrad, Bahnhofsviertel, Gallus, Bockenheim) kritisieren das von der Evangelischen Kirche in Hessen und Nassau (EKHN) vorgelegte Papier zum Flughafenausbau.

Februar: Die CDU gewinnt die hessischen Landtagswahlen am 7.2. durch ihre rassistische Kampagne gegen die doppelte Staatsbürgerschaft. Das Mediationsverfahren wird unter der neuen Landesregierung fortgesetzt. Die Grünen-Fraktion im hessischen Landtag will ihre Position zum Ausbau des Frankfurter Flughafens neu überdenken. Die designierte Fraktionschefin und Noch Umweltministerin Priska Hinz meint, die Wahlaussage zum Flughafenausbau sei bei der Bevölkerung nicht angekommen. Deshalb sollten sich die Grünen fragen, ob sie bei dem Thema nicht andere Positionen einnehmen müssten.

März: Am südlichen Flughafenrand wird auf FAG-Gelände in Richtung Walldorf gerodet. Ängste werden laut, das hänge mit Planspielen für eine Südbahn zusammen. Die FAG widerspricht pflichtschuldigst: Es handle sich um Waldpflege (so nennt man das Abholzen von Bäumen heutzutage). Die FAG favorisiere im Mediationsverfahren zwei Varianten: Wiesbaden-Erbenheim oder eine neue Nordbahn. Alle anderen Varianten seien für die FAG vom Tisch. Der Antrag der Grünen im Stadtparlament von Mörfelden-Walldorf, analog zu Kelsterbach einen Rechtshilfefond einzurichten, wird mit den Stimmen von SPD und CDU abgelehnt. Nur die DKP stützt den Antrag. Aus den Reihen der SPD wird die Ablehnung u.a. mit dem laufenden Mediationsverfahren begründet. Dort werde alles gründlich geprüft. Bürgermeister Brehl lässt sich von der neuen Landesregierung versichern, dass das Mediationsverfahren immer noch ergebnisoffen sei. In den vergangenen Wochen war aus allen vier Landtagsfraktionen zu hören, es gehe nur noch um das „Wie" des Ausbaus, nicht mehr um das „Ob". Der Vorstand der evangelischen Kirchengemeinde Walldorf veröffentlicht eine Resolution gegen den Ausbau und fordert die Kirchenleitung auf, in diesem Sinne eindeutig Position zu beziehen.

April: Das Bündnis der Bürgerinitiativen befürchtet, dass in Kürze Pläne für eine 2.400 m lange Südbahn veröffentlicht werden. Diese Bahn soll die „Kompromissvariante" zur Schwanheimer Variante werden. Sie ist das „Abschiedsgeschenk" des ehemaligen Verkehrs- und Wirtschaftsministers Klemm (SPD). Die FAG weist die Darstellung als Unfug und unseriös zurück; sie schließe eine Bahnvariante im Süden aus betrieblichen Gründen definitiv aus.

Mai: Im Rahmen der Mediation war die US-Zivilluftfahrtbehörde FAA beauftragt worden ein Gutachten zu erstellen. Es soll nur Fragen zur Kapazitätssteigerung klären, alle anderen Aspekte werden nicht berücksichtigt. Als Vorgabe gelten 120 Flugbewegungen in der Stunde. Insgesamt werden 16 Varianten geprüft. Das Gutachten wird nun vorgelegt. Demnach eignen sich sowohl die Kelsterbacher als auch die Schwanheimer Variante zur Kapazitätssteigerung. Von den Betroffenen wird das Ergebnis als Vorentscheidung zum Ausbau gewertet. Vor dem Ergebnis der von der FAA favorisierten Ausbauvarianten ist die Ergebnisoffenheit kaum zu gewährleisten. Untersucht wurden in dem Gutachten auch die Atlanta-Variante mit zwei neuen südlichen Parallelbahnen, sowie die Ausbau-Variante mit „nur" einer Südbahn. Die Mediationsgruppe hatte von sich aus den Vorschlag „Atlanta-Variante" der Pilotenvereinigung Cockpit aufgegriffen und die FAA beauftragt, ihn zu prüfen. Die Mediationsgruppe versucht die Ergebnisse herunterzuspielen: sie wären keine Vorentscheidung für den Bau einer neuen Piste. Der Mediator Kurt Oeser behauptet unverdrossen, alles sei ergebnisoffen – bis hin zur Null-Variante.

Juli: Die Gutachter, die angeblich zur Qualitätssicherung das FAA-Gutachten untersuchen, bitten die FAA um zusätzliche Berechnungen. Dabei soll das Augenmerk insbesondere auf die Südbahnvarianten gerichtet werden, unter Voraussetzung einer Schließung der Startbahn 18 West und der Einführung neuer Radarsysteme. Im FAA-Gutachten würde durch den Bau einer Südbahn sonst nur eine Kapazität von 101 Flugbewegungen in der Stunde auf dem gesamten Flughafen erreicht werden.

In der Mediation sind noch acht Varianten im Rennen, darunter die Ausbauvarianten: nur Erbenheim, Nord-Ost, Nordwest, Stilllegung 18 West + Südbahn + Erbenheim, Atlanta-Variante, Schließung der 18 West + Südbahn. Bemerkenswert daran ist, dass die anfangs so vehement dementierte Süd-Bahn nun gleich mit drei Varianten geprüft wird. Selbst die Atlanta-Variante ist dabei, die offiziell von der FAG abgelehnt wird. Das alles geschieht mit Wissen und Unterstützung von Kurt Oeser. Er kritisiert gar die Festlegung der FAG auf die Kelsterbacher Bahn. Oeser wörtlich: „Genauso wie wir jetzt diese von der Vereinigung Cockpit vorgeschlagene sogenannte Atlanta-Geschichte, zwei südliche Bahnen, untersuchen lassen. Das ist natürlich eine außerordentlich schwierige Situation für die FAG, Dinge zu befürworten, die ihre Startbahn West obsolet machen." (Freitagsanzeiger, 22.07.1999).

Die Atlanta-Variante würde mindestens 600 ha Wald vernichten. 150 Flugbewegungen wären damit möglich.

Die USA wollen die Air Base bis 2005 räumen. 152 ha im Süden des Flughafens werden für die FAG zur Nutzung frei. Abstellflächen für Flugzeuge, Einrichtungen für Passagiere und Fracht sollen dorthin. Langfristig sei ein neues Terminal dort geplant. Deshalb sei eine Spekulation über eine neue Südbahn auf dem Air-Base-Gelände hinfällig, so FAG-Sprecher Busch. Tatsächlich wird in der Mediation über eine neue Südbahn außerhalb des Flughafengeländes diskutiert. Ein drittes Terminal im Süden macht für die FAG unter diesen Voraussetzungen Sinn.

August: Umweltminister Wilhelm Dietzel spricht sich für eine Süd-Bahn aus, angeblich um den Bannwald in Kelsterbach und Schwanheim zu schonen. Bürgermeister Brehl weist darauf hin, dass auch im Süden Bannwald steht.

September: Der Fraktionsvorsitzende der FDP im Hessischen Landtag, Jörg-Uwe Hahn, erklärt, die Null-Variante sei vom Tisch. Er spricht damit nur aus, was vermutlich alle schon wissen. Mediator Kurt Oeser betreibt Schadensbegrenzung und lässt sich von Ministerpräsident Koch bestätigen, dass die Mediation ergebnisoffen sei. Feiern statt Fliegen – das Bündnis der Bürgerinitiativen lädt zu einer Kulturveranstaltung in Raunheim mit mehreren hundert Teilnehmern ein. Die Diskussion über eine Südbahn wird seit Wochen zusehends intensiver. Selbst die Evakuierung vom Neu-Isenburger Stadtteil Zeppelinheim wird nicht mehr ausgeschlossen.

Oktober: Die erste von drei Info-Veranstaltungen der Mediatoren findet in Kelsterbach statt. Einige Bürgerinitiativen protestieren draußen, drinnen sorgen die Mediatoren für neuen Unmut. Fragen werden nicht beantwortet, es werden nur Formalien erklärt, vom Inhalt der Mediation wird nichts berichtet. Die FAG gibt bekannt, dass für sie Erbenheim keine Alternative zu einer neuen Bahn ist. Wenn, dann wolle sie Erbenheim zusätzlich zu einer Erweiterung auf dem Rhein-Main-Flughafen nutzen.

November: Die Vertreter von 38 Bürgerinitiativen entrollen auf 50 Brücken über Autobahnen und Zufahrtsstraßen zum Flughafen Transparente gegen den Flughafenausbau und für ein Nachtflugverbot von 22 - 6 Uhr. An einigen Brücken kommt es zu Personalienfeststellungen durch die Polizei. Die Stadtverordnetenversammlung Mörfelden-Walldorf beschließt mit den Stimmen der SPD (Enthaltung von Oeser), Grünen und DKP einen 5-köpfigen Flughafenausschuss einzurichten. Im Nachtragshaushalt werden 15.000 DM für Öffentlichkeitsarbeit eingestellt. OB Petra Roth gibt während der noch laufenden Mediation bekannt, dass ihr eine Südbahn, am besten noch die Atlanta-Variante, am liebsten sei. Da sei Frankfurt nicht betroffen.

Dezember: Es findet das letzte der drei Werkstattgespräche zur Mediation statt. In Rüsselsheim demonstrieren die Bürgerinitiativen mit Fluglärm vom Band und Transparenten vorm Saal, der auch nicht jedem offen steht, sondern nur ausgewählten Multiplikatoren.

Die Regionalversammlung beschließt mit den Stimmen von SPD, CDU, FDP den Regionalplan. Inhalt: Der Flughafen ist in seiner Bedeutung als internationaler Großflughafen zu erhalten und zu stärken. Genaue planerische Schritte für die Umsetzung lassen sich momentan nicht festlegen. Damit wird das 1985 beschlossene Ziel, einem Ausbau nur innerhalb des Zauns zuzustimmen, über Bord geworfen. Die Regionalversammlung verzichtet auf konkrete Äußerung zu möglichen Ausbau-Varianten und überlässt das der Mediation und der Landesregierung. Auch Inge Auer (persönliche Referentin von Bürgermeister Brehl, Mörfelden-Walldorf, Kreistagsabgeordnete der SPD für Groß-Gerau) und Baldur Schmitt (Vorsitzender der Kommunalen Arbeitsgemeinschaft Flughafen, Erster Kreisbeigeordneter Groß Gerau) stimmen dem zu. Angeblich habe die Aussage zum Flughafen keine verbindlichen Folgen, da bald die Mediation abgeschlossen sei, so Auer.

2000

Januar: Der Mediator Frank Niethammer löst in der Mediationsrunde einen Eklat aus. Er bringt kurz vor Ende der Mediation ein Gutachten eines niederländischen Instituts für Luft- und Raumfahrt ein. Inhalt: Ausschließlich die Südbahn ist neu berechnet worden. Das Ergebnis lautet, entgegen den früheren Berechnungen der FAA, mit Hilfe der Südbahn könne sehr wohl eine Kapazität pro 120 Flugbewegungen die Stunde erreicht werden.

Die an der Mediation beteiligten Bürgermeister sind über das nicht abgesprochene, eigenmächtige Vorgehen der Mediatoren aufs Äußerste verärgert und fordern, dass alle favorisierten Varianten nochmals auf ihre Kapazitätsgewinne hin untersucht werden müssten. Mit der Untersuchung der Niederländer werde einseitig Partei für eine Südbahn genommen. Mediator Kurt Oeser hingegen sieht das anderes und kann in dem Vorgehen keine Parteilichkeit erkennen. Auf die Kritik, Niethammer habe die Untersuchung eigenmächtig in Auftrag gegeben, erklären die Mediatoren Niethammer, Oeser und Hänsch, es habe keinen Alleingang gegeben. Entscheidungen würden von ihnen im Konsens getroffen.

Das Mediationsergebnis wird am 31.1. der Öffentlichkeit vorgestellt: Es beinhaltet fünf Punkte: den Ausbau des Flughafens, die Optimierung, Nachtflugverbot von 23 - 5 Uhr, einen „Anti-Lärm-Pakt" und die Einrichtung eines „Regionalen Dialogforums". Sechs Kommunal-Vertreter aus der Mediationsgruppe sprechen sich gegen das Mediationsergebnis aus, da sie den Ausbau ablehnen. Ihre Ablehnung wird lediglich in einer Protokoll-Notiz sichtbar. Weder im Abschlussbericht, noch bei der Pressekonferenz wird das erwähnt. Die Mitglieder an der Mediationsgruppe sprechen sich zwar für den Ausbau aus, nennen aber keine bestimmte Variante. Ganz anders die drei Mediatoren: Sie nennen die Kelsterbacher und Schwanheimer Variante, favorisieren aber einvernehmlich ganz klar die Südbahn, bei Schließung der Startbahn 18 West. Die Südbahn hätte die größten Optimierungspotentiale, heißt es. Die Bürgerinitiativen befürchten, dass das der Einstieg in das Atlanta-Modell ist. Die Mediatoren behaupten weiterhin, alle Beteiligten fänden bedeutende Teile ihrer Erwartungen im Abschlussbericht wieder. Es gebe nur Gewinner und keine Verlierer. Oeser sagt, das Nachtflugverbot von 23 - 5 Uhr müsse umgehend realisiert werden, sobald sich Landesregierung und Landtag die Empfehlungen der Mediatoren zu eigen gemacht haben. Es dürfe damit nicht gewartet werden, bis die neue Bahn fertig sei. Die fünf Punkte sind ein Paket, einzelne Punkte dürften nicht herausgebrochen werden. Die Lufthansa, Beteiligte an der Mediation, lehnt ebenso wie die Barig, der Zusammenschluss der in Deutschland tätigen Fluggesellschaften, noch am gleichen Tag ein Nachtflugverbot von 23 - 5 Uhr ab. Die mittlerweile 42 Bürgerinitiativen protestieren mit 300 TeilnehmerInnen auf dem Römerberg gegen das Mediationsergebnis.

Petra Roth (OB Frankfurt, CDU) und Achim Vandreike (Bürgermeister Frankfurt, SPD) befürworten umgehend den Bau einer Südbahn.

Februar: Am 1.2. kommen in Walldorf über 1.000 Menschen zu einer Informationsveranstaltung der BI Mörfelden-Walldorf in die Stadthalle. Es ist die größte politische Versammlung in der Kommune seit 20 Jahren. Entsetzen und Zorn über die Ausbauempfehlung werden deutlich. Befürchtungen werden laut, es werde in einigen Jahren die Atlanta-Variante realisiert werden. Die Möglichkeit der Durchsetzung eines Nachtflugverbotes von 23 - 5 Uhr wird skeptisch beurteilt. Es sei schon beim Bau der Startbahn 18 West versprochen und nie eingeführt worden.

Bei einer Befragung der Kirchengemeinden rund um den Flughafen stellt sich heraus, dass fast alle derjenigen, die sich an der Umfrage beteiligt haben, den Ausbau ablehnen. Höchstens einen Ausbau innerhalb des Zauns oder den Ausbau von Erbenheim befürworten einige Gemeinden. Eine abschließende Stellungnahme der Kirchenleitung zu dem Thema wird es nicht geben, so Kirchenpräsident Steinacker.

Noch bevor offiziell eine politische Entscheidung über die Flughafenerweiterung, geschweige denn über eine bestimmte Variante, gefällt worden ist, versucht die FAG, notwendige Untersuchungen für Raumordnungs- und Planfeststellungsverfahren so schnell wir möglich einzuleiten. Kaum ist das Mediationsverfahren beendet, werden Briefe an die Eigentümer von Grundstücken verschickt, auf denen im Rahmen der Umweltverträglichkeitsprüfung (UVP) bezüglich des Flughafenausbaus eine ökologische Bestandsaufnahme durchgeführt werden soll. Dazu muss die Betretungserlaubnis der EigentümerInnen eingeholt werden. Viele PrivateigentümerInnen sowie die Kommunen weigern sich, eine Betretungserlaubnis zu erteilen. Es gibt nach Meinung der AusbaugegnerInnen keinerlei rechtliche Grundlage für das Vorgehen der FAG. Wirtschaftsminister Posch droht wegen des wachsenden Widerstandes mit Zwangsmaßnahmen. Er will Duldungsanordnungen erlassen, um dem Senckenberg-Institut den Zutritt auf die Grundstücke zu ermöglichen.

Einstimmige Abstimmung einer Resolution in der Stadtverordnetenversammlung Mörfelden-Walldorf: keine Expansion außerhalb des Zauns, Nachtflugverbot von 22 - 6 Uhr, Verlagerung auf die Bahn und andere Flughäfen, Lärmtaler, Kerosinbesteuerung und Erhalt des wichtigen Bannwalds. Einstimmig wird auch ein Verteidigungsetat gegen die Flughafenerweiterung von einer Million DM beschlossen. Die Fraktion der Grünen Mörfelden-Walldorf fordert den Rücktritt Kurt Oesers als Parlamentsvorsteher, weil er als Mediator die Ausbauempfehlung mittrage und sich damit auf die Seite der Ausbaubefürworter gestellt habe. Der Antrag wird mit den Stimmen der SPD, CDU und DKP (bei zwei Enthaltungen in der Fraktion) abgelehnt.

SPD, CDU und FDP sprechen sich erwartungsgemäß im Landtag für den Ausbau des Frankfurter Flughafens aus. Die Grünen sind dagegen, plädieren aber für eine Optimierung des Bahnensystems und Zusammenarbeit mit anderen Flughäfen, um die Kapazität zu steigern. Der SPD-Landtagsabgeordnete Jürgen May lädt zu einem Symposium, um das Mediationsergebnis zu diskutieren. Ergebnis: Ökologische Fragen (Trinkwasser, Biotopschutz, Luftschadstoffe etc.) wurden in der Mediation nur mangelhaft bis gar nicht untersucht, ebenso wenig wie gesundheitliche und soziale Folgen. Das Institut für Organisationskommunikation (IFOK) zieht durch die Lande und versucht, den Menschen das Mediationsergebnis schmackhaft zu machen. Das IFOK hat die Mediation begleitet. Vertreter des IFOK erläutern Dezibel-Zonen, Optimierung der An- und Abflüge bei einer Südbahn und mögliche Umsiedlungen an einem Informationsabend in Mörfelden. FAG-Chef Bender ist der Meinung, ein vollständiges Nachtflugverbot sei mit den Aufgaben eines internationalen Großflughafens nicht vereinbar. Die Lufthansa kündigt Klage gegen ein Nachtflugverbot an.

März: Die BI Mörfelden-Walldorf organisiert eine Waldbegehung auf dem Gelände der geplanten Südbahn-Variante. Trotz kurzer Vorbereitungszeit nehmen 300 Menschen daran teil. Kundgebung in Rüsselsheim am 11.3. mit ca. 1.500 TeilnehmerInnen. Aufgerufen hatten die örtliche BI, das DGB-Ortskartell und die Stadt. Die erste Großdemonstration des Bündnisses der Bürgerinitiativen findet am 25.3. statt. Zu Demo und Kundgebung auf dem Römerberg in Frankfurt kommen ca. 4.500 TeilnehmerInnen. Einig sind sich alle RednerInnen, darunter der

Foto: ©Ingrid Kopp/Rathausaktion in Wiesbaden unter Beteiligung von AKU, BI Erbenheim und BI Mainz (10.3.2001)

stellvertretende Gesamtbetriebsratsvorsitzende der Opel AG, in ihrer Ablehnung jeder Ausbauvariante, auch bzgl. Erbenheims.

Hessens Ministerpräsident Koch rückt vom Mediationspaket ab. Er will keineswegs ausschließen, die Startbahn West zusammen mit einer Südbahn weiter zu betreiben. Stünde die 18 West weiter zur Verfügung, könne der Lärm besser verteilt werden. Regierungssprecher Dirk Metz: Es sei immer klar gewesen, dass das Mediationspaket nachgebessert wird.

Auf einem Sonderparteitag der Frankfurter SPD stimmen die Delegierten mehrheitlich für den Ausbau des Flughafens im Süden. Sie wenden sich lediglich gegen die Varianten Schwanheimer Wald und Kelsterbach. Aus dem „Nein" von vor zwei Jahren ist ein „Ja" geworden. Kurt Oeser, als Referent zu dem Parteitag eingeladen, fällt hinter seine Forderung, ein Nachtflugverbot zügig und auf einmal umzusetzen, zurück und ist nun der Auffassung, es könne nur Schritt für Schritt eingeführt werden. Die Landes-SPD will sich erst nach Abschluss der UVP auf eine Variante festlegen, auf jeden Fall nicht vor den Kommunalwahlen 2001.

Eine IFOK-Werbeverkaufsveranstaltung in Walldorf preist das Mediationsergebnis. Auf dem Podium: Mediator Niethammer u. a.. KeineR will sich das anhören. Die 300 Leute, die trotzdem kommen, sind aus einem anderen Grund da. Die gesamte Veranstaltung wird mit Trillerpfeifen, vor die Bühne gehaltenen

Transparenten und Meinungsäußerungen aus dem Publikum gestört. Roland Koch taucht auch auf. Fernsehinterviews kann er nur mit einem Trillerpfeifenkonzert im Hintergrund geben. Einer seiner Leibwächter erleidet deshalb einen Hörsturz.

Obwohl schon mehrfach von den Naturschutzverbänden angemahnt, hält sich die hessische Landesregierung bei der Meldung von Biotopen an die EU-Kommission zurück. Nach der 1992 verabschiedeten Flora-Fauna-Habitat-Richtlinie (FFH) sind alle EU-Staaten verpflichtet, schützenswerte Flächen auszuweisen und nach Brüssel zu melden. In Hessen wird die Meldung der unzweifelhaft schützenswerten Flächen „Schwanheimer Düne", „Gundwiesen" bei Mörfelden-Walldorf und „Rüsselsheimer Heidelandschaft" immer wieder verzögert. Der Grund: alle drei Areale könnten dem Flughafenausbau in die Quere kommen. Der frühere Leiter der Abteilung Naturschutz im Umweltministerium plaudert nach seiner Pensionierung aus dem Nähkästchen: Es habe die Vorgabe gegeben, Gebiete, die von Baumaßnahmen betroffen sein könnten, nicht als FFH-Gebiete zu melden. Darauf habe der Wirtschaftsminister Wert gelegt. Wiesbaden legt eine eigene, wirtschaftlich orientierte Messlatte bei der Entscheidung darüber an, was schützenswert sein soll und was nicht und verstößt damit gegen EU-Recht. Dieses schreibt vor, dass bei allen Meldungen allein naturschutzfachliche Gründe maßgebend sein müssen.

April: Eine Delegation des Bündnisses der Bürgerinitiativen wird von Ministerpräsident Koch zu einem Gespräch eingeladen. Die Delegation erläutert die Haltung der BIs bezüglich des Ausbaus und erklärt, nicht am Regionalen Dialogforum teilnehmen zu wollen, sollte dies nur zur Herstellung von Akzeptanz für den Ausbau dienen.

Die Lufthansa spricht sich für den Bau einer Südbahn aus, zusammen mit der weiteren Nutzung der Startbahn 18 West. Die gleiche Position vertritt FAG-Chef Bender, der gleich noch ein Beispiel seiner Ignoranz liefert: Bei weiterer Nutzung der Startbahn 18 West würden lärmarme Abflüge über wenig besiedeltes Gebiet abgewickelt. Das „dünn besiedelte Gebiet" umfasst u.a. die lärmgeplagten Kommunen Mörfelden-Walldorf, Rüsselsheim, Raunheim und einige weitere Städte.

Die Synode der Evangelischen Kirche Hessen und Nassau erkennt das 5-Punkte-Paket des Mediationsverfahrens an. Bei der Kirchenbasis führt das zu Unmut und Austrittsdrohungen, weil sich die Kirche nicht gegen den Ausbau ausspricht.

Nach Protesten mehrerer baden-württembergischer Gemeinden hat die Bundesrepublik schon im letzten Jahr eine Verwaltungsvereinbarung mit der Schweiz gekündigt, in der die Überflüge über deutsches Gebiet von Flugzeugen mit dem Ziel Züricher Flughafen geregelt waren. Jetzt haben der bundesdeutsche Verkehrsminister und der Schweizer Bundespräsident ausgehandelt, die Zahl der Überflüge über süddeutsches Gebiet zu beschränken, ein Nachtflugverbot von 22 - 6 Uhr einzuführen, sowie ein Wochenend- und Feiertags-Überflugverbot. Wofür am Frankfurter Flughafen niemand zuständig sein will, das klappt bei zwischenstaatlichen Verträgen offensichtlich ausgezeichnet.

Mai: Der Verfassungsschutz spricht einen Menschen aus Rüsselsheim an und möchte ihn für seine Spitzeleien gewinnen. Es gehe darum, frühzeitig über den Protest gegen den Flughafenausbau informiert zu sein.

Von der Landesregierung werden drei neue Gutachten zu den Ausbauvarianten präsentiert, die noch von der Mediationsrunde gefordert worden waren. Ausgearbeitet wurden die Gutachten von der FAG, unter Mitwirkung der DFS. Demnach sprächen viele Fakten für die Nord-West-Bahn im Kelsterbacher Wald. Sowohl von der Lärmbelastung, als auch vom Waldverlust her seien die Auswirkungen dort am geringsten. Die FAG müsste beim Bau einer Südbahn die gesamte Cargo City Süd verlegen und hat deshalb mehr Sympathien für eine Nordbahn. Vorgestellt wurde dabei auch eine im Mediationsverfahren nicht diskutierte, sogenannte optimierte Südbahnvariante. Es handelt sich dabei um eine 4.000 m lange Bahn, die 400 m weiter südlich an Walldorf heranrücken würde, als alle bisher angedachten Südbahnvarianten. Mindestens 600 ha Wald müssten dafür abgeholzt werden. Die Bürgerinitiativen befürchten, dass damit die Atlantavariante durch die Hintertür eingeführt wird: Erst könnte die weiter südlich gelegene, dann die nördliche der beiden Südbahnen gebaut werden. Auf einer Lichtung in jenem Wald, der in Zukunft einer Südbahn zum Opfer fallen könnte, nehmen 1.500 Leute an einer Kundgebung gegen den Flughafenausbau teil. Aufgerufen zu der Kundgebung hatte das Bündnis der Bürgerinitiativen.

10.-12.5.2000: Hearing des Landtags zur Zukunft des Frankfurter Flughafens. Erst nach Protesten im Vorfeld wird den Kommunen ein Rederecht eingeräumt. Schon 1981 fand eine ähnliche Veranstaltung zum geplanten Bau der Startbahn 18 West statt. Die AusbaugegnerInnen erwarten das gleiche Ergebnis wie damals: Das Hearing dient nur als Beruhigungspille und soll die Akzeptanz für den Ausbau erhöhen. Deshalb ist das Interesse an der Veranstaltung eher gering. Zu Beginn demonstrieren 50 AusbaugegnerInnen vor der Halle, Robin Wood führt eine Aktion durch. Wirtschafts- und Verkehrsminister Posch erklärt schon vorher, dass er keine neuen Erkenntnisse erwartet. Die FAG legt ein 10-Punkte-Programm zur Lärmreduzierung vor und lehnt ein Nachtflugverbot ab. Außerdem bestätigt die FAG, dass sie erwägt, ein drittes Terminal im Süden des Flughafens zu bauen.

Der Hessische Landtag spricht sich einstimmig für ein Nachtflugverbot am Frankfurter Flughafen aus. Die Abstimmung hat jedoch keine rechtlichen Konsequenzen und ist eine bloße Absichtserklärung zur Beruhigung der Bevölkerung. CDU und FDP weigern sich aber, das Nachtflugverbot verbindlich im Landesentwicklungsplan festzuschreiben. Wirtschaftsminister Posch meint gar, die Initiative für ein Nachtflugverbot müsse von der FAG selbst ausgehen, sonst könne es nicht durchgesetzt werden.

Veranstaltung der BI Mörfelden-Walldorf: „Können wir gegen den Ausbau klagen?" in der Stadthalle. Referenten: Rechtsanwälte Baumann und Eiding. 400 ZuhörerInnen. Ergebnis: Klagen wegen Wertminderung der Immobilien sind aussichtslos. Zum europaweiten Aktionstag (20.5.) der Green-Skies-Allianz, einem Zusammenschluss von 25 Gruppen, die an 20 Flughäfen in Europa für ein Nachtflugverbot kämpfen, stülpen BI-AktivistInnen der Schwanzflosse mit Lufthansa-Signet vor der Einfahrt zur LH-Basis eine überdimensionale Schlafmütze über. Es nehmen ca. 100 Leute an der Aktion teil.

Die SPD Hessen Süd befürwortet einen Ausbau des Rhein-Main-Flughafens unter der Bedingung von Nachtflugverbot und Lärmreduktion. Die Delegierten der betroffenen Gemeinden können sich mit ihrer ablehnenden Haltung nicht durchsetzen. Kaum ist die optimierte Südbahn in der Diskussion, legt der FDP-Fraktionschef im Hessischen Landtag, Jörg-Uwe Hahn, nach: er plädiert für die Atlanta-Variante.

Juni: Die CDU-FDP-Mehrheit im Hessischen Landtag spricht sich am 21.6. für den Ausbau des Frankfurter Flughafens bei gleichzeitiger Beachtung des Mediationsergebnisses aus. Die Grünen stimmen dagegen, die SPD ebenfalls, aber nur weil die Landesregierung sich weigert, das Nachtflugverbot und den Anti-Lärm-Pakt verbindlich in den Landesentwicklungsplan (LEP) hineinzuschreiben. Wirtschaftsminister Posch: Das sei rechtlich nicht haltbar und könne das ganze Ausbauprojekt zu Fall bringen. Die Rechtslage biete keine eindeutige Handhabe, um vor einem Genehmigungsverfahren Festlegungen zum Lärmschutz und damit zu einem Nachtflugverbot zu treffen.

Erste Tagung des Regionalen Dialogforums (RDF); Leitung: Prof. Wörner. Das Bündnis lehnt, abgesehen von zwei Initiativen, nach wie vor eine Teilnahme ab. Die Naturschutzverbände BUND, NABU und SDW hingegen beteiligen sich daran. Der Verbandstag und die Gemeindekammer des UVF stimmen dem Mediationspaket zu. Nicht nur die CDU und FDP, auch einige Sozialdemokraten befürworten den Ausbau.

Die FAG stellt für eine Werbekampagne 1,5 Millionen DM bereit. Plakate, Anzeigen, das „Start Frei"-Propagandafaltblatt werden davon bezahlt. Ein „Info"-Mobil tourt die folgenden Monate durch die Städte des Rhein-Main-Gebiets und wird von BIs und zahlreichen empörten BürgerInnen empfangen.

Juli: Lufthansa-Aktionärsversammlung am 16./. Ein kritischer Aktionär aus dem BI Bündnis wird in seiner Rede unterbrochen; die Initiative „kein Mensch ist illegal" protestiert mit viel Medienecho gegen das Geschäft der Lufthansa mit Abschiebungen.

Der Hessische Landtag (CDU, FDP und SPD) beschließt am 21.7. den Ausbau des Rhein-Main-Flughafens.

August: Am 19.8. gibt die Landesregierung ihre Entscheidung für die Nordwest-Bahn im Kelsterbacher Wald bekannt. Sie bezieht sich u.a. auf die neuen Gutachten der FAG und DFS und rückt damit von ihrer früheren Position, die die Südbahn bevorzugte, ab. Das Bündnis der Bürgerinitiativen reagiert auf die Entscheidung der Hessischen Landesregierung mit einer Baumpflanzaktion im Kelsterbacher Wald (Nordwestbahn); gut 400 Leute nehmen daran teil.

Verkehrsminister Klimmt (SPD) stellt das Flughafenkonzept der Bundesregierung vor. Rot-Grün ist für den Ausbau aller Verkehrsflughäfen.

Die FAG entfernt sich immer weiter vom Ergebnis der Mediation. Bei den drei neuen Gutachten habe sich ergeben, dass die Zahl der Passagiere im Jahr 2015 nicht 71, sondern 80 Millionen betragen wird. Die FAG teilt dem RP Darmstadt am 16.8. mit, dass sich neue Flächenansprüche ergeben hätten. Die FAG möchte unabhängig von der Variante zusätzlich 117 ha im Süden außerhalb des Zauns zur Erweiterung nutzen. Davon sind 97 ha Bannwald. Das Gelände ist teilweise durch den Waldtausch von 1987/88 in den Besitz der FAG gekommen. Die Öffentlichkeit erfährt von diesen Forderungen erst Ende August. Auf den 117 ha sollen Infrastruktureinrichtungen, wie Wartungshallen für Großraumflugzeuge, breitere Rollwege für die neue Jumbo-Generation und zusätzliche Abstellpositionen und Parkplätze für 22.000 Autos gebaut werden. Ein Terminal im Süden soll auf dem Gelände der ehemaligen Air Base entstehen.

Ministerpräsident Koch wusste spätestens am 17.8., also vor der Bekanntgabe der Entscheidung für die Kelsterbacher Variante, über die zusätzlichen 117 ha Bescheid. Die FAG hatte ihn laut Stadtanzeiger vom 7.9. schon am 2.8. im Groben darüber informiert. Koch hat das in seiner Erklärung zur Entscheidung für die Nord-West-Bahn am 19.8. nicht erwähnt. Regierungssprecher Metz erklärt, es sei Koch immer klar gewesen, dass zusätzliche Flächen für die Infrastruktur benötigt würden. Der Scoping-Termin, ursprünglich vorgesehen für den 19.09., wird auf November verschoben. Der Scoping-Termin soll das Raumordnungsverfahren vorbereiten und den Umfang und die Bewertungsmaßstäbe der UVP festlegen.

September: Erste Limes-Aktion an der Startbahn West, ein Limes aus bunt bemalten Holzpfählen soll den Frankfurter Flughafen in seine Schranken weisen. Über 250 Menschen beteiligen sich an der Aktion, an deren Rand es zu einer Rangelei zwischen BIlern und Polizei kommt.

Die hessische SPD übernimmt auf ihrem Landesparteitag die Haltung der südhessischen SPD: Ja zum Ausbau des Frankfurter Flughafens unter der Bedingung eines Nachtflugverbotes von 23 - 5 Uhr.

Der BUND befürchtet, dass die von der FAG zusätzlich geforderten 117 ha im Süden für eine Parallelbahnspreizung genutzt werden könnten. Der Widerspruch, eine neue Bahn im Norden, das Terminal aber im Süden bauen zu wollen und der angebliche Sanierungsbedarf der südlichen Parallelbahn sind die Ursache für diese Überlegung. Die FAG dementiert selbstverständlich.

16.9.: Zweite Großdemonstration des Bündnisses der Bürgerinitiativen in Wiesbaden unter Beteiligung von 12.000 Menschen.

18.-25.9.: Ausstellung „Laut ist out" im Walldorfer Rathaus.

Vorstand und Aufsichtsrat der FAG sprechen sich für eine Nord-West-Bahn (Kelsterbacher Variante) aus. Lediglich die Frankfurter Vertreter im Aufsichtsrat stimmen dagegen. Das Nachtflugverbot trete nach dem Bau der Bahn in Kraft.

Oktober: Wirtschaftsminister Posch fordert eine bundesrechtliche Regelung zum Nachtflugverbot. Eine Entscheidung in Hessen und eine Verankerung im LEP reiche nicht aus, um das Nachtflugverbot durchzusetzen. Nachdem Wirtschaftsminister Posch ursprünglich unter Androhung von Duldungsanordnungen darum rang, dass die privaten und kommunalen Grundstückseigentümer dem Senckenberg-Institut die Erlaubnis erteilen, ihre Grundstücke zum Zwecke einer ökologischen Bestandsaufnahme für die UVP betreten zu dürfen, ist das jetzt anscheinend nicht mehr so wichtig. Plötzlich geht Minister Posch nur noch von einer Soll-Bestimmung aus. Posch meint, da eine detaillierte Datenerhebung wegen der Weigerung der Eigentümer objektiv nicht möglich sei, sei sie rechtlich auch nicht zumutbar. Im Winterflugplan 2000/2001 steigen die Nachtflüge im Vergleich zum Vorjahr um 12 % an. Ein FAG-„Info"-Mobil kommt nach Mörfelden-Walldorf. Jeweils 50 Leute protestieren dagegen, in Walldorf wird das Mobil eingeparkt und mit Transparenten umhüllt.

November: Bündnis-Konzert „Let it rock" am 3.11. in der Neu-Isenburger Hugenottenhalle. Es gibt Kritik am Datum des Festes. Vor 20 Jahren fand der brutale Polizeiüberfall auf eine Demo gegen die Hüttendorfräumung in der Frankfurter Rohrbachstraße statt. Eigentlich kein Tag zum Feiern. Filme über die 18 West-Bewegung werden in einem kleinen Raum gezeigt und stoßen auf großes Interesse: 500 BesucherInnen.

2. - 4.11.: Scoping-Termin (BIs sind von dem Termin ausgeschlossen). Die FAG-Unterlagen sind keineswegs komplett; dies wird von den Naturschutzverbänden kritisiert. Der Landesentwicklungsplan wird erlassen. Die FAG kündigt an, dass im Sommerflugplan 2001 die Nachtflüge nochmals um 28 % gesteigert werden.

Dezember: Für ihre Verdienste in der Mediation werden die Mediatoren mit der Wilhelm-Leuschner-Medaille des Landes Hessen geehrt. Alle drei nehmen an. Dass es auch anders geht, zeigt die Witwe des NS-Widerstandskämpfers Adolf Reichwein. Sie lehnt ab, weil sie den Orden nicht aus der Hand des wegen der Schwarzgeldaffäre unter Justizdruck geratenen Roland Koch entgegen nehmen will.

NABU und BUND steigen aus dem RDF aus, nachdem ein Nachtflugverbot nun endgültig nur in der rechtlich unverbindlichen Präambel des Landesentwicklungsplans steht. Das ist schon wieder ein glatter Wortbruch der Landesregierung. Das Koch-Kabinett hat entgegen seiner Zusagen den Ausbau und das Nachtflugverbot nicht gleichberechtigt behandelt. Der Ausbau ist in den Zielen des LEP festgeschrieben, das Nachtflugverbot hingegen kommt nur in den rechtlich unverbindlichen Grundsätzen des LEP vor. Die Pilotenvereinigung Cockpit ist der Auffassung, dass auch der Bau einer vierten Bahn die Kapazitätsengpässe auf dem Rhein-Main-Flughafen auf Dauer nicht beheben wird und fordert einen neuen Großflughafen. Ein idealer Standort wäre nach ihrer Meinung die Wetterau.

Wirtschafts- und Verkehrsminister Posch stellt die Ergebnisse eines von ihm in Auftrag gegebenen Lärmgutachtens des Deutschen Zentrums für Luft- und Raumfahrt vor. Demnach sind die Lärm-Belastungen durch den Flughafen schon heute zu hoch. Posch will deshalb ein Schallschutz-Programm für die Betroffenen auflegen und die Nachtflüge begrenzen. Kleiner Schönheitsfehler: Die Begrenzung soll für das Niveau der Nachtflüge des Sommerflugplans 2001 gelten. In dem Sommerflugplan kommt es zu durchschnittlich 160 Flugbewegungen pro Nacht – so viele wie nie zuvor. Das Schallschutzprogramm gilt für die 75 Dezibel-Zone, ungeachtet des Mediationsergebnisses, das sich auf den strengeren Wert von 68 Dezibel bezieht. Vernichtende Kritik von BIs, Naturschutzverbänden und der Kommunalen Arbeitsgemeinschaft ist die Folge.

2001

Januar: Nach der Pilotenvereinigung Cockpit fordert nun auch der Verband der Flugleiter (Fluglotsenverband) einen weiteren Großflughafen. Von 30 Kommunen in Hessen und Rheinland-Pfalz wird eine Kampagne gestartet. Sie wenden sich gegen jeden Ausbau (inklusive Erbenheims) und sind für ein Nachtflugverbot von 22-6 Uhr. Unter dem Titel „Zukunft Rhein-Main" werden 1,5 Millionen DM für Plakate etc. bereitgestellt.

Die DFS testet auf Rhein-Main ein neues Anflugverfahren und möchte damit zwei bis drei Landungen mehr pro Stunde ermöglichen. Die Verantwortung für das Nachtflugverbot wird hin und her geschoben: Das Bundesverkehrsministerium weist die Verantwortlichkeit für ein Nachtflugverbot von sich. Die hessische Landesregierung sei sehr wohl in der Lage, ein Nachtflugverbot zu verhängen. Die Äußerung steht im Widerspruch zu Verkehrsminister Poschs Aussage, erst müsse das Luftverkehrsgesetz auf Bundesebene geändert werden. Die Rodungsarbeiten (2 ha) für das neue Lufthansa-Verwaltungsgebäude zwischen der A3 und dem Airportring beginnen.

Februar: Ein Mitglied der BI Mörfelden-Walldorf wird von den Berufsspitzeln des Verfassungsschutzes angesprochen. Bundeskanzler Schröder (SPD) kommt zu einer Veranstaltung der Sozialdemokraten nach Rüsselsheim. Er muss den Seiteneingang benutzen, um die über 200 DemonstrantInnen vor dem Hauptportal zu umgehen. Für die „Flugsicherheit" fallen am Ende der 18 West 4,5 ha Wald.

Die Stadt Offenbach erhebt beim Hessischen Verwaltungsgerichtshof Klage gegen das Land Hessen, da die Belastungen des zur Zeit stattfindenden Flughafenbetriebes schon zu groß seien. Die Kommune fordert eine strikte Begrenzung der Nachtflüge und eine rechtliche Genehmigung des Gesamtflughafens, die bis heute nie erteilt wurde. Genehmigt wurden immer nur einzelne Bauprojekte.

März: Wirtschaftsminister Posch legt ein Gutachten vor, in dem es heißt, ein Nachtflugverbot sei nicht mittels eines Landesgesetzes durchsetzbar. Eine Festschreibung des Nachtflugverbotes im Planfeststellungsverfahren würde nur für die neue Bahn gelten. Der Gutachter rät der Landesregierung, auf ein Nachtflugverbot zu verzichten und statt dessen auf einen „Ausgleich der Interessen" mit den Luftfahrtsgesellschaften zu bauen.

Das Wirtschaftsministerium erlässt doch noch eine Duldungsanordnung des Betretens von privaten und kommunalen Grundstücken zwecks ökologischer Bestandsaufnahme. Die Anordnung erreicht die Rathäuser freitags nachmittags. Der Zeitpunkt ist aus Sicht des Wirtschaftsministers wohl gewählt, kurz vor dem Wochenende können die Kommunen sich kaum dagegen zur Wehr setzen. Einige PrivateigentümerInnen bekommen die Anordnung gar erst in der folgenden Woche zugestellt. Die Biologen vom Senckenberg sind aber schon am gleichen Tag unterwegs. Der Kelsterbacher Bürgermeister schickt daraufhin Hilfspolizisten in den Wald, die die Senckenberger des Geländes verweisen. Kelsterbach legt außerdem Klage auf Rechtsunwirksamkeit der Betretungsanordnung ein. Auch ein Privateigentümer aus Mörfelden-Walldorf klagt.

18.03.: Kommunalwahlen in Hessen. In Frankfurt bekommt die Liste FAG (Flughafenausbaugegner) auf Anhieb 3,3 % der Stimmen und zieht in den Römer ein. Der Main-Kinzig-Kreis klagt gegen die bestehende Betriebsregelung des Flughafens. Außerdem fordert er die Einhaltung von Mindestflughöhen und ein Nachtflugverbot. Neu-Isenburg klagt gegen das hessische Verkehrsministerium vor dem hessischen Verwaltungsgerichtshof. Die 1966 erteilte Betriebsgenehmigung des Frankfurter Flughafens soll so weit eingeschränkt werden, dass festgelegte Grenzwerte nicht überschritten werden und zwischen 22 und 6 Uhr nicht mehr als vier Starts erfolgen dürfen. Im Flughafen im Terminal 1, vor den Schaltern der Lufthansa, findet am 24.3. die „Pyjama-Aktion" des Bündnisses der Bürgerinitiativen statt. 400 TeilnehmerInnen kommen in Schlafanzügen, und verteilen viersprachige „Tickets", in denen ein Nachtflugverbot gefordert wird.

Foto: Archiv Karin Koch / Paula beteiligt sich am Protest gegen die Schlafstörungen, Pyjama-Aktion (24.3.2001)

In Darmstadt veranstaltet das Bündnis eine Kundgebung gegen den Ausbau vom Flughafen Egelsbach. Gut 200 Leute kommen. Die öffentliche Erörterung im Rahmen des Planfeststellungsverfahrens zur Erweiterung des Egelsbacher Flugplatzes beginnt. Die Piste des Egelsbacher Flugplatzes soll um 410 m auf 1.400 m verlängert werden, angeblich um nach einer Richtlinie der EU ab 2005 weiterhin den zweimotorigen gewerblichen Flugverkehr abwickeln zu können. Tatsächlich wird durch den Ausbau die Kapazität der Flugbewegungen erhöht werden. Der

Egelsbacher dient so der Entlastung des Frankfurter Flughafens von Kleinflugzeugen. Der Ausbau soll 18,5 Millionen DM kosten und wird von Land und Fraport (ehemals FAG, zahlt 7,7 Millionen DM) bezahlt. Für den Ausbau muss die Hegbachaue verlegt werden. Ein wertvolles Biotop geht so unwiederbringlich verloren.

Kurz vor seiner Auflösung ändert der UVF den Flächennutzungsplan am Flughafen und schafft damit die Voraussetzung für eine gewerbliche Nutzung des 234 ha großen Geländes der Air Base nach ihrer Rückgabe an die Fraport. Außerdem wird eine 5 ha großes Stück Wald zwischen Schnellbahntrasse und Autobahn für die Nutzung durch den Flughafen in Gewerbefläche umgewandelt.

April: Der tausendste Sonntagsspaziergang gegen die Startbahn West. Über 100 Leute sind am 1.4. im Wald. Freispruch für ein Mitglied der BI Mörfelden-Walldorf im Prozess wegen der Transparentaktion im November 1999. Der Mitstreiter hatte Widerspruch gegen den Bußgeldbescheid eingelegt.

19.4.: Veränderte Flugrouten werden eingeführt. Das hat mehr Lärm in Frankfurt-Nord, im Taunus, in Wiesbaden, Mainz und dem Rheingau-Taunus-Kreis zur Folge. Die Kommunen des Hochtaunus-Kreises reichen Klagen gegen die geänderten Abflugrouten ein. Mörfelden-Walldorf reicht Klage beim hessischen Verwaltungsgerichtshof ein. Erreicht werden soll ein Nachtflugverbot und ein Teilwiderruf der derzeitigen Betriebsgenehmigung des Frankfurter Flughafens.

Mai: Die Landtags-Grünen sind der Ansicht, dass beim Ausbau des Frankfurter Flughafens nicht nur 660.000 Flugbewegungen möglich wären, sondern 900.000 (2000: 459.000 Starts und Landungen). Sie beziehen sich auf ein Gutachten eines früheren Flugkapitäns und des Flughafenplaners Faulenbach da Costa, der schon bei der FAG beschäftigt war. Fraport und Landesregierung dementieren selbstverständlich.

Die Kommunen Rüsselsheim, Bischofsheim und Ginsheim-Gustavsburg kündigen Klagen gegen die Nachtflüge am Frankfurter Flughafen an. Das Institut zur Abwehr von Gefahren durch Lärm reicht im Namen von 108 AnwohnerInnen des Flughafens einen Antrag beim Hessischen Wirtschafts- und Verkehrsministerium ein. Inhalt: Nachtflugverbot von 22 - 6 Uhr, Reduzierung der Flugbewegungen in den Tagesrandzeiten, Einschränkung des Flugverkehrs tagsüber auf ein gesundheitsverträgliches Maß.

18. - 27.5.2001: Hessentag in Dietzenbach. Das Bündnis der Bürgerinitiativen, dem mittlerweile über 60 Initiativen angehören, beteiligt sich mit einem Stand, der sehr gut von der Bevölkerung angenommen wird.

Das hessische Wirtschafts- und Verkehrsministerium bittet die Kollegen aus dem Innenministerium zu prüfen, ob kommunalrechtliche Schritte gegen den Kelsterbacher Bürgermeister Engisch (SPD) möglich sind. Anlass hierfür ist die Klage der Kommune gegen die Erlaubnis des Verkehrsministeriums für die Betretungsrechte. Offenbach reicht eine zweite Klage gegen die Nachtflüge auf dem Rhein-Main ein. Sie richtet sich gegen die Begrenzung der Nachtflüge auf dem hohen Niveau des Winterflugplans 2000/2001.

Die Stadt Flörsheim reicht Klage beim VGH in Kassel ein, um ein Nachtflugverbot durchzusetzen.

Juni: Raunheim reicht eine Anfechtungsklage gegen die vorläufige Entscheidung des Wirtschaftsministeriums ein, nach der der heutige Betrieb des Flughafens mit dem Planfeststellungsbeschluss von 1971 vereinbar sei. Die Kommune lässt sich in ihrem Tun auch nicht von einer Äußerung von Ministerpräsident Koch abhalten, der auf einer Sitzung des Regionalen Dialogforums erklärt hat, er könne ein Nachtflugverbot nur dann rechtsverbindlich versprechen, wenn sowohl die Fluggesellschaften darauf verzichten, dagegen zu klagen, als auch die Kommunen nicht gegen die Flughafenerweiterung zu Felde ziehen. Mit der Änderung der Flugrouten hat sich die Zahl der Fluglärmbeschwerden drastisch erhöht. Vor allem aus den vormals ruhigen Taunusorten kommen vermehrt Beschwerden. Die Abflugroute nach Norden soll deshalb modifiziert, d. h. aufgefächert werden.

11.6.2001: Der erste Handelstag der Aktie Fraport (vormals FAG). Mit dem Börsengang will die Fraport den Ausbau finanzieren. Die Ausbaugegner nutzen die Gelegenheit zum Protest vor der Börse. Der Bulle, Symbol für steigende Aktienkurse, bekommt ein paar Ohrenschützer verpasst.

14. - 17.6.2001: Kirchentag in Frankfurt am Main. Das Bündnis der Bürgerinitiativen beteiligt sich mit einem Stand in der Innenstadt von Frankfurt und mit einem Stand auf dem Messegelände am Kirchentag. Die Hüttenkirche aus dem Hüttendorf gegen die Startbahn 18 West öffnet ihre Türen für BesucherInnen des Kirchentags. Es finden mehrere Veranstaltungen zum Thema Flughafen statt, Höhepunkt ist die Podiumsveranstaltung „Forum Flughafen". Wieder einmal bekommen Ministerpräsident Koch und die Flughafenbetreiber deutlich zu hören, dass die Menschen in der Region den Ausbau ablehnen. Auf der Veranstaltung wird eine Resolution gegen die Flughafenerweiterung verabschiedet. Beim Abschlussgottesdienst des Kirchentags im Frankfurter Waldstadion schwebt ein Transparent „Der Himmel hat Grenzen – kein Flughafenausbau" mittels heliumgefüllter Ballons im Stadion.

Die Fraport hat es bitter nötig, ihr ramponiertes Image als Waldzerstörer und Krachmacher aufzupolieren. Nachdem sie im letzten Jahr den Fußball-Frauen vom FSV Frankfurt neue Trikots und Geld spendiert hat, sind nun die Fußballer von Eintracht Frankfurt dran: Kurz nach dem missglückten Börsenstart der Fraport lässt sich eine zweitklassige Eintracht vom fragwürdigen Sponsor Flughafen aushalten.

Das Regionale Dialogforum führt einen Diskussionsabend zum Thema Nachtflugverbot in Flörsheim durch. Auf dem Podium sitzen u.a. Vertreter des hessischen Verkehrsministeriums, des Bundesverkehrsministeriums und der Bereichsleiter Ausbau der Fraport AG. Aufgebrachte BürgerInnen halten mit ihrer Meinung nicht hinterm Berg. Sie fordern die Durchsetzung des Nachtflugverbots. Die Herren auf dem Podium sehen sich außerstande darzulegen, wie eine rechtliche Absicherung erfolgen kann. Eigentlich ist überhaupt niemand in der Lage, ein Nachtflugverbot durchzusetzen. So ist auch dem letzten Gutgläubigen an diesem Abend klar geworden, dass mit einem Nachtflugverbot nicht zu rechnen ist.

Juli: Kurz vor Ablauf der Frist im März hat Wiesbaden doch noch eine vollständige Liste der FFH-Gebiete zusammen gestellt, inklusive der Gundwiesen bei Mönchbruch, einer Heidelandschaft nahe der Startbahn West und der Schwanheimer Düne. Jedoch werden diese Areale nur unter Vorbehalt angemeldet. Also ist auch diese Liste nach EU-Recht unvollständig und stellt einen Verstoß dar.

Der Chefplaner der Industriebrache Caltex-Gelände, Johannes Ziegler, erklärt, dass das geplante, 100 ha große Gewerbegebiet mit zukünftig ca. 10.000 Arbeitsplätzen nicht gebaut wird, sollte die Nord-West-Bahn kommen. Da die Überflughöhen sehr niedrig wären, müsste die Bauhöhe auf 10 m beschränkt werden. Dann aber rentiere sich die Erschließung des Geländes nicht mehr. Das Bündnis der Bürgerinitiativen hält es aufgrund dieser Aussage für möglich, dass eventuell doch die Süd-Variante gebaut wird.

Die SPD-Bundestagsfraktion legt ihren Vorschlag zu einem neuen Fluglärmgesetz vor. Die SPD verabschiedet sich darin endgültig vom Mediationsergebnis. Es fehlt eine eindeutige Regelung zur Einführung eines Nachtflugverbotes, der zumutbare Dauerschallpegel während der Nacht ist ebenfalls höher als in der Mediation vorgesehen, tagsüber soll der zulässige Dauerschallpegel bis an die Grenze des Gesundheitsrisikos erlaubt sein. Niedrigere Grenzwerte seien nicht durchsetzbar, weil zu teuer.

Die Forscher des Senckenberginstituts dürfen im Auftrag der Fraport AG die Grundstücke rund um den Flughafen betreten. Dies hat der Hessische Verwaltungsgerichtshof in Kassel in einem Eilverfahren entschieden. Kelsterbach, Rüsselsheim und Bischofsheim hatten verhindern wollen, dass auf ihrem Gelände für den Flughafenausbau eine ökologische Bestandsaufnahme durchgeführt wird. Anders als Rüsselsheim und Bischofsheim hat Kelsterbach schon drei Tage nach Zustellung der Duldungsanordnung beim Verwaltungsgerichtshof Klage gegen die Verfügung eingelegt.

21. - 28.7.2001: Die Internationale Jugend veranstaltet ein Sommercamp gegen Flughafenausbau am Mörfelder Jugendzentrum. Ca. 30 Personen nehmen daran teil. Vertreter der Bürgerinitiative Mörfelden-Walldorf halten mehrere Vorträge zur Flughafenproblematik.

27.7. - 5.8.2001: Das vierte anti-rassistische Grenzcamp der „kein mensch ist illegal"-Kampagne findet diesmal im

Rhein-Main-Gebiet statt. Etwa 1.500 Menschen campen auf einem Gelände nahe Kelsterbach. Mehrere Bürgerinitiativen gegen den Flughafenausbau solidarisieren sich in Presseerklärungen mit den GrenzcamperInnen und nehmen an deren Aktionen teil. Das Grenzcamp wiederum solidarisiert sich mit den Forderungen der FlughafenausbaugegnerInnen. An verschiedenen Orten im Rhein-Main-Gebiet werden Aktionen durchgeführt und von den TeilnehmerInnen auf die Abschiebepraxis in der BRD hingewiesen. Eine zentrale Rolle spielt dabei der Frankfurter Flughafen als der Abschiebe-Flughafen Nr.1, auf dessen Gelände sich ein Internierungslager für Flüchtlinge befindet. Eine geplante Kundgebung der GrenzcamperInnen im Terminal 1 auf dem Frankfurter Flughafen muss im Freien stattfinden: Obwohl die GrenzcamperInnen in Vorgesprächen den friedlichen Charakter der Veranstaltung betonen und versichern, sie würden im Terminal selbst niemanden behindern, erlaubt die Fraport über Stunden zunächst keine Kundgebung im Terminal 1. Es wird stattdessen von Sicherheitspersonal und Polizei abgeriegelt. Nur wer ein gültiges Ticket vorweisen kann, wird eingelassen. Die Absperrung von Seiten der Polizei führt zu langen Staus auf den umliegenden Straßen sowie vor den Ankunftsebenen. Die Selbst-Blockade der Fraport ist ein Schuss, der nach hinten losgeht. Nicht die GrenzcamperInnen behindern die Fluggäste, die Fraport selbst ist es; schließlich wird eine Kundgebung im Terminal doch noch zugelassen. Ein ähnliches Bild zeigt sich bei der Abschlusskundgebung am 4.8. am Flughafen. 2000 DemonstrantInnen nehmen daran teil. Dabei ist es gar nicht so einfach, zum Flughafen zu gelangen: Neben Kontrollen wird zeitweise der S-Bahn-Verkehr eingestellt, ein Teil der DemonstrantInnen eingekesselt. In der Nähe des Flüchtlingslagers wird die Abschlusskundgebung durchgeführt.

August: Umweltminister Dietzel (CDU) plant eine Novellierung des hessischen Naturschutzgesetzes. Das darin verankerte Verbandsklagerecht soll ersatzlos gestrichen werden. Nach heftigen Protesten gegen dieses Vorhaben macht er einen Rückzieher. Außerdem sieht die Novellierung eine Änderung des Forstgesetzes vor. Demnach kann in Zukunft die Kategorie „Bannwald" leicht rückgängig gemacht werden. Schon im Mediationsverfahren wurden zwei juristische Gutachten erstellt, die aufzeigten, wie man möglichst einfach die Aufhebung vom Schutzstatus „Bannwald" bewerkstelligen kann.

Aus mehr als 1000 Bettlaken legen GegnerInnen des Flughafenausbaus den Schriftzug „Fluglärm macht krank" am 12.8. auf einem Fußballfeld in Offenbach aus. Das Transparent ist noch in 600 m Höhe von Besatzung und Passagieren überfliegender Jets zu lesen. Mehr als 2.000 Menschen nehmen an der Aktion teil.

Die Wachstumszahlen der Fraport AG bleiben hinter den Erwartungen zurück. Grund dafür ist neben dem Streik der Lufthansa-Piloten im Frühjahr vor allem der weltweite wirtschaftliche Abschwung. Man hört, dass die Investitionen für ein neues Terminal, für die Landebahn und den Schallschutz die kalkulierten 6,5 Milliarden DM weit überschreiten werden. Es ist von 12 Milliarden DM die Rede. Fraport-Sprecher Busch bezeichnet diese Gerüchte aus dem eigenen Unternehmen als Desinformation. Diese Summe könne die Fraport nicht finanzieren. Die Unterschweinstiege soll weiter bebaut werden. Dort steht das Airport-Hotel von Steigenberger, „das Entree des Flughafens". Steigenberger plant, auf dem Gelände neben dem Hotel einen Bürokomplex mit 50.000 qm Bruttogeschossfläche zu bauen. Das alte Parkhaus soll abgerissen und an anderer Stelle neu gebaut werden. Da zwischen dem Abriss des alten und dem Bau des neuen Parkhauses neun Monate vergehen, soll für einen provisorischen Parkplatz ein 5000 qm großes Waldstück mit 30 Jahre alten Roteichen gefällt werden. Der Wald liegt im Landschaftsschutzgebiet. Das Frankfurter Forstamt lehnt den Plan ab. Doch der Umweltdezernent Achim Vandreike (SPD) stimmt den Abholzungsplänen von Steigenberger zu. Begründung: Das Gelände werde ja wieder aufgeforstet. Es handele sich außerdem nicht um Bannwald.

Wirtschafts- und Verkehrsminister Posch kündigt an, ab dem Sommerflugplan 2002 „Lärmkontingente" für den Nachtflugbetrieb des Frankfurter Flughafens einzuführen. Nach dem Lärmkontingent-System kann der Flughafen mehr Nachtflüge abwickeln, wenn leiseres Fluggerät eingesetzt wird. Damit entfernt sich Minister Posch wieder ein Stück weiter vom Nachtflugverbot. Was nützt es den BürgerInnen, wenn sie statt von

78 Dezibel von einer Maschine mit 75 Dezibel geweckt werden? Von früheren Versprechungen, die nächtliche Belastung zu mindern, ist nichts übrig geblieben. In den folgenden Monaten erheben mehrere Städte (Mörfelden-Walldorf, Rüsselsheim, Offenbach) Klage beim Hessischen Verwaltungsgerichtshof gegen die Lärmkontigentierung. Die Fraport AG reicht am 26.8. den Antrag zum Raumordnungsverfahren beim Regierungspräsidium Darmstadt ein. Zunächst werden die Unterlagen auf ihre Vollständigkeit hin überprüft.

Die Landesregierungen von Rheinland-Pfalz und Hessen möchten den Flughafen Hahn im Hunsrück als Ergänzungsflughafen für Frankfurt ausbauen. Hahn und Frankfurt sollen von der EU als Flughafensystem anerkannt werden. Eine vierte Bahn in Rhein-Main würde ein Nachtflugverbot auf dem Frankfurter Flughafen zur Folge haben, Hahn hingegen verfügt über eine 24-Stunden-Betriebsgenehmigung. Zwischen Frankfurt und Hahn ist eine Transrapid-Strecke geplant, die möglichst mit finanzieller Unterstützung des Bundes gebaut werden soll (die Bundesregierung erteilt diesem Ansinnen später eine Absage). Auch Hessens SPD-Chef Gerhard Bökel unterstützt diese Pläne. Hessens Grüne wollen Hahn ebenfalls als Entlastungsflughafen für Frankfurt – allerdings an Stelle der vierten Bahn in Frankfurt.

September: Zum dritten Mal findet die Überschallparade und Lärmdemo in Rüsselsheim statt. 300 bis 400 zumeist jüngere Menschen ziehen mit Instrumenten und lauter Musik durch die Stadt und demonstrieren gegen den Flughafenausbau. Ein Plakat an einem der Wagen versucht es auf den Punkt zu bringen: „Flörsheim scheißt auf jede Ausbauvariante".

Nach dem Anschlag auf das World Trade Center rufen die US-Luftverkehrsgesellschaften nach staatlicher Unterstützung. Sie erhalten schließlich indirekte und direkte Hilfen in Höhe von 15 Milliarden Dollar. Bis zu 100.000 Stellen in der Luftfahrtbranche könnten weltweit gestrichen werden – aber beileibe nicht wegen der Anschläge auf das World Trade Center, sondern wegen der schwachen Konjunktur. Schon vor dem 11.9. standen mehrere Unternehmen mit dem Rücken zur Wand, so die SwissAir und die Sabena. Etliche Fluggesellschaften hätten die Anschläge in den USA nur zum Anlass genommen, ohnehin notwendige Umstrukturierungen und Personaleinsparungen zu rechtfertigen, so Jörgen Möllegaard, Sprecher der Airline-Vereinigung Barig. Der Dachverband der 27 europäischen Fluglinien, AEA, stellt Forderungen an die EU-Verkehrskommissarin Loyola de Palacio. Wenn die Regierung in Washington den US-amerikanischen Gesellschaften finanziell unter die Arme greife, müssten europäische Fluggesellschaften ähnliche Möglichkeiten bekommen. Dabei gehe es weniger um direkte Finanzhilfen, als um die Aufweichung bestehender Regelungen, bzw. die Abwehr von geplanten Gesetzen. Als das größte Problem für die Fluggesellschaften hat sich die Geschäftspolitik der Versicherungen herausgestellt. Unmittelbar nach den Anschlägen kündigten die Assekuranzen die Verträge und erhöhen die bisherigen Beiträge um das fünfzehnfache. Dadurch stehen viele Fluglinien ohne ausreichenden Versicherungsschutz da. Die EU-Finanzminister beschließen, befristete Haftungsgarantien für extreme Risiken zu übernehmen. Sie schließen allerdings Unterstützung für schon seit längerem kränkelnde Unternehmen aus. Auch erhalten die Fluglinien die Hilfe nicht kostenfrei. Je nach Interessenslage werden längerfristige Folgen für die Luftfahrtbranche prognostiziert (Lufthansa, Barig) oder eine rasche Erholung (Fraport).

Der Flughafen Frankfurt verzeichnet in den Folgemonaten erstmals seit 1991 ein Minus an Passagieren.

Der Vorsitzende des Regionalen Dialogforums, Johann Dietrich Wörner, spricht deutliche Worte gegen die geplante Lärm-Kontigentierung von Verkehrsminister Posch (FDP). Wörner hat nur aus der Presse von diesem Vorhaben erfahren. „Die Lärmkontigentierung ist keinesfalls Ersatz für ein Nachtflugverbot. Keine Flugbewegung zwischen 23 und 5 Uhr bleibt weiterhin Forderung und Ziel des regionalen Dialogforums". Außerdem fordert das Dialogforum eine Obergrenze der Flugbewegungen zwischen 20 und 22 Uhr sowie von 5 bis 6 Uhr. Die Lärm-Kontigentierung schaffe zwar Anreize, leiseres Fluggerät einzusetzen, Schutz vor Fluglärm in der Nacht und in den Tagesrandzeiten schaffe sie aber nicht. Das Dialogforum hatte bereits im März 2001 eine Verknüpfung von Lärm und Bewegungskontingenten gefordert. Einen Dialog mit der Landesregierung über diese Stellungnahme hat es aber nicht gegeben.

Oktober: Flüge zwischen 23 und 6 Uhr beeinträchtigen das Menschenrecht auf guten Nachtschlaf. Das hat der Europäische Gerichtshof für Menschenrechte in Straßburg am 2.10. geäußert und damit 16 (!) Nachtflügen auf dem Flughafen London Heathrow eine Absage erteilt. Das Straßburger Urteil könnte weitreichende Folgen für die übrigen europäischen Flughäfen haben. Das Gericht entschied, dass es die Regierung versäumt habe, eine faire Balance zwischen der wirtschaftlichen Wohlfahrt und dem effektiven Recht der KlägerInnen auf Respekt für ihre Wohnhäuser, ihre Privatsphäre und ihr Familienleben herzustellen. Das Gericht spricht den KlägerInnen Schadensersatz und Erstattung der Gerichtskosten zu. Zwar legt das Urteil die Regierung nicht auf bestimmte Maßnahmen fest, zwingt sie aber zu einer generellen Neubewertung der Nachtflug-Praxis in Heathrow. Bürgerinitiativen, Naturschutzverbände und VertreterInnen von Kommunen begrüßen das Urteil und erwarten, dass sich das Urteil positiv auf das geforderte Nachtflugverbot von 22 - 6 Uhr auswirkt.

Um die Bevölkerung zu mobilisieren und zu beraten, tourt die „Aktion Zukunft Rhein-Main" ab dem 17.10. mit dem Info-Mobil durch mehrere Städte des Rhein-Main-Gebietes. Vertreter der „Aktion Zukunft Rhein-Main", der örtlichen Bürgerinitiativen und Naturschutzverbänden und der Kommunen beantworten Fragen zum Raumordnungsverfahren. Die Bürgerinnen und Bürger können sich bei der Formulierung ihrer Einwände beraten lassen und Einsprüche gleich an Ort und Stelle schreiben.

Die Grenzwerte im Fluglärmgesetz müssen deutlich gesenkt werden, um die Bevölkerung vor Gesundheitsgefahren zu schützen, so die Aussage eines Hintergrundpapiers des Umweltbundesamtes. Die UBA-Experten kommen zu dem Ergebnis, dass der Grenzwert aus medizinischer Sicht tagsüber um 10-15 Dezibel (db) gesenkt werden müsse. Nachts müsse der Dauerschallpegel maximal auf 55 db verringert werden, besser aber noch auf 50 db. Die Grenze zur „erheblichen Belästigung" liegt noch niedriger: bei 55 db tagsüber und 45 db nachts.

Der Lärmwirkungsforscher Christian Maschke spricht auf einer Veranstaltung des Rhein-Main-Instituts in Dreieich. Er kritisiert, dass Gerichte bei ihren Urteilen zu Fluglärm sich an 30 Jahre alten Forschungsergebnissen orientieren. Dass die bestehenden Grenzwerte keine Gültigkeit behalten dürfen, darüber sind sich die meisten Lärm- und Lärmwirkungsforscher einig. Schon im Juni 2001 verabschiedeten 24 renommierte Experten unter wesentlicher Beteiligung Maschkes in Neufahrn bei München eine Resolution, in der sie die Grenze zur erheblichen Belästigung durch Fluglärm nachts bei 45 db und tags bei 55 db festlegen. Bei 50 db nachts und 60 db tagsüber seien Gesundheitsbeeinträchtigungen zu erwarten.

Auch ohne neue Bahn will die Fraport AG die Zahl der Flugbewegungen auf dem Frankfurter Flughafen auf 500.000 pro Jahr bis zum Jahr 2005 steigern. Das Bundesverkehrsministerium hat für den Sommerflugplan den Koordinationseckwert von 78 auf 80 Flüge pro Stunde erhöht. Die Zunahme der Flüge wird u.a. durch ein neues Radarsystem der Deutschen Flugsicherung ermöglicht. Damit wird eine kürzere Staffelung für Mittelstreckenmaschinen möglich. Für 500.000 Flugbewegungen reicht auch der neue Eckwert nicht aus. Deshalb arbeiten Fraport und Flugsicherung an der Verbesserung flugtechnischer Verfahren. Der offizielle Koordinationseckwert wird schon heute immer mal wieder überschritten. Je nach Flugzeug-Mix, Verkehrsablauf und Wetterbedingungen sind bis zu 97 Starts und Landungen pro Stunde möglich. Die Steigerung der Flugbewegungen sei unter dem Stichwort „Optimierung" von der Mediationsrunde gebilligt worden, so Fraport-Sprecher Schwalm.

Im Streit um den Flughafen Zürich-Kloten kann die BRD ihre Forderungen durchsetzen. In Zukunft dürfen über Deutschland maximal 100.000 der momentan 160.000 Flüge erfolgen. Die Zahlen sollen festgeschrieben werden und werden nicht an die Zunahme des Flugverkehrs in Zürich angepasst. Außerdem gilt in den deutschen Flugschneisen ein Nachtflugverbot zwischen 22.00 und 6.00 Uhr. Ein Flugverbot an den Wochenenden und Feiertagen zwischen 20 und 9 Uhr wird mit dem Flugplan im Herbst 2002 in Kraft treten.

Nach der Pilotenvereinigung Cockpit plädieren nun auch die Fluglotsen für eine Südbahn. Die Konzipierung nur als Landebahn löse nicht die Kapazitätsengpässe des Flughafens. Eine 4.000 m lange Start- und Landebahn im Süden des Flughafens sei dagegen aus betrieblichen Gründen die beste Lösung. Außerdem ließe der Süden die Option für eine weitere Parallelbahn offen. Hessens Wirtschaftsminister weist die Kritik der Fluglotsen an der Nordbahn zurück. Simulationen hätten zudem ergeben, dass die Nordbahn unabhängig von den bereits vorhanden Pisten betrieben werden könne.

Nachdem die Stadt Frankfurt sich für die Olympiade im Jahr 2012 bewerben möchte, nutzt der Frankfurter Unternehmerverband die Gunst der Stunde, an die Bürgermeister der Region zu appellieren, ihren Widerstand gegen die Flughafenerweiterung aufzugeben: „Die Jugend der Welt kommt nicht zu Fuß", meint Vorstandsmitglied Jürgen Hartwig, im Hauptberuf Geschäftsführer der Deutschen Flugsicherung. Dass der Flughafen nicht extra wegen der Olympischen Spiele ausgebaut werden soll, weiß auch Herr Hartwig. Das Bekenntnis zum Ausbau ist seiner Meinung nach aber für eine erfolgreiche Bewerbung von entscheidender Bedeutung. Ein begeistertes Engagement für Olympia lasse sich nicht mit einem Engagement gegen den Flughafenausbau vereinbaren. Die Befürchtung der Olympiagegner, die Olympiabewerbung werde als wohlfeile Begründung zur Umstrukturierung der Stadt Frankfurt (z.B. Erweiterung der Messe) und der Region benutzt, wird durch die Äußerung von Herrn Hartwig bestätigt.

November: Zum 20. Jahrestag der Hüttendorfräumung am 2.11. präsentiert der Fotograf Klaus Malorny eine Auswahl seiner Bilder, die den Kampf gegen die Startbahn 18 West dokumentieren. Die Ausstellung wird in verschiedenen Städten des Rhein-Main-Gebietes gezeigt. Die Polizei beobachtet die AusbaugegnerInnen ganz genau: 676 meist friedliche Veranstaltungen habe es wegen des geplanten Flughafenausbaus gegeben, wird auf einer Podiumsdiskussion der Polizei-Fachhochschule berichtet. Die Polizei geht davon aus, dass es im Zuge des geplanten Flughafen-Ausbaus zu gewalttätigen Auseinandersetzungen kommen wird. Die Härte des Konfliktes hänge auch vom Auftreten der Polizei ab, räumt Landespolizeipräsident Scheu ein. Er berichtet, dass bereits Vorkehrungen für eine mögliche Auseinandersetzung getroffen würden (eigene Polizeidirektion am Flughafen, verschiedene Planungs- und Koordinierungsgruppen beim Flughafen, der Polizei und dem LKA).

Ministerpräsident Koch hofft dagegen auf eine gewaltfreie Auseinandersetzung. Aufgrund der Erfahrung mit den Auseinandersetzungen um die Startbahn 18 West führe man die ganze Diskussion um die Erweiterung zurückhaltend, so Koch.

Ein Passagier-Flugzeug stürzt am 10.11. in ein New Yorker Wohnviertel. Wie sich herausstellt, kam der Airbus zweimal in Luftturbulenzen. Dadurch geriet das Flugzeug in einen Sturzflug. Die Turbulenzen waren von einem Jumbo-Jet ausgelöst worden, der kurz zuvor von derselben Startbahn abgehoben hatte. Der Sprecher der Pilotenvereinigung Cockpit, Georg Fongern, sieht deshalb auf Frankfurt große Sicherheitsprobleme zukommen. Hier wurde vor kurzem der Koordinationseckwert erhöht, d.h. die Flugzeuge starten in kürzeren Abständen und geraten damit leichter in die Wirbelschleppen des vorigen Flugzeugs.

Beherrschendes Thema im November ist das Raumordnungsverfahren. 5.000 Seiten und 300 Pläne in 16 Ordnern hat die Fraport AG eingereicht. Zwischen dem 12.11. und dem 21.12. liegen die Unterlagen in zahlreichen Rathäusern öffentlich aus.

Die Fraport favorisiert eindeutig die Nord-West-Variante. Verbände, Kommunen und Bürgerinitiativen entdecken zahlreiche Mängel in den Unterlagen. Sie sind unvollständig, fehlerhaft und oft nicht nachvollziehbar. So ist von einem Nachtfluganteil von 8% die Rede, obwohl es in der Mediation hieß, es solle ein Nachtflugverbot geben. Die Daten, die in den Raumordnungsunterlagen zum Flächenverbrauch angegeben werden, weichen von denen der Mediation z.T. erheblich nach oben ab. Der gesamte Sektor der ökologischen Auswirkungen wird nur mangelhaft berücksichtigt. Welche weiteren Konsequenzen z.B. die Restwaldflächen erleiden werden müssen, die bei einem Ausbau inselartig stehen bleiben, bleibt unbeantwortet. Im Fall eines Baus der Südbahn soll die Startbahn 18 West weiter betrieben werden. Im Abschlußbericht des Mediationsverfahrens hieß es noch, bei einer Süd-Variante solle die Startbahn West geschlossen werden.

Wegen des Krieges gegen Afghanistan wird der Frankfurter Flughafen verstärkt durch die USA militärisch genutzt. In der Nacht vom 27. auf den 28. November kommt eine Galaxy von ihrem vorgeschriebenen Kurs ab. Sie donnert mit mehr als 90 Dezibel über Walldorf hinweg. Die Maschine schreckt zahlreiche

Bürgerinnen und Bürger aus dem Schlaf. Viele denken, dass die Maschine abstürzt und stehen Todesängste aus. Dass das Flugzeug über Walldorf 690 m hoch gewesen sei, glauben viele nicht, die die Maschine gesehen haben. Die mit Treibstoff, möglicherweise auch mit Waffen, vollbeladene Galaxy ist von der nördlichen der beiden Parallelbahnen gestartet und ca. 5 km von der Ideallinie abgewichen. Die Maschine hat dabei die Startbahn 18 West gekreuzt, auf der sich zu diesem Zeitpunkt glücklicherweise kein Flugzeug befand. Die Konsequenz aus dem Vorfall: in Zukunft sollen die Galaxies sicherheitshalber nur noch über die Startbahn 18 West starten. In dem Vertrag zur Rückgabe der Air Base ist übrigens ein Zugriffsrecht der US-Streitkräfte auf den Frankfurter Flughafen für „Sonderfälle" festgeschrieben. Kriegseinsätze werden also auch nach 2005 vom Frankfurter Flughafen aus geflogen werden können.

Statt 13.619 Flugbewegungen zwischen 23 und 5 Uhr seien im Sommerflugplan 2001 „nur" noch 12.280 angemeldet, verkündet Minister Posch. Er sieht darin einen Erfolg seiner Lärm-Kontingente. Allerdings räumt er auch ein, dass das an der Flaute im Luftverkehr nach den Anschlägen am 11.9. und der unklaren wirtschaftlichen Entwicklung liegen könnte. Das Land Hessen versagt seine Zustimmung zur Verlegung der B 43. Die Straße müsste wegen der geplanten Bebauung des Caltex-Geländes verschoben werden. Das geplante Gewerbegebiet Caltex könnte einer Nord-West-Bahn im Wege stehen.

Dezember: Der Dortmunder Wissenschaftler Reinhard Jünemann (Leiter des Fraunhofer Instituts für Materialfluss und Logistik) stellt in einem Gutachten zum Nachtflugverbot von 23 - 5 Uhr fest, dass es für die verschiedenen Luftfahrt-Sparten durchaus logistische Alternativen zu Nachtflügen gibt. Letztlich ist alles eine Frage des Geldes, da die Umstrukturierung zwar machbar, aber sehr teuer ist. Die Fraport AG als Auftraggeber ist der Meinung, mit der Expertise sei die Sicherheit gewachsen, dass ein Nachtflugverbot möglich sei und damit auch der Ausbau.

Die Städte Raunheim und Kelsterbach haben vor einiger Zeit den Bebauungsplan für das Gewerbegebiet auf dem Caltex-Gelände verabschiedet. Die Fraport AG akzeptiert das nicht und will mit einem Normenkontrollverfahren gegen den Bebauungsplan vorgehen.

Bundesaußenminister Joschka Fischer rät seiner Partei bei der Kreisversammlung der Grünen in Frankfurt, noch einmal über Wege zum Ausbau des Rhein-Main-Flughafens nachzusinnen. In Berlin denke man eben anders als in Frankfurt. Er ist der Meinung, die Grünen sollten sich überlegen, einer umweltverträglichen Ausbau-Variante zuzustimmen. Was unter einem umweltverträglichen Ausbau des Molochs Flughafen zu verstehen ist, bleibt sein Geheimnis.

Der Flughafen als Jobmaschine: Das ist das zentrale Argument der AusbaubefürworterInnen. 250.000 Arbeitsplätze stünden auf dem Spiel bei einem Nicht-Ausbau, bzw. einer Reduktion der Kapazitäten. Diese Expertise aus dem Mediationsverfahren taucht im Raumordnungsverfahren gar nicht mehr auf. In einem neuen Gutachten im Raumordnungsverfahren wird auch ohne Ausbau ein Zuwachs von Arbeitsplätzen erwartet. Der Unterschied zwischen Ausbau und Nichtausbau beträgt nunmehr 43.000 direkte und indirekte Arbeitsplätze. Nicht berücksichtigt sind dabei die 10.000 Arbeitsplätze auf dem Caltex-Gelände, die im Falle einer Nordwest-Bahn dort nicht entstehen würden.

Die Stadt Frankfurt stimmt in ihrer Stellungnahme zum ROV mit den Stimmen der CDU und SPD dem Ausbau des Flughafens grundsätzlich zu. Der Magistrat spricht sich für den Bau einer Südbahn aus und lehnt die von der Fraport favorisierte Nord-West-Variante ab. In der offiziellen Stellungnahme der Stadt sind die Einwände des Umweltamtes nicht berücksichtigt. Selbiges ist u.a. zu dem Urteil gekommen, dass keine der Varianten naturschutzrechtlich zu befürworten sei.

Foto nächste Seite: ©Klaus Malorny/Lebenslaute-Konzert des Grenzcamps in der Halle C des Terminal 1 im Flughafen (29.7.2001)

LT 1788 PONTA DELGADA
LH 1238 AMSTERDAM
HF 404 MALAGA
YP 7167 NEW YORK
JU 8770 PALMA DE MALLORCA
AB 351 ISTANBUL
LO 1660 BELGRAD
PK 398 PALMA DE MALLORCA
766 KRAKAU
LAHORE
LBT 283
MS 774 MONASTIR
TK 1590 KAIRO
CA 936 ISTANBUL
LO 380 SHANGHAI PUDONG
BA 4102 WARSCHAU
DE 7896 BRISTOL
KGA 572 ALICANTE
TU 4735 BISHKEK
AF 2319 MONASTIR
AZ 419 PARIS CH. DE GAULLE
SR 537 MAILAND-LINATE
ZUERICH
Abflug
Departures
Terminal 1 ABC
Terminal 2 DE
Abflug Departures C
Abflug Departures AB
DE

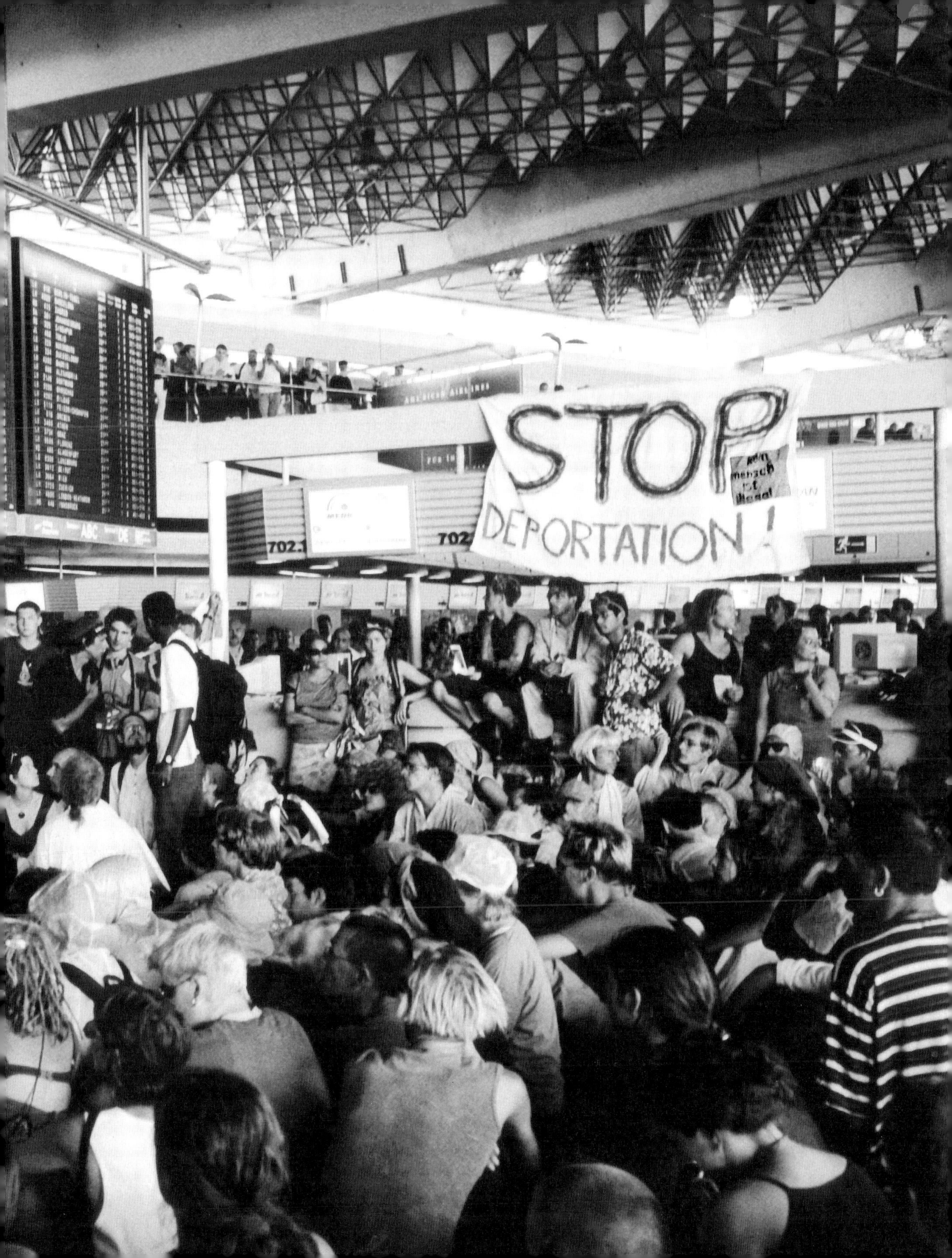
STOP
DEPORTATION !

Adressen von Bürgerinitiativen, Naturschutzverbänden, Initiativen, Behörden und Kommunen

Bürgerinitiativen und Verbände

BI Bad Vilbel
André Stapper
Hinter der Mauer 35
61118 Bad Vilbel
Tel. + Fax: 06152/61 3 78

BI Büttelborn
Klaus Werkmann
An der Trift 9
64572 Worfelden
Tel.: 06152/82 4 23

BUND-OV Darmstadt
Brigitte Martin
Dreieichweg 11
64291 Darmstadt
Tel.: 06151/37 9 31
Fax: 06151/37 9 34

Interessengemeinschaft Arheilger Bürger (IGAB)
Prof. Dr. Ing. Henning Lüpertz
Emil-Voltz-Straße 35
64291 Darmstadt
Tel. + Fax: 06151/37 37 36

Arbeitskreis Fluglärm Wixhausen e.V.
Reinhard Klemm
Händelstraße 45
64291 Darmstadt
Tel.: 06150/99 02 88

Bürger-Aktion Dietzenbach (B.A.D.)
Heiner Kuse
Fuldaer Straße 4a
63128 Dietzenbach
Tel.: 06074/48 42 8 68

BI Dreieich-Sprendlingen
Christine Simon
Bäckerweg 2
63303 Dreieich
Tel.: 06103/67 0 67

BI Eppsteiner gegen Fluglärm
E-Mail: mail@fluglaerm-eppstein.de
Internet: www.fluglaerm-eppstein.de

BI Ffm-Bornheim-Nordend
Peter Paschke
Fabriciusstraße 6
65933 Frankfurt
Tel.: 069/46 99 02 03
Fax: 069/46 99 02 04

BI Frankfurt-Fechenheim
Karlheinz Albrecht
Goetzstraße 12a
60386 Frankfurt
Tel.: 069/41 57 80

Verkehrsclub Deutschland e.V.
Kreisverband Ffm/MTK
Helmut Richter
Wiener Straße 54
60599 Frankfurt
Tel.: 069/65 77 35
Fax: 069/65 30 24 26

BI Frankfurt-Niederrad
Benno Mayer
Herbert-Boehm-Straße 2
60526 Frankfurt
Tel.: 069/66 67 5 88
Fax: 069/66 62 4 08

BI Frankfurter Norden gegen Fluglärm
Rainer Schultz
Matternstraße 24
60435 Frankfurt
Tel.: 069/95 40-96 51
Fax: 069/95 40-31 89

BI Frankfurt-Oberrad
Bürger für Wohnen ohne Fluglärm und Absturzbedrohung (WOFA)
Volker Hartmann
Georg-Treser-Straße 6
60599 Frankfurt
Tel.: 069/65 30 24 95
Fax: 069/65 30 24 96

BI Frankfurt-Sachsenhausen
Dr. Burkhart Reiche
Ziegelhüttenweg 1 - 3
60598 Frankfurt
Tel.: 069/61 40 31
Fax: 069/63 15 39 43

BUND-OV Frankfurt-Sachsenhausen
John Dippel
Franz-Lenbach-Straße 12
60596 Frankfurt
Tel.: 069/63 53 17

Flughafen-BI Schwanheim/Goldstein
Winfried Heuser
An der Kreuzheck 6
60529 Frankfurt
Tel.: 069/35 54 64
Fax: 069/35 65 85

BUND-OV Frankfurt-Süd
Hans-Jürgen Zuch
Klingenberger Straße 5
60599 Frankfurt
Tel.: 069/68 24 42

BUND-OV Frankfurt-Südwest (Schwanheim)
Dr. Jens Henrich
Hainbuchenstraße 14
60529 Frankfurt
Tel.: 069/35 84 64

Greenpeace OG Frankfurt
Roman Stumpf
Raiffeisenstraße 88
60386 Frankfurt
Tel.: 069/412238

SDW (Schutzgemeinschaft Deutscher Wald) OV Frankfurt
Hermann Börner
Tiroler Straße 10
60596 Frankfurt
Tel.: 069/63 13 7 41

VCD (Verkehrsclub Deutschland) Frankfurt/MTK
Helmut Richter
Wienerstraße 54
60599 Frankfurt
Tel.: 069/65 77 35
Fax: 069/65 30 24 26

BI Flörsheim
Katharina Leyser
Plattstraße 4
65439 Flörsheim
Tel.: 06145/14 40
Fax: 06145/54 08 71

BI Groß-Gerau
Ulla Bonn-Herold
Alemannenstraße 11
64521 Groß-Gerau
Tel.: 06152/92 21-0
Fax: 06152/92 21-11

Robin Wood e.V. OV Hanau
A. Gunkel
Auwannenweg 72
63457 Hanau
Tel.: 06181/53 1 39

BI gegen Fluglärm in Hanau e.V.
Andreas Schreiber
Friedrichstraße 18
63450 Hanau
Tel.: 06051/92 96 15
Fax: 06051/92 96 20

BI Hattersheim
Christiane Hirth
Karl-Staib-Straße 1
65795 Hattersheim
Tel.: 06190/81 66
Fax: 06190/97 92 58

BI gegen Fluglärm und Flughafenausbau
Heinz Hesping
Bruderweg 5
55262 Heidesheim
Tel.: 06132/59 9 28

Bürger Bündnis Heusenstamm
gegen zuviel Fluglarm und Schadstoffbelastung
Ralf Camrath
Ludwigstraße 18
63150 Heusenstamm
Tel.: 06104/63 66 9

Interessengemeinschaft gegen Fluglärm Hoch- und Vordertaunus
Gabriele Terhorst
61462 Königstein
Tel.: 06174/93 36 90

Hochheimer Initiative gegen Fluglärm – kein Ausbau
Silvia Schlegelmilch
65239 Hochheim am Main
Tel.: 06146/22 51
Fax: 06146/82 82 89 0

BI Hofheim
Johannes Diel
Schulstraße 58
65719 Hofheim/Ts.
Tel.: 06192/37 2 19

BI Idstein
Michael Scheurich
Thomas-Mann-Straße 3
65510 Idstein
Tel.: 06126/54 2 31

Bürgerinitiative gegen eine Landebahn (IGEL)
Iris Papenfus
Ringstraße 10
65451 Kelsterbach
Tel. + Fax: 06107/29 73

Interessengemeinschaft gegen Fluglärm im Kinzigtal e.V.
Friedhelm Meklenburg
Im Kringelgraben 6
63564 Gelnhausen/Hailer
Tel.: 06051/68 4 62

BI Langen gegen Fluglärm
Klaus Arons
Walter-Rietig-Straße 20
63225 Langen
Tel.: 06103/28 9 74

BI Mainspitze gegen Flughafenausbau (BIMS)
Gegen Lärm und für Schutz von Gesundheit und Umwelt
Bischofsheim - Ginsheim - Gustavsburg
Christina Eberle
Simone-de-Beauvoir-Straße 10
65462 Ginsheim-Gustavsburg
Tel.: 06144/31 4 70
oder Hildegard Müller
Tel.: 06144/33 47 10

Mainzer BI gegen die Flughafenerweiterung Rhein-Main
Evelin Pfister
Tel.: 06131/86 9 39
oder Klaus Marx
Tel.: 06131/35 8 26
oder Wolfgang Eckert
Tel.: 06131/36 14 48

Robin Wood e.V. OV Mainz
Andreas Kleinhans
Römerwall 61
55122 Mainz

Interessengemeinschaft zur Bekämpfung des Fluglärms e.V.
Dirk Treber
Weingartenstraße 24
64546 Mörfelden-Walldorf
Tel.: 06105/21 7 81
Fax: 06105/27 77 07

BI gegen die Flughafenerweiterung Frankfurt
Gerhard Steckenreiter
Tronstraße 13
64546 Mörfelden-Walldorf
Tel.: 06105/76 5 59

BUND-OV Mörfelden-Walldorf
Käthe und Walter Raiss
Kelsterbacher Straße 90
64546 Mörfelden-Walldorf
Tel.: 06105/42 7 30
Fax: 06105/28 29 80

Mühlheimer gegen Fluglärm
Robertus Häßler
Friedrich-Ebert-Straße 7
63165 Mühlheim
Tel.: 06108/81 3 86
Fax: 06108/99 17 01

BI Nauheim
Anke Kaltbeitzel
Am Waldwiesengraben 13
64569 Bad Nauheim
Tel.: 06152/61 3 78

Neu-Isenburger Bürger/innen gegen Fluglärm und Schadstoffbelastung
Hannelore Kaus-Schwoerer
An der Vogelhecke 14
63269 Neu-Isenburg
Tel.: 06102/34 8 68
Fax: 06102/77 22 40

Arbeitskreis Kultur und Widerstand (AKW)
Otfried Scheil
Langener Straße 71
63073 Offenbach
Tel.: 069/98 93 50 38
Fax: 069/98 93 50 37

BI Luftverkehr Offenbach (BIL)
Ingrid und Hartmut Wagner
Edith-Stein-Straße 11
63075 Offenbach
Tel.: 069/86 78 13 13
Fax: 069/86 78 13 15

BUND-OV Offenbach-Stadt
Sibylle Winkel
Pommernstraße 7
63069 Offenbach
Tel. + Fax: 069/84 84 91 85

BI Raunheim
Kerstin Wirth-Schiffler
Bahnhofstraße 24
65479 Raunheim
Tel.: 06142/45 6 38

BürgerInnen gegen Flugplatz Reichelsheim e.V.
Ulrich Berg
Obergasse 22
61197 Florstadt
Tel.: 06035/84 24

BI Rödermark
Karl-Heinz Wolf
Jägerstraße 27
63322 Rödermark
Tel.: 06074/99 3 77

BI Rüsselsheim gegen die Flughafenerweiterung
c/o Freiwerk e.V.
Waldstraße 52
65428 Rüsselsheim
Tel. + Fax: 06142/81 1 01

BUND-OV Rüsselsheim
Gottfried Wellek
Am Birkenwäldchen 21
64528 Rüsselsheim
Tel.: 06142/71 4 32

Bürgerinitiative Trebur (BIT)
Harald Frick
Ketteler Straße 18
65468 Trebur
Tel. + Fax: 06147/57 1 28

Interessengemeinschaft für Wallau
Iris Fleischmann-Wolf
Am Wickersbach 55
65715 Hofheim-Wallau
Tel.: 06122/67 74
Fax: 06122/67 10

BI Weiterstadt
c/o Alternative Liste Weiterstadt
Darmstädter Straße 26
64331 Weiterstadt
Tel. + Fax: 06150/14 7 29

Arbeitskreis Umwelt Wiesbaden (AKU)
Rüdesheimer Straße 19
65197 Wiesbaden
Tel. + Fax: 0611/94 51 3 51

BI Wiesbaden-Erbenheim „Keine Flughafenerweiterung" östliche Vororte Wiesbaden
Ingrid Kopp
Emil-Krag-Straße 4a
65205 Wiesbaden-Erbenheim
Tel.: 0611/72 16 00
Fax: 0611/72 16 11

Schutzgemeinschaft gegen Fluglärm Wiesbaden e.V.
Carl-Heinz Schierhorn
Nelkenstraße 8
65207 Wiesbaden-Naurod
Tel. + Fax: 06127/46 64

BI Zeppelinheim
Ernst Böhm
Kapitän-Strasser-Straße 32
63363 Neu-Isenburg
OT Zeppelinheim
Tel.: 069/69 11 52

Beschwerden & Klagen

Lärmbeschwerde I:
Fluglärm-Beschwerdestelle der Fraport AG
Tel.: 0800/23 45 6 79

Lärmbeschwerde II:
Auch beim Regierungspräsidium Darmstadt gibt es eine Fluglärmbeschwerdestelle
Ansprechpartner: Thomas Strub
Wilhelminenstraße 1
364278 Darmstadt
Tel.: 06151/12-89 21
Fax: 06151/12-59 26

Lärmbeschwerde III:
Beschwerdeformular online bei www.profutura.net

„Klage-Verein": Institut zur Abwehr von Gesundheitsgefahren durch Lärm e.V.
Edith-Stein-Straße 11
63075 Offenbach
Fax: 069/86 78 13 15

Förderkreis Fluglärmklage e.V.:
Darmstadt Arheilgen
Geschäftsstelle: 06151/37 67 91
Gabriele Lewin
Tel.: 06151/37 67 07

Fluglärmmessstelle des BUND Mörfelden-Walldorf:
Technische Leitung BUND Ortsverband Mörfelden-Walldorf
c/o Reinhold Zang
Ebert Straße 3D
64546 Mörfelden-Walldorf
Tel.: 06105/92 31 18
Fax: 06105/92 31 20

Kommunale Kontakte

Zukunft Rhein-Main
Zukunft Rhein-Main ist eine Initiative, hinter der drei Landkreise, 23 Städte und Gemeinden sowie ein Naturschutzbund und zahlreiche Bürgerinitiativen stehen, die sich für eine lebenswerte Zukunft in der Region einsetzen. Kontakt:
Der Kreisausschuß des Kreises Groß-Gerau, Wirtschafts- und Beschäftigungsförderung
Wilhelm-Seipp-Straße 4
64521 Gross-Gerau
Tel.: 06152/98 93 91 oder 98 91 42
Fax: 06152/98 91 80

Stadt Darmstadt Umweltamt
Bessunger Straße 125/C
64295 Darmstadt
Tel.: 06151/13-33 13 * 13-32 88
Fax: 06151/13-32 87

Magistrat der Stadt Dreieich
Hauptstraße 15 - 17
63303 Dreieich
Tel.: 06103/601-0

Stadt Frankfurt
Bürgerberatung
Römertelefon 069/212 4000
oder 212 33 576

Stadt Griesheim, Rathaus
Wilhelm-Leuschner-Straße 75
64347 Griesheim
Tel.: 06155/701-0
Fax: 06155/701-216

Landratsamt Groß-Gerau
Wilhelm-Seipp-Straße 4
64521 Groß-Gerau
Tel.: 06152/98 90

Stadt Groß-Gerau
Am Marktplatz 1
64521 Groß-Gerau
Tel.: 0 6152/71 60

Rathaus Hattersheim
Rathausstraße 10
65795 Hattersheim am Main
Ulrike Milas-Quirin
Tel.: 0 61 90/9 70-1 24
Fax: 0 61 90/9 70-1 34

Stadt Heusenstamm Bürgerbüro
Im Herrngarten 1 63150 Heusenstamm
Tel.: 06104/607 212-217
Fax: 06104/607 140

Magistrat der Stadt Hofheim am Taunus
Rathaus
Chinonplatz 2
65719 Hofheim am Taunus
Tel.: 06192/20 20
Fax: 06192/76 54

Stadt Kelsterbach
Rathaus
Mörfelder Straße 33
65451 Kelsterbach
Tel.: 06107/77 31

Stadt Langen
Fachdienst 32 - Gremien und Öffentlichkeit - Rathaus, Zi. 140
Südliche Ringstraße 80
63225 Langen
Tel.: 06103/20 31 30

Stadt Mainz
Postfach 38 20
55028 Mainz
Tel.: 06131/12-0

Neu-Isenburg Bürgeramt
Altes Stadthaus,
Schulgasse 1
63263 Neu-Isenburg
Tel.: 241/100-102
Fax: 241/180

Stadt Offenbach am Main
Berliner Straße 100
63061 Offenbach
Tel.: 069/80 65-1

Gemeinde Riedstadt-Goddelau
Bahnhofstr. 1
Tel.: 06158/18 10

Stadt Rüsselsheim
Stadtbüro
Virchowstr. 5 - 7
64528 Rüsselsheim
Tel.: 06142/83-29 00
Fax: 06142/83-29 29

Stadt Weiterstadt
Darmstädter Straße 36
64331 Weiterstadt
Tel.: 06150/400-0
Fax: 06150/400-103

Stadt Wiesbaden
Bürgerreferent
Rathaus
Schloßplatz 6
65183 Wiesbaden
Tel.: 0611/31-33 01 * 31-37 40
Fax: 0611/31-39 06

Planungsverband Frankfurt Region RheinMain
Am Hauptbahnhof 18
Postfach 11 19 41
60329 Frankfurt
Tel.: 0 69/25 77-15 00
Fax: 0 69/25 77-15 01

Behörden und Ämter

Umweltbundesamt
Postfach 33 00
2214191 Berlin
Tel.: 030/89 03-0
Fax: 030/89 03-22 85

Bundesministerium für Verkehr, Bau- und Wohnungswesen
Referat Öffentlichkeitsarbeit
Invalidenstraße 44
10115 Berlin
Tel.: 030/20 08-0

Bundesumweltministerium
Referat Öffentlichkeitsarbeit
11055 Berlin
Tel.: 01888/305-0

Luftfahrt-Bundesamt
Hermann-Blenk-Str. 26
38108 Braunschweig
Tel.: 0531/23 55-0
Fax: 0531/23 55-710

Hessisches Ministerium für Wirtschaft, Verkehr und Landesentwicklung
Kaiser-Friedrich-Ring 75
65185 Wiesbaden
oder
Postfach 3129
65021 Wiesbaden
Tel.: 0611/815-0
Fax: 0611/815-2225

Hessisches Ministerium für Umwelt
Bereich Umwelt und Energie
Mainzer Straße 80
65189 Wiesbaden
Tel.: 0611/815-0
Fax: 0611/815-1941

Der geplante Flughafenausbau im Internet

Bündnis der Bürgerinitiativen – Kein Flughafenausbau – Nachtflugverbot von 22 bis 6 Uhr
www.flughafen-bi.de

Homepage des BUND
www.bund-hessen.de

Informationen der Bundesvereinigung gegen Fluglärm e.V.
www.fluglaerm.de

Rhein-Main-Institut
www.rm-institut.de

Initiative „Zukunft Rhein-Main"
www.zukunft-rhein-main.de

Homepage der kommunalen Arbeitsgemeinschaft Flughafen Frankfurt Main
www.kag-flughafen-ffm.de

Klimabelastung und ökologische Auswirkungen durch den geplanten Flughafenausbau
webuser.main-rheiner.de/hompage/hans-ulrich.hill/flughaf.htm

Homepage des regionalen Dialogforums Flughafen Frankfurt
www.dialogforum-flughafen.de/html

Homepage der Fraport AG
www.ausbau.flughafen-frankfurt.com

AutorInnen

AG3F (Antirassistische Gruppe Für Freies Fluten) in Hanau, die 1992 gegründet wurde, widmet sich der praktischen wie politischen Unterstützung von Flüchtlingen und illegalisierten MigrantInnen. Auf lokaler Ebene betreibt sie ein Flüchtlingsberatungs-Café, regional beteiligt sie sich am Aktionsbündnis gegen Abschiebungen Rhein-Main und ist darüber hinaus Teil des bundesweiten Netzwerks „kein mensch ist illegal" und der europaweiten „no border"-Vernetzung, deren aktueller Schwerpunkt die Durchführung eines internationalen antirassistischen Camps im Sommer 2002 in Straßburg ist.

Regine Balkmann, Jg. 1922, Hausfrau, Mutter von fünf Kindern, aktiv in der Anti-Startbahn-Bewegung bei der Küchenbrigade.

Regina Bickert, Jg. 1956, 1975 Abitur, 1987 Abschluss als Sozialarbeiterin. Von 1980 bis 1993 im Betriebsrat bei Volvo Deutschland GmbH in Dietzenbach, seit 1988 Vorsitzende. Danach Tätigkeit als Referentin für BR-Seminare, 1.4.1999 bis 31.3.2001 ÖTV-Gewerkschaftssekretärin, zuständig für privates Transportgewerbe (auch für Frachtumschlagsbetriebe am Rhein-Main-Flughafen), Wach- und Sicherheitsgewerbe, soziale Vereine. Jetzt wieder Tätigkeit als Referentin für PRAXIS, Fortbildung und Beratung für Betriebs- und Personalräte, Mitglied der Gewerkschaft seit 1980.

Judith Dähne, Jg. 1963, verheiratet, ein Kind. Promovierte Biologin, BUND-Mitglied und eine der drei InitiatorInnen der BI Schwanheim/Goldstein. Z. Zt. freiberuflich als Umweltjournalistin tätig.

Gitta Düperthal, Jg. 1956, ist Diplom-Soziologin und arbeitet seit rund 20 Jahren als freie Journalistin und Fernsehkritikerin in Frankfurt/Main, u. a. für die Frankfurter Rundschau und die Taz. Sie leitet Fortbildungsseminare für Journalisten beim Wirtschafts- und Bildungs-Service(WBS) und in anderen Bildungseinrichtungen.

Rolf Engelke, Jg. 1948, Historiker und Lektor, Arbeitskreis Umwelt (AKU) Wiesbaden, GEW, Geschichtswerkstatt Wiesbaden.

Wolfgang Faller, geb. 1959 im Schwarzwald. Studium der Politikwissenschaft in Mainz. Seit 1981 aktiv in libertär-alternativen Politikstrukturen. Seit 1997 Geschäftsführer der Heinrich-Böll-Stiftung Rheinland-Pfalz.

Volker Goll, Jg.1961. Als Mitglied der BI Frankfurt und im folgenden aktiv in einer unabhängigen Offenbacher Gruppe (Arbeitskreis Kultur und Widerstand) erlebte er die Zeit vom Hüttendorf bis zum bitteren, vorläufigen Ende recht intensiv. Wie viele hundert andere auch fand er sich mit der Einweihung der Piste nicht ab und gehörte zu den „Unverbesserlichen", die sich Sonntag für Sonntag von der Polizei nerven und der Kuchenbrigade verwöhnen ließen. Der gelernte Reprograf lebt samt großer Wohngemeinschaft im Rhein-Main-Gebiet und arbeitet als freier Mediengestalter.

Charles Graeber, geb. 1946, Architekt. Veröffentlichung mehrerer lyrischer Textsammlungen und illustrierter Kalender, der Mundart-CD „Verzeel mer nix". Seit 1962 als Musiker und Sänger/Songwriter auf der Bühne und im Funk; Texte und Musik fürs Kabarett. Organisator der POWER TO THE PEOPLE-FESTIVALs für die Bürgerinitiative Mainspitze gegen den Flughafenausbau (B!MS). Er gründete 2001 das Kabarett „DIE ÜBERFLIEGER", stellte seine künstlerische Arbeit in den Dienst der Bürgerinitiativen und tourt seither mit dem Ensemble erfolgreich durch das Rhein-Main-Gebiet. Lebt jetzt als frei schaffender Künstler, Liedermacher und Autor in Mainz-Bischofsheim.

Hans-Ulrich Hill, promovierter Diplombiologe und bis 1998 Lehrer an Gymnasien und beruflichen Fachschulen für die Fächer Biologie, Chemie, Medizinische und Allgemeine Mikrobiologie und Immunologie für MTA, sowie Biolaboranten. Seitdem freischaffend im wissenschaftlichen Journalismus, als Fachberater und ehrenamtlich im Natur- und Umweltschutz tätig.

Michael Kegler wurde 1967 geboren, lebt in Hofheim am Taunus und arbeitet als freiberuflicher Zeichner, Journalist und Übersetzer.

Michael Klein war langjähriger Redakteur bei der Mainz/Wiesbadener Monatszeitschrift für Politik und Kultur „Dichtung & Wahrheit" und Mitinitiator der BI Mainz. Aktuell arbeitet er in der Verlagsbranche in Frankfurt.

Thomas Klein, geb. 1961, ist Soziologe, war Geschäftsführer im Rüstungsexport-Archiv Idstein (KOMZI), Pressesprecher der bundesweiten „Kampagne gegen Rüstungsexport" und arbeitet heute als freier Journalist und Autor.

Evelin Pfister, geb. 1960, Studium an der FH Wiesbaden, Fachbereich Sozialwesen, heute als Sozialarbeiterin tätig. Seit 1988 aktiv im Anarchistischen Forum Mainz, von 1992 - 1999 in der Redaktion der Zeitung „Dichtung & Wahrheit", 1999 Mitbegründerin der Mainzer BI gegen die Flughafenerweiterung Rhein-Main.

Petra Schmidt, geb. 1964, lebt in Mörfelden-Walldorf. Ab 1979 Beteiligung an den Protesten gegen die Startbahn 18 West. Seit Mai 2000 im SprecherInnengremium der BI Mörfelden-Walldorf.

Roger Treuting, Jg. 1963. Seit 1982 in der Bewegung gegen den Flughafenausbau/Startbahn West aktiv, Mitstreiter in der BI Rüsselsheim, vertritt diese als Delegierter im Bündnis und arbeitet innerhalb des BI-Bündnisses in der AG BI-Info/Web-Präsenz mit. In Rüsselsheim im Infoladen Freiwerk engagiert, hier konzentriert sich die politische Ausrichtung auf die Themen „Internationalismus" und „konkrete Utopie". Schwerpunktmäßig befasst mit Stadt- und Regionalentwicklung. Wohnt in einer Wohngemeinschaft in Groß-Gerau und arbeitet als Friedhofsgärtner.

Michael Wilk, geb. 1956, gelernter Schmied, Arzt und Psychotherapeut. Mitarbeit im Anarchistischen Forum Wiesbaden und langjähriges Engagement in Bürgerinitiativen (u.a. AKU Wiesbaden, BI gegen die Flughafenerweiterung). Zeitschriftenveröffentlichungen u.a. in: Schwarzer Faden, Graswurzelrevolution, Atom, Junge Welt. Beiträge in Büchern, z.B.: „Technik des sozialen Friedens. Beteiligung als Akzeptanzmanagement" in „Kritik der Politik. Johannes Agnoli zum 75. Geburtstag" (ça-ira-Verlag, 2000, ISBN 3-924627-66-5).

Eigenständige Publikationen zu Aspekten anarchistischer Staatskritik im Trotzdem Verlag: „Der Malstrom" (mit W. Haug 1995, ISBN 3-922209-82-3), sowie „Macht, Herrschaft, Emanzipation" (1999; ISBN 3-931786-16-1).

Trotzdem Verlagsgenossenschaft

Nach einjähriger Vorbereitung fand am 1. April 2001 in Frankfurt die Gründungsversammlung der Trotzdem Verlagsgenossenschaft statt. Am 1. August hat die Genossenschaft den Trotzdem Verlag komplett mit allen Büchern und Rechten übernommen und führt nun das Programm weiter. Auch personell kann der Verlag kontinuierlich weiterarbeiten, da die jetzigen Vorstandsmitglieder schon seit Jahren für den Verlag verantwortlich sind und auch die Umwandlung in eine Genossenschaft vorbereitet haben.

Regelmäßige Informationen über die Genossenschaft oder Einladungen zur Mitgliederversammlung werden im Schwarzen Faden, auf der website (www.trotzdem-verlag.de) oder in den Zeitschriften Graswurzelrevolution und Contraste veröffentlicht.

Die bisherigen Programm-Schwerpunkte – u.a. anarchistische Theorie und Geschichte, Klassiker des Anarchismus, aktuelle libertäre Theorie und Wissenschaft, Staats- und Gesellschaftskritik – werden weitergeführt. Bücher von Noam Chomsky, Cornelius Castoriadis, Takis Fotopoulos, William Morris und mehrere Titel zur Erweiterung des Frankfurter Flughafens sind in Vorbereitung.

Mit der Gründung der Trotzdem Verlagsgenossenschaft ist es zum ersten Mal nach langer Zeit wieder gelungen, ein breites anarchistisches Projekt zu initiieren. Bisher haben etwa 150 Einzelpersonen, Gruppen oder Kollektive ihren Beitritt erklärt. Mit den Einlagen dieser Mitglieder war die finanzielle Basis für die ersten Schritte der Genossenschaft – Übernahme des Verlags und Produktion der ersten Bücher – gesichert. Auf Dauer ist die dadurch entstandene Grundlage aber noch zu schmal. Um all die sonstigen Vorhaben und Ideen in Bücher umsetzen zu können, braucht die Genossenschaft weitere Mitglieder. Darum wird die Vorstellung des Genossenschaftsmodells und die Werbung neuer Mitglieder auch in Zukunft eine der wichtigsten Aufgaben sein. Zusammen mit Buch- und Infoläden, libertären Zentren oder anderen Interessierten finden immer wieder Veranstaltungen statt, die über Modell, Programm, Pläne und Ideen der Genossenschaft informieren.

Natürlich ist eine anarchistische Genossenschaft immer auch ein politisches Projekt. Mit ihren Anteilen sichern die Genossinnen und Genossen die publizistische Verbreitung libertärer Erfahrungen, Sichtweisen und Denkansätze und befruchten jenseits der jährlichen Mitgliederversammlung mit ihren Ideen, Vorschlägen, der Organisation von Veranstaltungen oder der Werbung neuer Mitglieder deren künftige Entwicklung.

Die Mitgliedschaft in der Genossenschaft steht allen Interessierten offen. Jedes Mitglied muss mindestens einen Anteil in Höhe von 250 Euro zeichnen, kann sich aber auch mit einem Vielfachen davon beteiligen. Die Genossenschaftsmitglieder bekommen einen Mitgliedsrabatt von 30 % auf alle Bücher des Verlags.

Informationen über den Trotzdem Verlag, die Genossenschaft und die Möglichkeiten, sich an ihr zu beteiligen, sind beim Verlag zu erhalten.

Trotzdem Verlagsgenossenschaft
Postfach 1159, 71117 Grafenau
Tel. 07033 - 44 2 73
Fax 07033 - 45 2 64
trotzdemusf@t-online.de
http://www.trotzdem-verlag.de

Noam Chomsky
Wege zur intellektuellen Selbstverteidigung
– Medien, Demokratie und die Fabrikation von Konsens

Herausgegeben von Mark Achbar; übersetzt von Helmut Richter.
September 2001 (2. überarbeitete Auflage)
250 Seiten, Format 23x21,5 cm, etwa 200 s/w-Photos, 22 Euro
ISBN 3-922209-88-2

Das Buch zum vielgerühmten Dokumentarfilm *Manufacturing Consent* über Noam Chomsky. Über drei Stunden zeigt der Film ein Vielzahl von Ausschnitten aus den Reden, Diskussionen und Veranstaltungen von und mit Noam Chomsky.

In *Wege zur intellektuellen Selbstverteidigung* wird auf der Grundlage des Films zum ersten Mal ein umfassender Überblick über das Denken und den Werdegang dieses wohl bekanntesten Kritikers der US-amerikanischen Außen- und Wirtschaftspolitik gegeben. In eindrucksvollen Montagen finden sich Streitgespräche mit Michel Foucault oder Tom Wolfe, Diskussionen über Meinungsfreiheit, über Anarchismus und libertäre Ideen oder faktenreiche Auseinandersetzungen mit Journalisten zu den Themen Kambodscha, Ost-Timor oder Nicaragua. Besondere Aufmerksamkeit gilt seiner Analyse der Medien in den westlichen Gesellschaften, deren manipulative Methoden immer wieder von ihm offen gelegt werden. Hier liegt vor allem die Stärke des Buches, das immer wieder scheinbare Realitäten durch die Veränderung des Blickwinkels in Frage zu stellen vermag.

Anarchist, politischer Analytiker und Professor für Linguistik und Philosophie – Noam Chomsky, geboren 1928 in Philadelphia, ist all das und oftmals sogar in dieser Reihenfolge. Seine Vielseitigkeit, seine wissenschaftlichen und politischen Publikationen und Vorträge machen ihn zu einem der meist gelesenen und zitierten lebenden Publizisten.

Mit seinen detaillierten und faktenreichen Untersuchungen zerpflückte er den US-amerikanischen Mythos von der freiheitsliebenden und menschenfreundlichen demokratischen Supermacht. Sein besonderes Augenmerk gilt dabei der Funktion und Rolle der Medien und deren manipulative Methoden bei der „Fabrikation von Konsens".

Lesereise
mit Michael Schiffmann

Michael Schiffmann, Chomsky-Übersetzer und Herausgeber mehrerer Textbände, steht für Diskussionen und Lesungen zu Noam Chomsky zur Verfügung. Vorgestellt werden Passagen aus *Die politische Ökonomie der Menschenrechte* und Ausschnitte aus dem Film *Manufacturing Consent*.

Kontakt über den Verlag

Noam Chomsky
Die politische Ökonomie der Menschenrechte
Politische Essays und Interviews
Zusammengestellt von Michael Schiffmann
2001 (2. Aufl.), 202 S., 18 Euro
ISBN 3-931786-10-2

Aktuelle Aufsätze und Interviews von und mit Noam Chomsky, dem „einflussreichsten Intellektuellen der westlichen Welt".

Chomsky, einer der bekanntesten Kritiker von Neoliberalismus und Globalisierung, setzt sich gewohnt profunde mit der US-Politik, den Medien und den Menschenrechten auseinander. Dazu liefert er eine Fülle von Informationen, die auf anderem Wege kaum jemals die Öffentlichkeit erreichen würden. Ausgewählt wurden die Aufsätze *Die USA und die Relativität der Menschenrechte; Schurkenstaaten; Der Kampf um größere Bewegungsfreiheit im Käfig; Warum Mainstreammedien „Mainstream" sind* und *Wessen Weltordnung: Zweierlei Visionen* aus dem Z-Magazin und aus Black&Red Revolution. Dazu das Interview *Anarchismus, Marxismus und Hoffnungen für die Zukunft*.

Claude Lanzmann
Shoah

Mit einem Vorwort von S. de Beauvoir
1999, 240 Seiten, 17 Euro
ISBN 3-922209-87-4

Zwölf Jahre lang hat Claude Lanzmann Augenzeugen des Holocaust befragt. Überlebende, die als Opfer und Täter, als Zuschauer oder Mitwisser erlebt und gesehen haben, was in den Ghettos und Lagern geschah. Mit kurzen, präzisen Fragen fordert er sie heraus, das Vergangene noch einmal zu erzählen. Auf seine Fragen fand er Antworten, die die Erinnerung und den Schmerz spiegeln, aber auch die Verdrängung und die Lüge. Antworten eines Reichsbahnbeamten ebenso wie die des Historikers Raul Hilberg, der Schriftstellerin Inge Deutschkron, eines SS-Mannes oder eines überlebenden Friseurs.

Das Buch *Shoah* ist mehr als nur das Buch zum Film. Reduziert auf das geschriebene Wort, überlässt der Text die Leserinnen und Leser ihrem eigenen Rezeptionsrhythmus und weckt, auch ohne die Begleitung der Bilder, tiefe Impressionen über das Geschehene.

Impressum

**Turbulenzen.
Widerstand gegen den Ausbau des Rhein-Main-Flughafens:
Geschichten, Fakten, Facetten**
Herausgegeben von der Redaktionsgruppe Schwarzspecht
© Trotzdem Verlagsgenossenschaft, Grafenau 2002
Alle Rechte vorbehalten
Originalausgabe

Satz: grafikbuero.com
Umschlagmontage: grafikbuero.com
Druck: Fuldaer Verlagsanstalt, Fulda

Trotzdem Verlagsgenossenschaft eG
Postfach 11 59
71117 Grafenau
Tel.: 07033 – 44 273
Fax: 07033 – 45 264
trotzdemusf@t-online.de
www.trotzdem-verlag.de

ISBN 3-931786-21-8